编辑五体研究

靳青万 / 著

BIANJI WUTI YANJIU

东北师范大学出版社
长春

图书在版编目（CIP）数据

编辑五体研究/靳青万著. —2 版. —长春：东北师范大学出版社，2015.3（2025.7重印）
ISBN 978 - 7 - 5681 - 0342 - 8

Ⅰ.①编… Ⅱ.①靳… Ⅲ.①编辑学—研究 Ⅳ.①G232

中国版本图书馆 CIP 数据核字（2015）第 269749 号

□责任编辑：魏芳华 □封面设计：白 桦
□责任校对：刘 芳 □责任印制：刘兆辉

东北师范大学出版社出版发行
长春净月经济开发区金宝街 118 号（邮政编码：130117）
网址：http://www.nenup.com
东北师范大学出版社激光照排中心制版
河北省廊坊市永清县晔盛亚胶印有限公司
河北省廊坊市永清县燃气工业园榕花路 3 号（065600）
2015 年 3 月第 2 版　2025 年 7 月第 3 次印刷
幅面尺寸：148mm×210mm　印张：9.25　字数：260 千

定价：55.00 元

福建省社会科学基金项目 2008B2074
福建省高校服务海西建设重点项目【2009】8
漳州师范学院科学研究重点项目 SS08050
漳州师范学院学术出版基金资助项目

内 容 提 要

　　以往的编辑学研究，主要以编辑主体（编者）和编辑客体（稿件）为研究对象，着重探讨编辑主体与编辑客体的关系与规律，是为狭义编辑学，又称"编辑两体论"。经数十年的努力建设，狭义编辑学研究已取得了巨大的成绩，但却也由于其自身的诸多局限，如舍弃了作者和读者等而难以再有更大的发展。

　　本书则将编辑学的研究对象与范围，由以往的"编辑两体"扩大为"编辑五体"，即在传统的编辑主体（编者）、编辑客体（稿件）的基础上，又增加了编辑源体（作者）、编辑用体（读者、听众、观众、网民等使用编辑产品的人）、编辑辅体（制作和传播编辑产品等对编辑活动起辅助作用的人），将其视为整体的编辑活动来对待，研究它们之间内在的规律与关系，是为广义编辑学。

　　编辑五体论使编辑学研究从狭义编辑学的小巷子中走了出来，拥有了更为广阔的研究和发展空间。此书与著者此前的《编辑学基本原理》、《中国古代编辑史论稿》、《世界编辑史论纲》等论著连接，形成了一个相对完整的理论体系，具有其独立的创新性意义，对读者具有显著的启发作用，值得一读。

　　本书稿已在相关高校试讲三年，效果良好，可以转作编辑学专业教材使用。

序 一

林玉山

靳青万先生，是我国编辑学研究的著名学者，他集编辑工作、编辑教学、编辑科研于一身，这样，使他事业开阔、思路缜密、研究广博，因而能在编辑学研究中，突破前人和时贤的局限，写出了《编辑五体研究》，使编辑学的研究，取得了新的跨越。

靳青万先生，长期在编辑战线上工作、教学和研究。他1989年毕业于河南大学编辑学研究生班，历任高校学报编辑部副主任、主任、兼主编及全国高校文科学报研究会青年编辑工作委员会主任、中国人文社科学报学会学术委员会副主任等职；现任漳州师范学院新闻传播系副主任、党总支副书记、编辑出版学研究所所长，是漳州师范学院编辑出版学学科负责人。他先后独著和合著著作9部，发表论文60余篇。主要论著有《编辑学基本原理》、《中国古代编辑史论稿》、《世界编辑史论纲》、《编辑定义论》等。现在，又推出了《编辑五体研究》，表明他的编辑学研究，又上了一个新台阶。

我曾经学习过靳先生的《中国古代编辑史论稿》、《编辑学基本原理》等论著，深感他学养丰富、立论稳定、观点鲜明、创新迭出。现在又读了他的新著《编辑五体研究》，更开了眼界，靳先生在编辑学学术研究上的许多创见，是值得我们重视的。我认为，靳先生的《编辑五体研究》，使他的编辑学研究，又一次走在中国编辑学研究的前头，对推进世界编辑学的研究，也很有重要意义。

过去的编辑学研究，大都是只研究编辑主体（编者）和编辑客体（稿件），着重探讨编辑主体与编辑客体的关系与规律，称为"编辑两体论"，是为狭义编辑学。本书则在传统的编辑主体、客体的基础上，又增加了编辑源体（作者）、编辑用体（读者、听众、观众、网民等使用编辑产品的人）、编辑辅体（制作和传播编辑产品等对编辑活动起辅助作用的人），将其视为整体的编辑活动来对待，研究它们之间内在的规律和关系，是为广义编辑学。

从编辑两体论到编辑五体论，从狭义编辑学到广义编辑学，是中国编辑学研究的一次新的跨越，是中国编辑学者对人类文明创造活动认识深化的结果。在《编辑五体研究》中，作者一改以往学界的"编辑两体论"，分别论述了编辑活动、编辑主体、编辑客体、编辑源体、编辑用体、编辑辅体等，并阐明了"编辑五体"的运行机制与规律。书中的内容凝聚了作者多年的经验与心血，是编辑学理论体系的又一次跨越性的创新，大大拓展了编辑学研究的广阔空间，丰富了编辑学研究的内容，提升了编辑学研究的学术意义，使编辑学以崭新的面貌展现在世人面前。因此，理论上的创新是本书的第一个特色。

本书的第二个特色是论述条理清楚，观点鲜明新颖。本书分7章。第一章是绪论，论述了编辑五体研究的缘起、概念与术语界定，编辑五体研究的对象、范围与根本任务，编辑五体研究的目的与重要意义、编辑五体研究的原则、途径与基本方法。第二章论述编辑活动，这是编辑五体的基础，没有编辑活动就没有编辑五体。本章研究编辑活动的概念与内涵，研究编辑活动与人类文明、社会进步、人的发展的关系，还研究编辑五体相互及与编辑活动的关系。第三到第七章分别研究编辑主体、源体、客体、用体、辅体，研究他们的概念与内涵、产生与发展、地位与作用、共性与个性，以及编辑主体的知识结构、素质结构和职业道德要求以及责任、权利和义务，源体的培育、组织与利用、责任、权利与义务，客体与市场的关系、客体的创新与变革、客体的益民、益世与宜用、客体的成本计算与价值实现，用体的范围与类别、需求与市场、利益与分割、信息的了解与把握，辅体的历史作用与贡献、素质与知识层次、责任、权利、义务等。该书内容丰富，条理清晰，层层递进，一环扣一环，通俗易懂，且新观点、新资料迭出，让人耳目一新。源体、用体、辅体的提出，令人很难辩驳，使人可以接受这一新理论。

《编辑五体研究》一书的问世，可视作中国编辑学界的大事件，对中国编辑学研究有着重要的意义。正如著者在第一章第三节中所提出的那样：1、开辟了一条编辑学和编辑活动研究的新路径；2、使编辑活动"是什么"的问题的解决成为可能；3、使最终回答编辑活动"为什么"的问题有了希望；4、有助于解决编辑活动现在和今后"怎么做"的问题。我们认为更大的意义还在于，该书的问世将可能启发更多人的思考，引起更多的讨论，从而推动编辑学研究取得更多、更新的成果。

在整个编辑五体研究过程中作者坚持历史唯物主义的研究原则、遵循辩证唯物主义的研究途径，使用"溯因推理"的研究方法，这是本书的第三个特色。"我们必须以历史唯物主义为原则，以客观存在的历史真实为研究对象，实事求是地去探寻事实真相，从中得出科学的研究结论。编辑五体就是一个客观存在的、长达万年的历史真实，我们必须依据历史唯物主义的原则去进行研究才有可能成功。""编辑五体正是客观真实的、向前发展的、不断变化的、互相关联的，和辩证唯物主义的主旨是完全一致的。所以我们只有通过辩证唯物主义的途径才能正确地认识它，才能得到客观正确的研究成果。""从溯因推理的过程中推导原理，最终得出真理结果的研究过程和研究方法。这种方法虽属逆向性，但却具有思维的循序性、缜密性和通贯性，对于防止研究者在思维过程中误入岔道（歧途），具有良好的保障作用。"正是作者采取了正确的研究原则、途径和方法，才取得编辑五体研究的成功，正如作者所说的"屡试不爽，每次都收到了较好的效果"。

本书的第四个特色是话语风格新颖独特，且没有太多生硬难懂的专业术语。在使用事例上也选取贴近生活、明白易懂、且能清晰透彻地传达所要传达的信息的事例作为论据。比如该书对"编辑活动"所下的定义，就非常新颖独特、明白易懂、清晰透彻。又如对编辑产品的需求方面，在需求心理方面，就分析了求知心理、求技心理、求愉心理、求新心理、求奇心理、温故心理等，分析详细透彻，说明清晰易懂。这种语言风格是很重要的！如果语言深奥费解，谁又能理解您著作中的真知灼见呢？若那样故弄玄虚，又有什么意义呢？

靳青万先生曾告诉我，《编辑五体研究》出版以后，他的编辑学研究就画下句号，不再进行编辑学研究了，要转入另外的研究计划。的确，靳先生的几本关于编辑学的书本本都有创新意义，每本都深入研究了编辑学的某一方面内容。这几本关于编辑学的书，形成了编辑学的理论系统，取得了可喜的成果，于编辑学事业贡献良多。但我们的编辑学研究总体来看还是处在初级阶段，很多理论问题还有待进一步探讨，许多深层次的问题还有待进一步挖掘。所以希望靳先生不要停止对编辑学研究的步伐，而应该继续前行，以期取得更大的成绩。

【编者注】：林玉山先生为福建人民出版社资深编审、福建师范大学博士生导师、著名辞书编辑家，是中国较早研究编辑学并出有专著的编辑学学者之一。】

序 二

周国清

数天前，靳青万先生的新著《编辑五体研究》书稿，从台海西岸的漳州寄来长沙，摆在了我的面前。读完之后，我深深地惊叹于作者又一次对编辑学理论研究所作出的努力、所进行的理论假设和现实构建、所追求的学科高度、所渗出的理论魅力、所表现出的探索精神！正是在对纷纭复杂的编辑活动之"宗"的探究中，青万先生完成了对"编辑五体"的理论构建，登上了编辑学研究的又一高地！

一

中国编辑活动源远流长，而"编辑无学"旷日持久，与中国作为编辑大国与文化强国的历史和现状极不相适。经过一代又一代编辑实践家与理论研究者的努力，编辑学自上个世纪80年代成为一门独立的学科以来，至今已取得引人注目的辉煌成就，学科也从创立而日臻成熟……而在新的技术环境与文化语境下，特别是面对出版的产业化转型和受众需求的深刻变异，编辑活动及其功能、特征等发生了诸多的大变化，编辑学研究面临着极大的新挑战。可以说，由于起步晚、研究对象十分复杂和学科的特殊性等原因，传统编辑学中的一些理论问题还没来得及一一解决，一些范畴和原理尚未形成一致公认、约定俗成的明确公理，正当编辑学界进一步统一认识，实现学科跨越和提升之时，新的编辑现象伴随着新技术、新媒体的出现和市场化、产业化的冲击层出不穷，难免使编辑学研究者"眼花缭乱"、疲于跟进、难于深入，或许这正是近年来编辑学研究显得钝滞的原因之一。那么，面对新的时代要求与学理空间，编辑学究竟何为？依笔者之浅见，就是要回到编辑学"万变不离其宗"之"宗"，这个"宗"，就是研究编辑学之本体，探究编辑活动之本源与规律，从变化多端、林林总总的编辑活动与编辑现象中寻找编辑学原理，从现象到本质，从个别到一般，从实践到理论，经过思维的抽象，构建适应于各种编辑活动、能概括出其本质特征与规律的编辑学基本原理，最终完成普通编辑学的建设任务。

而靳青万先生的《编辑五体研究》正是实事求是地抓住了编辑学理论之"宗"，回归了编辑活动的本体。众所周知，编辑学学科具有极强的实践性与应用性，这是它区别于其他学科的重要特征，然而，任何一门学科的发展和完善，均离不开具有普遍意义的理论构建和原理生成，概念范畴的明确和理论原理的抽象，其本身就是学科成熟的重要标志。这既是编辑活动的现实呼唤，也是当下编辑学发展和学科建设所亟须的理论回归。在编辑学学科建设中，强调实践精神，但反对实践崇拜，坚持应用性，但抵制理论虚无论，在编辑学研究的新的历史时期，尽管面临着繁重的研究任务和复杂的研究对象，但探究编辑活动及其变化之源、之"宗"，构建理论，形成具有普遍指导意义的原理，是编辑学迈向新的层面，实现新的提升的极为重要的任务。从这样的角度来看，青万先生的《编辑五体研究》对编辑活动变化之"宗"、运动之"宗"的求索，就无疑具有了不同寻常的现实意义与极为重要的学术价值。

二

靳青万先生从事编辑工作30年,长期关注编辑学理论研究和编辑学学科建设,从其《世界编辑史论纲》(《河南大学学报·1988年编辑学研究生论集》)、《中国古代编辑史论稿》(河南大学出版社,1992年1月)到《编辑学基本原理》(东北师范大学出版社,2003年12月),再到这本《编辑五体研究》(2010年),从编辑学的基本概念、范畴到原理、理论等,其研究的核心理念始终如一地贯通于其思维运动过程之中,步步深入,逐一解析,形成了前后一致的理论假设与架构,从历史映照现实,以现实反观历史,在历史和现实的交接点上溯因推理,循果求因,对各类重要的编辑现象予以考量,对客观存在的编辑活动现实加以描述、阐释,在理论的凝练与抽象中走向了一般原理的普适性。就在这样一个相对独立而又开放自足的理论体系中,以其活性与张力彰显出一种难得的创新力。读青万先生的书,笔者最深的一个体会就是,学术之道在于长远和坚持,而不在于速成和功利,用之于编辑学研究,就是青万先生出成果的一个缘由。特别是在当下的学术环境里,沉静和潜心对于编辑学建设是多么的重要!这是一个说来话长的问题,当然于此不必展开,但青万先生对编辑学的研究却是值得我们关注与思考的。他的《编辑五体研究》又一次以崭新的思路,对囊括编辑活动各个方面、各个环节、各种领域的5个基元做了大胆的研究,如果追根溯源,这种研究在思维脉络和整体立论上,其关键点均是建立在《中国古代编辑史论稿》和《编辑学基本原理》之上的,是在其长期持之以恒的延续性探研、思维的深化和细化中产生的新成果。

青万先生早在1989年就于《也谈编辑学理论体系的建立》(《黄淮学刊》1989年第3期)一文中针对当时编辑学界普遍

存在的急于求成的思想，认为"任何一门新学科的建立，都不是一件轻而易举的事，都必须在经过了长期的准备，充分地占有资料，经过了全面的、深入的、大量的研究并获得了较为普遍的研究成果的基础上，才有可能动手来构建它的完整的理论体系"，从而提出了重视和抓紧对编辑史和编辑专科分类学研究，稳扎稳打、循序渐进的建设编辑学理论体系的思路。青万先生的编辑学研究"三部曲"，即《中国古代编辑史论稿》、《编辑学基本原理》和《编辑五体研究》，正是在这样的认识基础上完成的，执著于斯20余年。

  从研究编辑学的思想脉络来看，其对编辑学核心概念、关键范畴、基本原理、理论体系的认识，形成了前后相继、一脉打通，逐步深化、不断超越的特点。在《中国古代编辑史论稿》中，青万先生首倡"编辑文化"之义，并以此为视野，突破编辑史研究中"最早的编辑活动要从文字产生以后算起"的观点，在大量占有实物资料，爬梳考古材料，研探古文献的基础上，对上古至商（盘庚迁殷以前）这一编辑活动的萌芽时期进行了较为详尽的描述，认为从远古的造符运动到文字的产生是一个漫长的历史时期，包含了编辑活动的历史形态；编辑活动"产生于远古的符号文化（主要是文字）的创造时期，人类最早的编辑是符号编辑"，明确提出"编辑的产生先于文字，距今已有一万年左右的历史"的学术判断，并结合中国编辑史的发展历程，对编辑的定义、起源、形成以及古今编辑的异同等作了初步的探讨，为其编辑学理论研究提供了历史参照和文化依归，注入了历史纵深感和文化厚度。

  正是在这样一个历史时空的文化坐标系中，以其对编辑活动的起源和定义为基线，青万先生在《编辑学基本原理》中对编辑学的基本理论问题进行了整体性研究，对编辑学理论体系中最根本、最核心、最重要的一系列范畴体系作了深入探析，对此笔者曾专文予以评论（《编辑学理论构建的创新之途——读靳青万著〈编辑学基本原理〉》，《湖南城市学院学报》2006年第4期）。在这里只想强调的是，《编辑学基本原理》在构建独到的编辑学理论体系的同时，尤为重要的是抽象出了新的编辑学范畴，其中编辑主体、编辑源体、编辑客体、编辑用体作为"编辑学的基本问题"予以分析，"编辑辅体"则在"余论"中提到，"'主源客用'及其最佳交合问题是编辑学学科的基本问题"这一结论，十分鲜明，自成一说，为研究编辑活动的基本矛盾、基本规律，编辑学的基本原理与核心原理等劈开了新的视野，其中"编辑五体"和"推拉创变律"等概念和理论是最为引人注目的内容，从编辑活动实践者到编辑学研究者，可以说都是全新的学科话语，虽然该书对其具体内涵与运动方式等没有充分展开和深入阐释，基本上只是提出了问题，但依然引起了学术界的关注，几家权威刊物在相关文章中就此作了讨论。而《编辑五体研究》则正是这一思路的延展，是在此基础上予以具化的创新性研究成果。正如其"自序"所言，"问题既然已经提出来了，就不能浅尝辄止，应当给大家一个更明确的交代。于是，乃有了本项目之研究"。

三

毫无疑问，《编辑五体研究》所回答的，仍然是编辑学的根本问题。作者根据自己的感悟与体验，对编辑活动中的客观存在予以整理、阐述和抽象。任何一门学科在其创建、发展并逐步走向成熟的过程中，总离不开对其关键范畴与理论原理的寻找与抽象，编辑学也不例外。编辑学作为学科存在所必需的、最基本的概念体系是什么？这是很多学者长期思考的核心问题。因为编辑学基础理论是对编辑活动及其规律的根本认识，对应用理论具有指导意义，不仅是学科生存的根基，而且以此推动学科的发展。《编辑五体研究》正是作者对这一关键问题长期思考的结果，是在《编辑学基本原理》的基础上对编辑主体、编辑源体、编辑客体、编辑用体和编辑辅体也就是作者概括出的"编辑五体"全面系统、深入认真的研究，提出了自己的学术见解。作者没有停留在对具体编辑活动表面及其形式上，而是将纷繁复杂的编辑活动以类相从、简明有力地抽象分解后归并为"编辑五体"，对其基本概念和理论原理作了明确规定，勾玄提要出编辑学的五大纲领，以具有涵盖性的视角清晰明了地理出编辑活动中经纬交织的主脉。"编辑五体"及其活动是一个客观的存在，从编辑诞生伊始就是共生共存、共同发展的，从来没有中断，将来也不会在本质上发生改变，因此说，对编辑活动中这五种实体性元素及其内部矛盾和运动规律进行统一的术语界定和理论表述，其本身就是一种高度的思维抽象，对普通编辑学的专业语境建设和理论境界提升提供了重要的参照。我国的编辑学研究要讲究实际应用，要注重实践经验，但始终不能忽视编辑学基础理论和基本原理，因为相比之下，后者更是学科发展的必备条件，而考之于当下的编辑学研究，更多的是需要新的理论突破而达到学科的自我提升。当然，这种目标并非在短时期内能够实现，也并非青万先生一人可以完成，学科不断向前发展，理论创新没有止境，但作为一种发现、一种认识、一种见解、一种探索，则是尤为不易、难能可贵的。青万先生在书中提到他很崇尚达尔文的一句话："科学就是整理事实，以便从中得出普遍的规律和结论。"编辑学的根本问题，就存在于编辑活动的客观事实之中，描述事实，阐释事实，从事实中提出问题和得出结论，是科学研究的基本出发点，也是青万先生所遵循的原则，因而其研究的结论就会成为编辑学理论体系构建的组成部分，体现出一位编辑学学者的责任意识和使命感。

终极的现象追问与周密的理论阐述，使全书形成了谨严的思维特色和精致的逻辑结构。从整体上看，《编辑五体研究》采取了总—分—总的逻辑展开方式，收放有余，自然成文，而又浑然一体，了然无痕。正因为"编辑五体"是存在于编辑活动中的5个实体因素，只有在把握编辑活动的概念与内涵、源流与发展的基础上，才能对与之同步发生、覆盖其行为领域而又在其历史流程中不断变化的"编辑五体"予以深入阐释，故而辟专章对编辑活动进行了研究，在分析其与人类文明、社会进步、人的发展之关系的基础上，揭示了"编辑五体"相互的关系、"编辑五体"与编辑活动的关系，接着分专章对编辑主体、编辑源体、编辑客体、编辑用体、编辑辅体分别进行研究，最后归结到"编辑五体"的运行机制与规律这一关乎人类精神产品生产的关键问题，对其运行的顺态机制、逆态机制和混合机制进行了大致描述，从而抽象出"编辑五体"的运行规律，表现出对"编辑五体和谐统一"这一最高境界的追求，既回到了《编辑学基本原理》中所示的"推拉创变律"，又为之注入了新的活性因子，在对编辑活动规律与编辑学理论探索的思维连续性与变化性中，形成了对覆盖编辑活动及其运行领域的"编辑五体"的独到认识。"编辑五体"的和谐统一就是回归到了人类精神产品生产的本位。在各章的内容布局上，对"编辑五体"的分析基本上是先把握其概念与内涵，追溯其产生与发展的历史流变，明确其各自在编辑活动中的地位与作用，阐释各编辑元素的矛盾运动，在普遍性与特殊性的辩证统一中凸显其共性与个性，从而形成对各范畴的系统认识。这样，既显现出各章独自的特点，又形成了全书内在的逻辑秩序，整体结构上步步为局，环环相扣，构建了精致的文本特质。

《编辑五体研究》在历史和现实的结合中溯原求是，在历时与共时的结合部寻"宗"探秘，彰显出编辑学理论研究中难得的历史感。"编辑五体"范畴的提出并非偶然,而是作者长期思考的结晶。"编辑五体"不仅存在于现实的编辑活动之中,同时是有其根源和来由的。且不说编辑活动与人类文明发展相始终,与社会进步和人的发展相承继,就是"编辑五体"中的任何一体,也都有其历史的流变与演进过程。正是基于这样的认识,青万先生在现实的平面上以历史的眼光追溯其来源,并将历史的视野浸润于全书整体思路之中,使其在现实的宏观框架下具有历史的纵深感。"编辑主体产生于远古人类的符号创造时期","在文字的创造、形成、维护、使用和发展的漫长过程中也发展了自己",逐步形成了独立的编辑主体。后来到商代、周代、春秋战国时期、秦代、汉代……直至新中国成立以后,中国的编辑主体及其活动不断走上了新的道路,当下"正主导着整个编辑活动,以崭新的风貌走向未来。"在对编辑主体简单明了的历史考论中,既判定了编辑主体产生的历史时期,又对不同时期编辑主体及其活动的特点予以重点勾勒,察析其不同,囊括其内质,引导读者把握编辑主体在编辑活动中的主导作用,也从编辑主体在不同时期的编辑活动中的地位与作用来透析其本质特征。对于为编辑活动创造并提供了作品稿件来源的编辑源体,一般均是研究其在现实编辑传播中的重要地位和作用,并且与作为编辑用体的受众相对应,比较分析两者对于编辑活动的意义,并形成了"作者—编辑—读者"间构成三维关系的基本认识,而《编辑五体研究》则不同,考其源流,探其变迁,大致描述了其产生与发展的演变过程。编辑源体"在开始时较为单一,只在符号、文字一个方面,后来就逐渐向多个方面不断地呈发散性扩展和开拓。"虽然无法完全还原历史,但能够从编辑现象中折射历史,强化对编辑源体的认识。这是编辑学理论研究中长期忽视的一个视角。同样,对编辑客体的认识也具有历史的纵深感。作者认为编辑客体也是于远古人类的造符运动中产生的，经过远古人类编辑的符号就是最早的编辑客体，并将其置于编辑活动的历史发展过程之中，逐层解析，爬梳出编辑客体发展的7个阶段，既能从中透视人类文明的发展状态，又从历史流变的角度丰富了编辑客体的研究，拓展了编辑学的研究视野，可谓匠心独具！诸如此类，在对各种范畴的论析中注入历史内涵，既使之具有了存在的根基和现实的厚重感，也以此为现实的观照和理论的构建提供了依凭。这种历史纵深感源于青万先生独有的学理情怀与编辑文化视野，是与其对中国古代编辑史的体认分不开的。

　　追求编辑学理论研究的创新之境，精思深悟，时有新见，是《编辑五体研究》的重要特点。创新是学术研究的品格，是理论发展的生命，编辑学理论研究要改变停滞的状态阔步前行，就必须有一批学者充分自信地进行理论创新。就青万先生的研究来看，从"编辑五体"范畴的提出到其理论阐释的完成，均是最新的研究心得和对编辑活动的感悟，表现出一种对编辑学理论创新的自觉和自信，从而使该书在编辑学理论著作中独树一帜。一是研究视角创新。从不同的视角来审视研究对象，往往能得出新的结论，给人以新的学术启示。《编辑五体研究》对编辑活动中5个实体元素的探究就有新的研究视角，形成了新的理论构架。对于编辑客体，就从现实的平面移到历史的空间，认为编辑客体"包括了古今中外所有经过了编辑的作品"，相对于学术界通常对编辑客体的认识而言，其涵盖面扩大，概括力增强，而且是作者高度抽象化的认识结晶，分析细密全面，对编辑学理论研究颇具学科启示意义。对于编辑源体，一般是立足于其与编辑主体的关系来研究，也即通常所说的编辑与作者的关系，而《编辑五体研究》不同，从编辑源体独立自足的结构体系来研究，将约稿、抢稿、退稿等编辑行为置于"对编辑源体的利用"这一层面，深入解析其自我运行的规律，转换研究视角之后使其具有了新的编辑学意义。二是学术观点创新。从命题到理论体系的构建，《编辑五体研究》均是一本创新之作，具有鲜活的生命力。从整体上看，作者的归结点是一个全新的命题：编辑五体和谐统一。因为"编辑五体的运行规律，其实也就是整个编辑活动运行的规律"，这种概括既有历史的尺度，也有现实的深刻性，从历史回到现实，对编辑活动的开展是一条值得重视的普遍规律。其中对"编辑五体"顺态、逆态和混合这3种运行机制的概括，作为对"编辑五体"和谐运动规律的铺垫性展开，其本身也是一种创造性的结论，丰富了编辑学的理论内涵。而从其对"编辑五体"中各体的具体研究来看，全书也有很多创新点。比如对各体共性与个性的研究，应该说是一个很难得研究透彻的问题，但青万先生知难而进，取得了学术成果。在研究编辑用体的个性时，分别对"编辑用体个体之个性"和"编辑用体类群体之个性"做了细致深入的探究，概括出编辑用体类群体的8个个性特征，产生了与一般的研究思路不同的效果。在分析编辑辅体时，作者指出，"尽管编辑辅体的卓越贡献及其地位的强化都是事实，尽管其主导与主营的业务已发展成为一门相对独立的专业技术甚至可以自成一门学科——出版学……"但"仍处于编辑主体的辅助地位"，实际上这是从独特的角度与思路来看待编辑学与出版学的关系。同时，可以肯定，循此思路，编辑辅体与出版学的产生和构建就成了一个崭新的话题。对于编辑主体的职业道德要求，编辑学界已有很多的研究，而作者结合自己的切身体会，从编辑实践中总结、提炼出"六德"："立国益民的立业之德"、"精益求精的从业之德"、"一丝不苟的敬业之德"、"公平中正的执业之德"、"源体为本的基业之德"、"用体至上的强业之德"，十分有说服力和现实针对性。而在对编辑主体、编辑源体和编辑辅体的责任、权力与义务的论析中，也从新的层面来审视，得出了一些新颖有用的结论。三是表达方式创新。作者采用自己的表达方式，使用个性化的理论语言，形成了特色化的学术语言风格，精炼、凝重和活脱是其总的特点，而知性、察悟和体认是其个性化的追求，对编辑学原理的理解和编辑活动规律的把握，融化在对"编辑五体"的思考中，既结合自己长期的编辑实践经验，又善于溯因推理；既理性地推断，又不缺少生动活泼的表述，阅读全书，常常看到一气呵成的排比句式，还有闪现思想火光的短句与警语，有的虽未深入阐述与具体展开，但往往能激发读者的思考力，从中体会到一种创新的思维品质。四是理论术语创新。全书是一种新的理论构建，而这种构建是由作者深思熟虑的一套学科术语及以此串通联结而成的命题来完成的，从"编辑五体"及其具体名称、"推拉创变律"到"编辑五体的和谐统一"等，均是编辑学中新鲜的内容，而细读全书，字里行间经常出现一些高度浓缩而又具有学理启示的术语名词与命题，如"曾子精神"、"编辑用体分类学"、"编辑客体的益民性、益世性与宜用性"、"编辑用体的利益分割"、孔子时代"编辑主体民营化"、"班昭是第一位女性编辑家"、"最早的编辑客体"、"编辑客体的成本计算"、"编辑载体材料演变"、"编辑五体自我调节"、"编辑客体的中心枢纽地位"等，或许有的会引起编辑学界的争论，但其留下的蛛丝马迹总让人向往编辑学的阔达空间，引发一种深层的思考。五是思维方式创新。全书有新的学科名词、理论术语，有新的命题、结论，有新的理论构建与学理启示，种种这些，都源自作者对编辑学理论研究思维方式的变革。

四

编辑学研究是一个发展的系统和持久探索的过程。编辑主体、编辑客体等概念范畴也是在不断的发现与研究中逐渐走向成熟的，但对这些概念的研究，无疑已经逼近编辑哲学的高度，对于推进普通编辑学建设是极为有益的工作。而也正因客观存在的复杂性和艰难性，对编辑主体与编辑客体等范畴也就必然会出现不同的认识与观点。笔者对编辑主体作过一些初步研究，其中也涉及到编辑客体，将其定义为："编辑客体就是指在编辑活动中与编辑主体相对的一切客观事物，即编辑主体可能的作用物……"（周国清：《编辑主体论》，岳麓书社2009年11月出版。）并对编辑客体的下属元素进行了分解。依此而言，编辑客体就不单纯指称"文稿"，而是包含了作者、文稿、读者、出版物（传播物）、编辑程序、社会文化环境、制度安排、法律法规、市场形态、物质条件等各种与编辑主体相对应的因素。那么，青万先生的"编辑四体"就是对笔者所理解的统一于一体的"编辑客体"的一种哲学化拆分，将其高度概括地归化为四类基元，细化为四个实体因素，而其整体上是与编辑主体相对的，始终处于矛盾运动之中……既然"整个编辑活动，都在编辑主体的组织、主导、掌控和统摄下进行，它对编辑活动的效果成败负主要责任。编辑五体中的其他四体，都是因为编辑主体的存在而存在、因为编辑主体的存在而得名、跟着编辑主体的行动而行动"，说明编辑主体与其他四体处于矛盾运动之中，那么，与编辑主体相对而存在的其他四体就可以统一概括为一个具有典型意义的范畴。而青万先生对这个范畴的四个基元做了解析，其间只有路径的区别，没有本质的不同，也不是狭义编辑学与广义编辑学的划界。但是，相对于另外一种编辑客体就是指文稿的说法，青万先生则大胆突破了这一传统观点，从"编辑两体"走向"编辑五体"，从这一层面看，就是从狭义编辑学走向了广义编辑学，拓展了编辑学的发展空间，实现了编辑客体研究的新跨越，从而带动了编辑学研究。如果说关于编辑主体的研究一直以来受到较多关注并取得了一定的成果，那么，有关编辑客体的研究则是远远不够的，青万先生在这一领域的耕耘是笔者所见的最为系统和深入的成果，是推动编辑学研究走向编辑哲学高度的心血之作。

　　借这个机会，笔者想说明的是，任何一门学科从诞生到成熟，总与学术争鸣连在一起；每一种新的观点的提出，也是在争论中注入活力的，从其形成、发展到为社会接受，形成一致或基本一致的认识，离不开学术讨论，离不开他人的智慧和研究成果的补充，一方面能促使理论观点不断成熟，另一方面则从整体上推进学科理论的发展，这是一种思想完善与深化的过程，人类的认识就是遵循这样一个循序渐进的规律，无法违背。对于编辑学基本理论的研究和新的观点的提出则更是如此，因为它是一门典型的"古老而年轻的学科"。说其"古老"，是因为中国的编辑活动已有几千年的历史；说其"年轻"，是因为中国的编辑学的真正建立始于上个世纪80年代，需要在学术的讨论中不断发展和完善，也需要接受编辑实践的检验。百年前的北大校长蔡元培先生就曾说过，"多歧为贵，不取苟同"，就是要允许、容忍那些最刺耳、最偏激、最大胆的见解发表出来，不能一味地扼杀和压制。费孝通先生提倡"各美其美，美人之美，美美与共，天下大同"，就是要尊重他人、谅解他人，进一步还要欣赏他人、学习他人，做人处世、社会生活是如此，为学与研究也不例外。因此，面对编辑学理论研究，"只要是有抱负的进取；只要是有价值的探索；只要是合理的追求；只要是有益于社会"（《今传媒》2010年第8期，第208页。）各种观点和见解，都应该是编辑学学科发展的助推器，是编辑学理论建设的丰富或补充，是应该引起重视的。《编辑五体研究》中的一些观点、一些命题，并非就是定论，有的还可进一步思考和探究，在编辑学界或许也会有不同的认识，会引起争鸣和讨论。如：书中几次提到编辑客体与编辑产品的关系，似乎两者可以等同，而细究起来是否有区别呢？在编辑活动中，编辑主体和编辑客体同样重要，只有角色的不同和功能的差异，在其运动过程中没有重点与非重点之分、主流与支流之别、主要与次要之界，而编辑主体主导整个编辑活动，编辑客体居于"编辑五体"的中心枢纽地位，尽管是不同的立论层面，而实际上该如何看待两者的关系及其在编辑活动中的地位、作用？另外，关于编辑五体的运行机制与规律，其现实意义和理论价值十分重要，作者敏锐地提出了问题，试图为编辑实践提供具有普遍意义的理论原理与原则，可惜没有深入阐述。这些，都是今后在编辑学基础理论研究中应该进一步解决的。但是无论如何，我们这里应予肯定的，是作者对于编辑学学科前沿的奋力推进。文人报国以文，这无疑应视为中国编辑学研究者们的报国精神。

青万先生将大著的清样寄给我，邀我为之写序，我惶惶不已。细读全书，品味多日，我虽深感是一个学习提高的过程，但却久久不敢下笔。因为青万先生在编辑学界是有影响的学者，其学问人品，均为我的师长，我何以能担"作序"之重任？然而退而思之，从编辑实践的角度言，我与青万先生是同道，我们都曾长期从事编辑工作，并得以相识；从治学问道的层面看，则又是"道友"，我们都从编辑学的坎坷之路上蹒跚至今，并得以相知。有道是"知音难觅"、"人生得一知己足矣"，更何况，当今为学、特别是为编辑之学，殊属不易！研究中同体验、同感受、同认识，堪谓学术之知音。为学而被人知之，为学而能知人之学，不亦乐乎？每念及此，就坦然于心，也就写下这些文字，是为之序。

【**编者注**：作者为湖南师范大学新闻与传播学院教授、著名编辑学学者、硕士生导师】

自　　序

此前的中国编辑学研究，主要是以编辑和编辑所编的稿件为研究对象，将编辑称为"编辑主体"，将稿件称为"编辑客体"，其视域和研究范围，总是局限在这两体之内的，故有人将其称为"编辑两体论"。对于编辑两体论的研究，我们已经进行了很久，涌现了许多的学者，出了大量的理论成果，其研究成就是巨大的，不少人为此做出了贡献。

随着研究的深入和对编辑活动认识的进一步延伸，我们发现，将编辑学研究的对象画地为牢地局限于"编辑两体论"的狭小范围内，仅限于研究编者和稿件，是不对的，是不符合编辑活动的实际的。真正正确的选择，不仅还应当包括作者和读者，而且还应当包括那些对编辑活动起辅助作用的人。于是，我依照编辑两体论中将编者界定为"编辑主体"、将稿件界定为"编辑客体"的惯例，将作者依其为编辑活动提供稿源的主要特征而界定为"编辑源体"；将读者、听众、观众、网民等依其乃编辑产品使用者的主要特征而界定为"编辑用体"；将那些制作、传播编辑产品的人等，依其为编辑活动起重要辅助作用的主要特征，而界定其为"编辑辅体"。于是，"编辑五体"生焉。本书名之曰《编辑五体研究》，即缘于此。

其实，关于"编辑五体"之说，我早在几年前出版的拙著

《编辑学基本原理》一书中就已经提出，并据以作了编辑学基本原理体系的研究与构建。但后来又觉得那本书中讲得还很不够，没能充分展开。问题既然已经提出来了，就不能浅尝辄止，应当给大家一个更明确的交代。于是，乃有了本项目之研究。

从"编辑两体论"到"编辑五体论"，应当算作是中国编辑学研究的一次较大跨越，是中国编辑学者对人类文明创造活动认识深化的结果。这一跨越，使编辑学研究从原来的狭小胡同中走了出来，走向一个碧水蓝天、浩瀚博大的宏阔世界，编辑学研究的视域与范围一下子因此而扩大了许多！从研究的此对象到各彼对象之间的关系，从壮阔的人类编辑活动即人类文明创造与应用活动的全部实践，到历史与现实、表象与本质、矛盾与规律、整体与分支等理论归纳与重构，我们要做的事情又一下子多了起来，而且多了许多、许多！编辑学研究又有做不完的事了，焕发出强大的生命力，我想我们将一定能够完成它！

本书稿虽然写完了，但它并未使人满意，因为书中的很多问题都是第一次提出、刚刚提出，所以它是浅陋的、粗糙的、不完善的；因为本书是边授课边撰写的，因而难免又有些"讲义"的痕迹；因为本书在设计框架体系时试图论证编辑五体都是有来由、有渊源的，但却导致了在阐述各自历史发展时不免给人以些许重复之感……"月有阴晴圆缺，人有悲欢离合，此事古难全"。事到如今，木已成舟，都难已改变了。只好让她，带着遗憾，走了……

作　者
于漳州未了居

目 录

第一章 绪 论 ……………………………………………………… (1)
 第一节 编辑五体研究的缘起、概念与术语界定 ……………… (1)
 第二节 编辑五体研究的对象、范围与根本任务 ……………… (3)
 第三节 编辑五体研究的目的与重要意义 ……………………… (6)
 第四节 编辑五体研究的原则、途径与基本方法 ……………… (9)

第二章 编辑活动研究 ………………………………………… (11)
 第一节 编辑活动的概念与内涵 ………………………………… (11)
 第二节 编辑活动与人类文明之关系 …………………………… (14)
 第三节 编辑活动与社会进步之关系 …………………………… (17)
 第四节 编辑活动与人的发展之关系 …………………………… (21)
 第五节 编辑五体相互及与编辑活动之关系 …………………… (25)

第三章 编辑主体研究 ………………………………………… (29)
 第一节 编辑主体的概念与内涵 ………………………………… (29)
 第二节 编辑主体的产生与发展 ………………………………… (31)
 第三节 编辑主体的地位与作用 ………………………………… (49)
 第四节 编辑主体的个性与共性 ………………………………… (57)

第五节　编辑主体的知识结构要求 …………………………… (60)

　　第六节　编辑主体的素质结构要求 …………………………… (69)

　　第七节　编辑主体的职业道德要求 …………………………… (75)

　　第八节　编辑主体的责任、权利与义务 ……………………… (83)

第四章　编辑源体研究 ………………………………………………… (95)

　　第一节　编辑源体的概念与内涵 ……………………………… (95)

　　第二节　编辑源体的产生与发展 ……………………………… (97)

　　第三节　编辑源体的地位与作用 …………………………… (102)

　　第四节　编辑源体的共性与个性 …………………………… (104)

　　第五节　编辑源体的培育、组织与利用 …………………… (107)

　　第六节　编辑源体的责任、权利与义务 …………………… (116)

第五章　编辑客体研究 ……………………………………………… (123)

　　第一节　编辑客体的概念与内涵 …………………………… (123)

　　第二节　编辑客体的产生与发展 …………………………… (125)

　　第三节　编辑客体的地位与作用 …………………………… (136)

　　第四节　编辑客体的共性与个性 …………………………… (141)

　　第五节　编辑客体与市场的关系 …………………………… (145)

　　第六节　编辑客体的创新与变革 …………………………… (148)

　　第七节　编辑客体的益民、益世与宜用 …………………… (151)

　　第八节　编辑客体的成本计算与价值实现 ………………… (156)

第六章　编辑用体研究 ……………………………………………… (159)

　　第一节　编辑用体的概念与内涵 …………………………… (159)

　　第二节　编辑用体的产生与发展 …………………………… (162)

　　第三节　编辑用体的地位与作用 …………………………… (171)

第四节　编辑用体的范围与类别……………………………（179）
　　第五节　编辑用体的与性共个性……………………………（186）
　　第六节　编辑用体的需求与市场……………………………（196）
　　第七节　编辑用体的利益与分割……………………………（211）
　　第八节　对编辑用体信息的了解与把握……………………（213）

第七章　编辑辅体研究………………………………………（216）
　　第一节　编辑辅体的概念与内涵……………………………（216）
　　第二节　编辑辅体的历史作用与贡献………………………（221）
　　第三节　编辑辅体的地位及其强化性趋势…………………（236）
　　第四节　现代编辑辅体的素质与知识层次…………………（240）
　　第五节　编辑辅体的责任、权利与义务……………………（242）

第八章　编辑五体的运行机制与规律………………………（251）
　　第一节　编辑五体运行的顺态机制…………………………（251）
　　第二节　编辑五体运行的逆态机制…………………………（254）
　　第三节　编辑五体运行的混合机制…………………………（257）
　　第四节　编辑五体运行的规律………………………………（259）
　　第五节　编辑五体的和谐统一………………………………（261）

后　记……………………………………………………………（264）

第一章
绪 论

第一节 编辑五体研究的缘起、概念与术语界定

我所任职的漳州师范学院，于2005年获准创办编辑出版学本科专业，于2007年秋季方始招生。这个专业的创办由我一手谋划，并担当该方面的学科带头人。在该专业的培养方案中，原先设计有一门叫做"作者学与读者学"的专业课程。可是，在将要实施的时候，我忽然想到这门课程这样设计是不完全、不完善的。因为，在编辑活动中，起主要作用的要素至少还应包括编者、作品和制作、传播作品的人。离开这三者单讲"作者和读者"，那编辑活动就没讲完整、没讲透，也没办法能讲透，学生也不会听明白。于是我就决定改变它。

过去我在作"编辑学基本原理"研究的过程中，曾经对编辑活动的作者、编者、作品、读者和制作传播作品的人，作过一些粗浅的研究，并把它们界定为一种系统的、统一的术语称谓——"编辑五体"。即将编者称为"编辑主体"，将作者称为"编辑源体"，将作品稿件称为"编辑客体"，将读者称为"编辑用体"，将制作和传播作品的人等视作编辑活动的辅助群体而简称为"编辑辅体"。这样就把在编辑活动中起主要作用的诸体要素全部包括进来，并取得了一定的研究成果。但是，以往

做过的这点研究尚是粗疏的、肤浅的、浅尝辄止的。这项研究还应该继续进行下去。

经过和我的同事们商量，大家一致认为，将"作者学与读者学"这门课程改作"编辑五体研究"来讲授，是合适的。为了办好编辑出版学这个专业，为了培养好我们的学生，合适的事情是应该去做的。但这样就必须在较短的时间内尽快地写出书来作为教材，至少也要先编写出讲义来。别无选择，我只好来担当这一任务。尽管我知道，这项任务不仅是繁重的，而且是艰巨的。

"编辑五体"的概念，是我们在编辑学研究中创立的一个新概念。这个概念，在以往的各种文献载体中是找不到的。但是，却并不能说它是一个完全的创新。因为，首先，编辑五体活动是一个客观的存在，是五种实体的客观存在。这编辑五体，从编辑诞生伊始就是共生共存、共同发展的，不仅从来没有中断过，而且也从来没有消失过，直到今天也还依然如此，将来也不会有所改变。既然如此，也就谈不上是什么创新。其次，从上世纪80年代编辑学研究高涨以来，学界就一直有将编辑称作"编辑主体"、将作品即编辑对象称作"编辑客体"的说法，我们仅仅是感到其不够完全，因而补充了"编辑源体"（作者）"编辑用体"（读者、观众等）和"编辑辅体"（编辑活动的辅助性人员）等三体，因而使得其更加完整、更加便于对编辑活动从整体上进行理解、系统性研究和剖析而已，算不上是什么"故弄玄虚"。

编辑五体，是对编辑主体、编辑源体、编辑客体、编辑用体和编辑辅体的总称，是对编辑活动中的编者、作者、作品、读者观众和制作传播者五种实体性元素的术语性界定和理论性表述。这五体中的任何一体，都是编辑活动所不可或缺的，也是我们作编辑学整体性研究时所不可忽视的。它既是我们用以构建编辑学理论体系的基本术语体系，更是本书的主要研究指向和标的物。它的内涵，几乎囊括整个编辑活动而无所遗漏。因而我们认为，从编辑学理论构建的视角来看，这是一个符合编辑活动客观实际的、科学简练而恰当的理论概括。

术语，即学术性用语（在技术方面则为技术用语），是学术理论体系中所用的专业性、关键性语言，也是每一种学科领域中都不可避免地要生成和使用的一些特定词汇和短语，它是构成一种学科、一个专业、一个特定领域、一套学术理论所不可或缺的专业性语言要素。没有这些特定的专业语言要素，这个特定的学科理论就难以科学而准确地表述清楚。语境，即语言环境和语言境界。每一种学科和学科理论，都要以自己所经常使用的专业术语构成自己的学术语言环境，形成自己的理论境界，并最终创造出自己不同于他人的、为本学科所特有的专业性学术理论体系。因此，有没有自己的专业术语，有没有自己的专业语境，往往也是能否最终形成自己的专业学术理论体系的重要因素之一。编辑学要构建自己的学术理论体系，就必须根据实际需要产生和界定自己的特定专业术语，必须形成自己的专业语境。每一种科学都是独特的甚至是唯一的，都不可避免地会产生和使用专属于自己的、独特的、甚或是唯一的专业术语。编辑学当然也是如此，产生并使用自己特定的专业术语并进而形成自己的专业语境是合理的。编辑五体以及分属于她的编辑主体、编辑源体、编辑客体、编辑用体、编辑辅体等等，便是我们在编辑学研究中，根据编辑活动实践的客观实际，抽象产生的一部分编辑学专业理论术语。有了它们，就可以进一步形成编辑学学科的专业语境，最终创造发展编辑学理论体系也就有了可能。因此，我们不仅不应因为这些术语的生疏而感到别扭，而且还应该为它们的产生而感到高兴！

第二节　编辑五体研究的对象、范围与根本任务

编辑学研究自上世纪 80 年代开始，以中国内地的学者为主体，在中国内地和台湾都不约而同地出现了一个研究高潮。在中国内地，至今已先后出版了 100 多部编辑学著作；而在中国台湾，据已知的资料，仅新闻编辑学和杂志编辑学方面的专门性著作也已有 8 部之多。再就编辑学方面的研究论文来看，已公开发表的估计当在 10 万篇上下。这些情况说明，中国的编辑学研究已经达到了一个相当高的阶段，至少在研究

成果的体量上是如此。编辑学研究是由中国学者率先发起,并在中国形成高潮的。这和我们这样一个编辑历史悠久、编辑成就辉煌灿烂的泱泱大国的地位是一致的,因而也是合乎情理的。

根据量变到质变的规律,量的积累必然导致质的提升。编辑学研究的情况也正是如此。从意象编辑学到原理编辑学,从微观编辑学到宏观编辑学,从个案编辑学到整体编辑学,从分类编辑学到体系编辑学,学者们的思维在各自不同的空间领域里驰骋,并分别结出了不同的硕果。中国编辑学正在经历着由浅入深、由低到高、阶段上、层次上、水平上和质量上的不断变化。而着眼于宏观编辑学,着力于从整体上、体系上进行编辑学学科理论体系的构建,无疑是现阶段编辑学研究的一项阶段性重大任务,也是当前的编辑出版业改革、编辑出版学教育实践和编辑学学科建设的迫切需要。编辑五体研究正恰逢其时地担当起这样的任务,适应了这种迫切需要。

编辑五体研究的对象,是编辑活动的主体、源体、客体、用体和辅体。这五体涵盖的范围,几乎包括了整个编辑活动。

编者和作品稿件,是编辑学研究当然的研究对象,这是没有人怀疑的。她们被称之为"编辑主体"和"编辑客体",这两个雅号,在上世纪80年代初编辑学研究伊始就被一些研究者提出来了,后来逐渐确立为学界的共识。编辑主体与编辑客体处于编辑活动的核心地位,是任何学派的编辑学研究者都绕不过、避不开的。它们被首选入编辑五体,纳入编辑五体研究的范围,是理所当然的。也就是说,凡是属于编辑主体与编辑客体范畴并与之相关联的一切人和事物,包括物质的和精神的,都是编辑五体研究的一部分,都是我们研究的对象,都在我们研究的范围之内。

作者和读者(包括观众、听众、网民等),以往虽也有学者对其进行关注和研究,但却一直被置于边缘地位,很少有人将其纳入编辑活动中来,大都只被视作与编辑出版有关联的对象而已。随着编辑活动的发展和编辑学研究的深入,作者和读者的重要性日益被学界认知,开始不断有学者呼吁将作者和读者作为重要研究对象,纳入编辑学研究的视域范围。我们认为,作品的创作者是编辑活动之源,"问渠哪得清如许,为有源头活水来",有了创作者源源不断地创作和提供作品,编辑活动才有可能得以持续不断地进行和发展壮大;若失去了这个有活力的源头,任何编辑活动都无从做起。所以,我们不仅将其郑重地纳入编辑学研究的重要范畴,而且根据其为编辑活动之"源"的整体特征,比照编辑主体和编辑客体的术语称谓,将其称为"编辑源体"——为编辑活动提供活动之"源"的群体,正式列为编辑活动与编辑学研究的主要要素之一。读者,包括观众和听众等,他们是编辑产品的使用者,是编辑工作服务的终端接受者,编辑产品不仅最终要在他们那里得到使用和检验,而且还要从他们那里得到回报、收获效益,他们那里的情况如何,直接决定着编辑活动的成败甚至生死存亡,在编辑活动企业化、市场化的今天就更是如此。可以说,如果没有了读者等这些使用编辑产品的社会群体,编辑活动的存在就失去了一切理由。若将他们排除在编辑活动之外,那编辑活动显然是不完整的。因此,我们赞同一些学者对将读者等纳入编辑活动研究领域的呼吁,不仅将其同作者一样郑重地纳入编辑活动及编辑学研究的范围,而且根据其作为编辑产品的终端使用者这一主要特征,比照以上三者的术语称谓,为其冠之以"编辑用体"的编辑学专业术语名称,并正式统一编列为编辑活动与编辑学研究的主要要素之一。

除了上述四体之外,在编辑活动中还有一个不可或缺且堪称庞大的群体,那就是一大批对编辑活动起辅助作用的人们。他们虽然不是编辑,却与编辑有着密切的关系;他们做的虽然不是编辑工作,但却参与编辑活动过程,帮助编辑产品的制作完成和传播,担负着编辑活动价值、效益的最终实现的重要使命等等。如:编辑活动管理者、编辑产品印刷制作者、书店公司经营者、网络管理维护者等等。这个群体,是编辑活动的辅助完成者,也是编辑活动的一个重要组成部分。没有这个群体的参与和努力,整个编辑活动也是不能完成的,编辑活动的目标、价值与效益等是不能实现的。因此,我们不得不根据他们在编辑活动中起辅助作用这一特点,比照上述四体,对其冠之以"编辑辅体"的专业术语称谓,亦将其纳入编辑活动与编辑学研究的范围。

至此,我们归纳出了构成整个编辑活动的五种主要要素——编辑五体,即编辑主体、编辑源体、编辑客体、编辑用体和编辑辅体。五体俱备，几乎涵盖了编辑活动的所有范围，界定了编辑活动的专业和行业体系。

编辑五体研究，既可以从宏观上去研究，也可以从微观上去研究。但总体来说，它主要的还是属于宏观编辑学的范畴。它的主要任务，还是应从宏观整体上去探寻编辑活动的内部关系、内部矛盾和运动规律，构建整体的编辑学基本理论体系。从微观上研究编辑五体的每一个细节，是必要的，这是编辑五体微观编辑学的基础；但从宏观上构建编辑学学科理论体系，却是编辑五体研究的根本任务。

全世界人类的编辑活动，都是从远古的符号创造运动中开始的，至今已经有近万年的历史，却唯有中国的编辑活动史是一直没有中断的，因而是最具典型性的。所以，要想探索人类编辑活动的奥秘与规律，就只有以中国的编辑活动史为底本。世界四大文明古国中除中国之外的其他三大国，其文明历史都是因中途改变而中断的、不完整的，唯有中国是连续发展的。这个研究人类编辑活动历史奥秘与规律的任务，也就必然地落在中国学者的肩上。由于历史记录和研究的超长时期的空白，使得这一研究任务超强的艰巨。幸运的是，我们找到了这样一种编辑五体研究的方法与途径，使我们获得了编辑学研究的一种突破。我们有责任沿着这条路径走下去，去看看这条路有多长、多深，去看看它是通向天堂还是通向地狱。可以肯定的是，无论如何我们都要走下去！

我们毫不怀疑，编辑五体研究，是迄今为止对编辑活动研究的一种最合适的概括；我们毫不犹豫，这是一条通向探索成功的最佳之路；至秒，这也是一次最富有价值的尝试。让我们"摸着石头过河"，沿着这条路走下去，去完成揭示人类编辑活动奥秘与规律、构建编辑学宏观理论体系的艰巨任务。

第三节　编辑五体研究的目的与重要意义

我们进行编辑五体研究，开辟了一条前人未曾走过的编辑学研究新路，不是为了人为地去标新立异，更不是想要故作新奇地去创造一个怪物，而是想要努力找到一条可最为便捷地到达彼岸的成功之路。

"此岸"是什么所在？此岸就是我们现在所处的对编辑活动的奥秘的不甚了了的糊涂之所。"彼岸"是什么位置？彼岸就是我们对编辑活动一切的一切的清楚明白之境。从此岸到彼岸，中间一似有千山万水、烟波浩渺的阻隔。要想从此岸到达彼岸，除了要有无比坚强的意志之外，还必须找到并搭乘一条幸运之舟，以坚韧不拔之力突破这中间千难万险的重重阻隔。而且彼岸并非征程的终点，到达彼岸后还须继续向前，将收获的编辑学理论应用于实践，在实践中对其加以检验和完善，在指导和服务于实践中发挥作用，收获效益。这才是我们编辑五体研究的最终目的，也是这项研究所具有的价值和意义。

进行编辑五体研究，主要应达到以下三个目的。

1、要通过对编辑五体的研究与探索，揭示编辑活动的真正本质，即解决编辑活动"是什么"的问题。到底什么是编辑活动，它的内容、结构、范围是什么，它是怎样产生、怎样发展、怎样变化的？等等，包括它的概念与内涵，都需要我们在理论上作出回答。

2、要通过对编辑五体本质及其发生、发展的过程的研究与揭示，找到编辑活动产生与发展的本质性的原因，即回答编辑活动"为什么"的问题。要真正从科学理论上回答这个问题并不容易，需要我们付出艰辛的努力。

3、在解决了编辑活动"是什么"和"为什么"的重大理论问题之后，接下来就要回答编辑活动现在和将来应当"做什么"和"怎么做"的问题。较之前两个问题，这第三、第四个问题更重要，它是我们研究的最终目标和归宿。

进行编辑五体研究及其目标的实现，至少具有以下四项重大意义。

1、开辟了一条编辑学和编辑活动研究的新路径。

将编辑活动划分为"编辑五体"，并从此视角切入，对其进行微观和宏观上的研究的做法，此前从未有人做过。这种方法和路径，是编辑学研究中的一项创新。它创造性地将极其纷繁复杂和难以捉摸的编辑活动，以类相从地简单抽象分解归并为编辑五体，将其准确精览地勾玄提要为五大纲领，使好像纷乱、无绪的所有编辑活动在此视角下被简化为一览无余、清晰明瞭，研究起来得心应手。

2、使编辑活动"是什么"的问题的解决成为可能。

编辑活动"是什么"的问题，也就是剖开现象，从本质上真正将编辑活动讲清楚、讲准确的问题，是编辑学研究中的首要问题。由于编辑活动门类众多，呈现在我们面前的是一派目乱花迷的纷繁表象，使人难以看清它的本质，所以关于编辑活动在本质上到底是什么的问题一直迟迟得不到解决，至今连一个统一的、可以为大家所共同认可的编辑概念都没有。编辑五体研究，将有可能为此问题的解决寻得一条便捷之路，以新的方式，带领此项研究从山重水复中走出来，转入柳暗花明的通幽之径，终使此问题得以解决。而事实上，将编辑活动中错综复杂的纷繁乱象归纳为编辑五体，就已经距问题的解决不远了。

3、使最终回答编辑活动"为什么"的问题有了希望。

纵览世界上任何一个学科，回答本学科"是什么"、"为什么"的问题，无不是本学科学术理论研究的重大任务。编辑学学科尚在建设或者说尚处于草创之中，其中有着太多的"为什么"的问题，需要我们一个一个地去研究解决。宏观和微观上许许多多的"为什么"的问题，那是需要我们日积月累、持之以恒，逐个地、层累性地不断加以解决的。这些问题解决得越多，我们的理论就越丰富，我们的学术理论体系就越完善，我们学科建设的成就也就越大。一般来说，微观上的问题还是比较容易解决的。我们这里主要说的是，如何从宏观上、整体上来回答整个的编辑活动"为什么"的问题。如：编辑活动为什么产生、为什么发展、为什么会一直存在并生生不息、为什么变化变革，它的原理是什么、为什么，它的动力是什么、为什么，它运行的规律是什么、为什么，等等。这些都是重大的学科理论问题，并非简单地、容易地可以回答的，必须进行认真的、长期的、深入的、十分艰辛的研究与探索，必须找到正确的路径与方法。关于这些问题，全中国的编辑学学者们辛勤探索了数十年，至今仍未有令人满意的答案。

将编辑活动中诸多纷繁复杂的元素归并为编辑五体，终于准确地、一定程度地抓住了问题的真实本质，找到了到达彼岸的方法与路径。只要我们顺着这条路径、运用这种方法持之以恒地继续深入研究下去，找到正确的答案，最终从宏观上解答上述一系列重大理论问题之日，应当是不会很远了。这将是我们编辑学学科理论建设上的一大胜利。

4、有助于解决编辑活动现在和今后"怎么做"的问题。

关于编辑活动当前和今后的发展策略，也就是"怎么做"的问题，如前所述，是我们编辑学研究的目标和归宿。若此前能够回答编辑活动"是什么"和"为什么"，那就会为解决"怎么做"的问题提供当然的基础和前提，甚至会为解决当前和今后的重大问题找到科学发展的出路。譬如：如果我们明白了编辑活动发展的动力、规律、原理是什么、为什么，那我们就可以主动地去利用好这样的动力，根据这样的规律和原理来科学地策划当前和今后编辑活动的发展策略及工作思路，推动编辑活动科学地发展并以此争取最大化的效益。如此等等。

关于编辑五体的研究我们才刚刚开始，这里我们还不能多说什么，一切要等待其最后的研究结果。但我们绝对相信，这项研究对于编辑活动的实际效益将是巨大的。

第四节　编辑五体研究的原则、途径与基本方法

工欲善其事，必先利其器。要想使编辑五体研究能够不走弯路，顺利进行，就必须依照正确的原则，选择正确的途径与方法。

我们已经习惯于依据历史唯物主义的研究原则。

什么是历史？历史就是已经发生过的事情，即使是刚刚发生过的事，它也已经走入历史。我们所从事的研究，主要就是对已经发生过的事情进行梳理、分析、总结和归纳，所以也可以说是在研究历史。什么是唯物主义？除了"物质是第一性、精神是第二性"的解释之外，唯物主义还应当被理解为尊崇客观存在的真实。历史唯物主义简单地说就是要以真实为基准，客观地、实事求是地去研究和分析已经发生过的事

情,从历史的真实中去寻求真理。换句话说,从错误的、被扭曲的历史假象中,是不可能得出正确的研究结果的。所以,我们必须以历史唯物主义为原则,以客观存在的历史真实为研究对象,实事求是地去探寻事实真相,从中得出科学的研究结论。编辑五体就是一个客观存在的、长达万年的历史真实,我们必须依据历史唯物主义原则去进行研究才有可能成功。

我们必须经过辩证唯物主义的途径。

辩证唯物主义是一种思维科学,是绝大多数思辨研究者通向成功的必经之途径。它不仅尊崇客观真实,而且主张采用辩证的方法。辩证唯物主义认为:事物都是发展的,而非停滞不前的;事物都是不断变化的,而非一成不变的;事物都是互相联系的,而非孤立存在的。编辑五体正是客观真实的、向前发展的、不断变化的、互相关联的,和辩证唯物主义的主旨是完全一致的。所以我们最好通过辩证唯物主义的途径才能正确地认识它,才能得到客观正确的研究成果。

我们拟仍选择使用溯因推理的研究方法。

"溯因推理"或称"溯因求果",是自然科学研究中的一种方法。著名革命烈士江姐的儿子、现定居美国在一所大学为终身教授的计算机科学家彭云,就是因为找到了这样一种方法而成名于学界。然而,这却也正是笔者以往在自己的研究中常常使用且屡获成功的一种方法。尽管我之所用与彭云先生可能并非真的吻合。

溯因推理或溯因求果,就是以事物的本相为原点,进而出发追溯其原因,在溯因的过程中推导原理,最终得出真理结果的研究过程和研究方法。这种方法虽属逆向性,但却具有思维的循序性、缜密性和通贯性,对于防止研究者在思维过程中误入岔道(歧途),具有良好的保障作用。笔者应用这种方法作学术研究已有多年,屡试不爽,每次都收到了较好的效果。在本次的编辑五体研究中亦拟继续使用。

第二章
编辑活动研究

第一节 编辑活动的概念与内涵

要研究编辑五体,有必要首先弄清楚编辑活动。

在编辑学界近 30 年来的编辑学研究中,学者们频繁使用"编辑活动"一词。其出现的频率之高,使我们毫不怀疑它已经合格地成为编辑学中的一个专业术语。

然而,"编辑活动"一词准确的解释是什么?作为一个专业术语,在概念上应该给它作出怎样的一个界定呢?词典中肯定没有,似乎以前从来也未见有人讲过。虽然,我自己也是较早使用这个术语的学者之一,可是,我也一直未能顾上给它作出一个解释。这种情况导致了人们对这一术语的不甚理解,甚至还奇怪地见到有人写文章,怀疑在历史上"是否有过一个编辑活动"。由此看来,无论如何,这件事情是不能够再继续拖延下去了,的确是到了该给"编辑活动"作出一个概念上的界定的时候了。

关于给概念下定义,我曾在《编辑学基本原理》一书中,辟专节论述定义的基本要求、一般性原则与方法。[①] 如果按照这本书中的要求来

---

① 靳青万.《编辑学基本原理》,长春:东北师范大学出版社,2003 年 12 月第一版。

给"编辑活动"下定义,那么整个推导过程就显得过于冗长而复杂。为了节约宝贵的时间,这里我们选择走捷径来作简单化处理,从而更便捷地解决这一问题。

"编辑活动"这一概念的现成定义没有,但是"活动"一词的定义却是有的。《现代汉语词典》中对"活动"的定义之一是:

[活动] 为达到某种目的而采取的行动:野外活动、文娱活动、体育活动、政治活动。①

套用这一定义,很显然,"编辑活动"完全可以定义为:

编辑活动:为达到编辑目的而采取的行动,是人类一切与编辑有关的行为的总称。

换句话说,即"凡是为达到编辑目的而采取的行动,都属于编辑活动的范畴"。这样的定义对于"编辑活动"来说,应当说基本上是准确的,可以成立并给予确认。如此定义的短短一句话看似简单,其实它的内涵却是十分的不简单。如:

1. 这句话是一个无主语句,其实它不仅是应有主语,而且是应有多种主语的。即如"谁""为达到……而采取的行动"?都有哪些人"为达到……而采取"了"行动"?很显然,为达编辑目的而行动的首先是编辑者本身,我们称之为"编辑主体";其次则是将自己的作品源源不断地提供给编者的作者,我们称之为"编辑源体";其三则是使用编辑产品,并将使用需求和使用意愿及使用评价等反馈给编者的读者、观众、听众等,我们称之为"编辑用体",他们的这些"行动",也是为着"编辑"而进行的;其四当然还有帮助编辑者制作和传播编辑产品的人,不用说,他们的种种"行动"也都是"为达编辑目的"而进行的。这四种人或称四种群体,毫无疑问地都应当是上述"编辑活动"定义句的主语,都是编辑活动的主要组成部分。

2. 句中"编辑"的"目的"是什么?显而易见,这里的"编辑目的"是"行动"这一动词的宾语,也就是"行动"的目标。"编辑目的"有很多,如:为读者、为市场、为价值、为效益、为传播、为皮藏、为

---

① 《现代汉语词典》,北京:商务印书馆1978年12月版,第52页。

质量、为荣誉等等。但这在"编辑行动"的序列上充其量只能是靠后的第三位甚至是终端的目标，排在它们前面的、更为直接的、编辑者最先采取的行动目标是什么呢？毫无疑问当然首先是编辑物，也就是稿件、作品等，我们称之为"编辑客体"。这个东西它与编辑定义句前的每个主语都有着不可割裂的关系；作者因为它而成为编辑源体，编者因为它而成为编辑主体，读者因为它而成为编辑用体，制作、传播者因为它而成为编辑辅体。由此可见，它既是"编辑目的"的最直接的第一标的物，又是为之"而采取的行动"的第一宾语即行动目标。它虽然不是上述定义句中的主语，却应是这一定义句的第一宾语，同样是一个完整的句式所不可或缺的。离了它，编辑就失去了行动指向，就不会也不可能有任何编辑"行动"。所以，它理所当然地也是编辑活动的主要组成部分之一。

3. 上述"编辑活动"定义句前的主语也就是"行动"的主体有多种，而不同的行动主体由于自己的角色、分工不同所以"采取的行动"也不同。尽管这些"行动"是多种多样甚至是包罗万象的，但只要是为达到"编辑目的"而进行的，就都应属于编辑活动的范畴，都应包括在编辑活动之内。

4. 我们上面所述的对于"编辑活动"的定义，其实还只是狭义的，是只表达了编辑活动内涵的，事实上这个定义还必须包括适当的和必然的外延。例如：编辑活动中的管理工作，它不是直接的、狭义上的编辑工作，但这种行为的目的却是和编辑工作目的一致的。它算不算"为达到编辑目的而采取的行动"呢？答案明显地应是肯定的。再如：编辑出版工作中的财务会计工作，从狭义上讲，它也并非编辑工作，但他们却是编辑出版中的财务会计，算的和管的都是编辑出版工作中的账，收入账、支出账都是编辑出版的，很明显，它也是"为达到编辑目的而采取的行动"，算不算宏观上的编辑活动呢？答案显然也是肯定的。如此等等，以宏观整体上看，应该纳入编辑活动的人和事还很多，即便是一个为编辑开车的司机，一位在单位食堂为编辑工作人员做饭的炊事员，他们也都应视为编辑活动中的一分子，他们的行为、工作都应属于编辑活动。当然，在完全的狭义上他们就都算不了。财会人员、司机和炊事员等，显然做的都不是编辑工作，他们也都当然不能去评定编辑方面的职称。所以，在类似的具体问题上，我们既要宏观地、整体地去看待，又不可一味地去钻牛角尖，走死胡同，应当从理论和实践的结合上去做恰当的把握。但编辑活动既是宏观的，又是微观的；既有广义的，也有狭义的；既是由许多人所组成的行为共同体，又是单个人的工作行为。这却是不应有疑义的。

第二节　编辑活动与人类文明之关系

　　在阐述整个人类文明的时候，学者们用其发明的两个词汇，将人类文明划分为"物质文明"和"精神文明"两大类，并用其区分人类所创造的不同文明的不同属性。那么，编辑活动也是参与创造文明的，它所创造的文明属于什么性质，它与人类文明之间又是什么关系呢？

　　"文明"是用以表述人类进步的一个术语，但它的真实的内涵却表现为种种物质的和精神的客观存在。文明不是天生的，不是自然界原有的，而是人类创造的，它是人类脱离原始动物界，由低级层态向高级层态不断进化发展的客观性结果特征，也是人类独有的特征。"文明"的反义词是"野蛮"，"野蛮"一般被视为原始动物界的行为特征。地球上除人类之外的动物，迄今都还处于原始动物状态。原始动物界的行为状态主要表现为"野蛮"，它们未能创造出任何"文明"。"文明"是人类在自己的进化过程中创造的，也是人类独有的。人类常将发生在自己身上的不文明行为斥之为"野蛮"。如南京大屠杀、灭绝犹太人等行为就是如此。之所以这样斥责，即是因为"文明"是人类的行为，"野蛮"是野兽的行为，而南京大屠杀、灭绝犹太人的行为正是被视为野兽行为的。

　　与"文明"一词含义相近的还有"文化"。常有学者不愿意回答"什么是文化"的命题，因为据说"文化"有400多种定义，变成了一个谁也说不清楚、只可意会不可言传、谁要回答谁就是"傻瓜"的问题。

　　其实"文化"并没有如此可怕也并非那么的神秘难懂。"文化"其实就是指人类的"文明化",指人类对文明的创造程度,指人类脱离原始动物界后,不断由低级层态向高级层态的进化状态。文明的"文"和文化的"文"不仅文字相同,而且其含义也相同。该字的原始义即"花纹"之"纹",这个"纹"字最早即有两种含义:一种是指天然花纹;一种是指人造花纹。人造花纹也有两种义项:一种指的是艺术,如绘画;另一种指的是符号。追求和创造艺术,是人类感官审美欲望的幻象性表现;创造和使用符号,是人类生产、生活需求的现实性表现。尤其是后者,即符号的创造,它后来导致了文字、文章、文献、书籍、文学、科技的产生和惊人的发展,使人类不断向上推高自己文明的顶端,终于将地球上所有的动物都彻底地、永远地抛在了后面。这正是人类文明化的巨大作用和威力!"文明化"进程对人类发展的作用和贡献,怎么肯定都不会过分!

　　在人类的早期,其在物质文明方面的进步开始时,大多不是由于人类的创造,而是得因于对自然界中某种事物的发现与利用,在利用的过程中又渐渐有了人为的创造和发明。如在工具方面,开始时只是利用树枝、石块等自然工具;后来就逐渐发展为自己制造工具,如耒、耜和打制石器、磨制石器、玉器等。对舟船的发明应该也是如此,开头大概只是利用漂木,后来才自己制作独木舟。再如对野生种子的食用,后来才自己来种植并大面积地收获种子,由此发明了农业,北方的粟作和南方的稻作都是如此。这样的例子很多很多,很多东西由于年代的久远我们现在是只知道其结果而不知道其原因,更不知道其过程。还有方法、技术,大都失传了。但有一点是可以肯定的,就是有人、聪明而勤劳的人、能工巧匠甚至科技先驱在里面起作用,是他们做了很多的创造发明,推动人类物质文明不断地前进。历史未能将他们的姓名事迹记载下来,他们都成了无名氏。

　　在精神文明方面的情况则要更为复杂得多。如人类发生的声音,由原始的呻吟、嚎叫逐渐丰美、委婉、固定而变成统一的语言和动听的音乐,人类的思维由简单的思考逐渐发展为缜密而复杂的原始宗教,如祭祀占卜、图腾崇拜进而升华为哲学,而人类记事则从原始的结绳符号、图画符号、刻划符号逐渐发展成为具有文明核心标志的文字符号;等等。这里面绝少天然的成分,无不充满着大量的、人为的创造。

物质文明创造活动内部运动的奥秘,尚有待研究者去作专门的、深入的探讨。而精神文明内部运动的奥秘,我们却大体上已经知晓。这个奥秘就是:在精神文明运动内部的核心中枢部位,有一个庞大的运作体系在那里起作用,它就像永动机一样自我产生巨大动力能量,使人类精神文明方面的创造活动轧轧运转,永不停息。这个神秘的运作体系它不是别者,正是我们所说的由编辑五体构成的编辑活动。

编辑活动是由编辑五体所共同运作、共同构成的,而这编辑五体又正是以创造、制作、构建、传播和使用精神文明成果为主体特征的,他们几乎包括了人类整个精神文明的所有方面。我们可以想一想,人类整个精神文明体系除了他们之外还能有什么?没错,正是他们,构成了人类全部精神文明体系的总和。

即使是物质文明体系本身,和编辑五体也有着难以分割的密切关系。因为,物质文明和精神文明之间并不总是可以截然分开、泾渭分明的,而是常常互相支撑、互以为用、互相渗透、互为借重的关系。精神文明常常需要物质文明载体、技术、物质等方面的支撑;而物质文明也总是离不开精神文明给予的精神、文化、知识、教育、智慧、记录、传播等方面的借重。更不必说,许多物质文明的创造者他们也给编辑者创作和提供作品稿件,他们本身就是编辑源体;而他们同时也必须常常阅读、学习、观看、聆听、研究编辑产品,因而也就成为编辑用体,成了编辑五体的组成部分。如此说来,物质文明与编辑活动之间的密切关系,岂不就不言自明了吗!

物质文明与精神文明的总和,便是整个人类文明;编辑五体相加的总和,便是整个编辑活动。编辑五体与物质文明和精神文明之密切关系,也就是编辑活动与人类文明之关系。编辑活动在整个人类文明发展中的核心中枢地位与作用,是其他任何活动都不可取代的;它对人类文明产生与发展的贡献,也同样是其他任何活动所难以比拟的。我们之所以揭开这个秘密,其一方面是得因于学术理论研究的必然结果使然;另一方面，则可以使我们正确地认识编辑活动，从而更好地发挥编辑活动在人类文明建设中的重要作用，取得更加辉煌的文明建设成果。

编辑五体中的四体都是人类文明的主要创造者和建设者，这是一个不争的事实。

第三节　编辑活动与社会进步之关系

社会，有两种含义。一种专指由一定的经济基础和上层建筑构成的整体，也叫社会形态。原始共产主义社会、奴隶社会、封建社会、资本主义社会、共产主义社会是人类社会的五种基本形态。另一种则泛指由于共同的物质文化条件而互相联系起来的人群。①

人类开始互相之间的联系，最初无疑是在有血缘关系的亲族之间。在只知其母、不知其父的母系氏族时期，先是由一家人、然后是数家人、多家人，亦即互有亲缘关系的多家人之间，互相联系成为氏族部落集团。这样就在一个小的范围内形成了一个小的社会。由于人类的不断繁衍，这种具有血缘、亲缘关系的氏族部落的人数日渐增多，部落也就日渐膨胀扩大，后来就在一定的区域范围内形成更大的社会。这一时期的世界上甚或是在一个相对的区域内，同时形成和存在着许多个小的部落，以后渐渐融合成较大的部落，再以后不同的部落间又以联盟、联姻、依附、征服等各不相同的原因和方式，兼并融合成方国以至统一的国家。由此可以看出，人类群体开始是以血缘关系构成，接着外延至亲缘关系的氏族关系，然后再外延至具有远亲关系的民族关系。以此种关系为纽带，形成了以民族群联合体形式为标志的人类社会。

这种以血缘、亲缘、族缘关系为纽带而联系成为氏族部落集团以至方国的特点，在中国显得尤为突出。古书中提到的容成氏、大庭氏、伯皇氏、中央氏、栗陆氏、骊畜氏、赫胥氏、尊卢氏、祝融氏，以及太暤

---

① 《现代汉语词典·社会》，北京：商务印书馆．1978年12月第一版．

伏羲氏、少昊金天氏、炎帝神农氏、黄帝轩辕氏、尧帝陶唐氏等，就全都是我国上古时期以血缘亲族关系形成的氏族部落集团。这种特征一直不同程度地延续至中国整个奴隶社会和封建社会阶段，夏、商、周、秦、汉、唐、宋、元、明、清各个朝代，无一不是由以家族亲缘关系为核心纽带的皇族集团统治的家天下。这种情况，一直到中华人民共和国的建立才发生了真正的改变。也许，这也正是中国封建社会长期化的重要原因之一吧。

值得注意的是，在这种由血缘、亲缘、族缘联系而成的小社会向不同氏族部落方向融合成大社会、进而形成统一国家的过程中，统一的文字、文化因素起了至关重要的作用。已经有学者指出文字的统一在中国统一中所起的巨大作用，而人们不应忽视的是：这种文字、文化的统一之功，正是编辑活动的重要成果之一，正是编辑活动对于社会发展的重大作用。

按照马克思主义的社会史观来看，中国也是经过了原始共产主义社会、奴隶社会、封建社会的。现在我们正处于自己认为的社会主义初级阶段。而从清末到中华人民共和国的建立这短短的数十年间，中国是处于一种半封建、半殖民地社会。其间虽然也有过一些类似资本主义的情况，但应该说却并未形成过真正的资本主义社会。这样中国就跳越了资本主义社会阶段，而从封建社会直接步入了社会主义社会的初级阶段。这样的理论学说能否成立，虽有待于历史作最后的结论，但中国实行改革开放后30年来的飞速发展却是一个举世公认的奇迹。最近已有一些学者指出，中国30年来的发展奇迹，目前世界上现有的理论尚没有一种能给予解释。这恐怕才是真实的情况。马克思主义，包括世界上已有的各种主义，在当今的社会现实面前都需要不断地认识、不断地发展，都面临着新的突破，这是符合辩证唯物主义和历史唯物主义的认识论的，也是符合当代社会发展的客观现实的。

关于人类社会进步和发展的动力问题，学术理论界一直都在试图找出一种科学而标准的理论解释。我们先是主张生产力动力说，后来又有许多人主张阶段斗争动力说，再后来又回归到生产力动力说。应该说，生产力动力说是正确的。但是在如何解放生产力、发展生产力、乃至全面谐调可持续地不停顿发展生产力的问题上，人们却总是众说纷纭、飘忽不定的。而这恰恰正是至为重要的一个问题，这与生产关系、社会制度、精神文化、领袖选择、执政能力等等都具有至关重要的因果关系。中国 30 年改革开放的巨大成功，其实正是从以上各个方面努力，终于找到了解放生产力、发展生产力、全面谐调可持续地发展生产力的最佳途径的结果。

我们说生产力是人类社会发展的根本动力，全面、谐调、可持续地发展生产力是社会前进的最佳途径，然而其实，社会生产力中最为重要、最为活跃、起决定性作用的要素，说到底还是"人"的问题，其次才是生产资料问题。因为，包括生产工具和劳动对象（包括当代科学技术）在内的生产资料，都是要由人来掌握和运作，也只有在人的掌握和动作中，才会发挥作用的。甚而言之，即使在科学技术高度发达的当代，大部分的高科技生产资料也是由人创造出来的，已远非原始意义上的自然性生产资料了。所以，在当代以至以后，"人"在社会生产力要素中的比重已经更加并越来越重了，这一"生产力中最活跃的因素"更加的越来越"活跃"了。

我们考察社会发展史就会发现，在人类社会形成和发展的各个阶段，其实都是由人在起决定性作用的。在由血缘、亲缘、族缘关系联系而成的原始意义上的社会里，促使这种社会形成和发展的是人；在由原始共产主义社会向奴隶制社会的过渡中，起决定性作用的是人；在由奴隶制社会过渡到封建社会，以后又过渡到资本主义社会，决定并促成这些过渡和发展的还是人。即使在社会主义和将来的共产主义社会里，起决定性作用的仍然是人，这是一点也不会例外的。所以有人曾说过：在世间一切事务中，人是第一个可宝贵的。在一定条件下，只要有了人，什么人间奇迹都可以创造出来。

人的作用是如此的重要，所以人类历史上的绝大多数事情，都是围绕着人而发生的。如：生殖，是为了人的繁衍增多；生产，是为了人的生活需求；教育，是为了人口素质的提高；而战争，则是为了消灭或占有对方的人口。欲灭其国者必先灭其人；欲弱其国者必先弱其人；欲乱其国者亦必先乱其人。战争征伐，无不为此。但作为一国之君，要想使自己的国力强大,首先就必须使自己的人民强大。凡立国之明君、治世之能臣,首先想到的就是要以自己的人民为本,必须要使自己的人民饱其食、强其体、启其智、具其能,尔后方能丰其物、富其财、美其居、强其国,从而立于不败之地。其实这就是自觉不自觉地懂得了人在生产力要素中的权重,也就是人与社会发展的关系。

人之所以为人,人之所以区别于一般动物,就是因为人是高智商的、有精神的、有文化的、有创造力的。而高创造力得自于高智商,高智商得自于高文化,高文化,则得自于高的精神意志。所以,精神文化是人类特有之内涵,也是社会进步和发展水平的特有之内涵。尤其在现当代乃至今后,生产力要素中的人,已经远非原始意义上的简单劳动力的人,而是掌握了现代化科学文化知识、具有现代化科学技能、拥有高等级精神品质的当代智人了。需要特别说明的是,这样的当代智慧之人,他不是先天生来就有的,而是后天培养造就的。

那么,编辑活动与社会进步(我们姑且将"发展"改为"进步",因为"发展"容易被理解为大步的,而"进步"更容易被理解为积小步而成大步的)有没有关系呢?那是太有关系啦!因为,编辑活动不仅首先是以解决人的问题为中心的,而且还是始终坚定不移地以解决人的文明化为目标的。它所做的一切,首先就是为了提高人的素质,开启人的智力、培育人的文化、增强人的创造能力和优化人的精神品质。

编辑活动,从她主导创造符号进而创造文字而诞生之日起直至今天,她就一直地、不停顿地主导和推动着人类文明的发展与前进。是她,使人类初期创造的各种各样、杂乱无章的记音表义的符号得以规范可用;是她,使人类用以记言记事的统一的文字得产生;是她,创造并推广了文章、文献和书籍;是她,主导、创造、传播、积累和构建了整个人类文明。她使人类包括智商、知识、文化、科技、精神、创造力等在内的综合素质不断地提高,她使人类社会生产力不断地提升;她帮助人类完成了从古代智人到当代智人的进化,她推动人类社会不断进步并从低级社会到高级社会的一次次转型。可以毫不夸张地说,在人类文明和社会进步的每一个阶段,都可以看到隐藏其后的编辑活动的身影。

通过提高人的素质来不断提高生产力水平,进而推动人类社会的进步和发展，持续不断地提升人类文明水平，这就是我们对编辑活动与社会进步之间关系的简明表述。在人类文明发展史册上，不应漏载编辑活动的至伟之功。

第四节　编辑活动与人的发展之关系

在上一节的论述中，我们已经知道了人在生产力要素中的重要地位及其在社会发展中的巨大作用。人的地位和作用是如此的重要，有人甚至称其为天地间第一可宝贵之物，那么在我们的研究中，编辑活动与人之间的关系也就不能不是最值得关注的课题。

人确实是最为宝贵的。这个世界、天地万物，全都是因为有了人的存在才有意义。如若没了人，整个世界俱不知为何物。因为有了人，才有了社会、有了物质世界和精神世界、有了科学文化、有了矛盾斗争、有了人类文明，等等，等等。人类要生存、要生活，就要生产，生产力的高低，决定着生产的物质即生活资料的多寡和产品质量的状况，也就决定着人类的生存能力、生活质量和幸福指数，决定着人类社会进步的快慢和所处层次。生产力主要是由人和生产资料两种要素构成的，而"人"又是其中最活跃、最革命、最起决定作用的要素。所以，人的情况如何，对于社会发展来说是非常重要的。其实换句话说，人所做的一切都是为了人的。包括战争杀人、处决犯人杀人等极端行为，消灭一些人的目的则是为了另一些人的生存，其实说到底也还是为了人。

人类的天性是爱人的，这最初表现在血缘关系中的呵护、亲缘关系中的帮助、族缘关系中的支持。自奴隶社会开始人们便已有了朴素的将人视为生产力的观念。视奴隶为财富，便是这种观念的一种体现。封建社会的统治者大都懂得"民为邦本"的道理，其最有代表性的思想家孔子很早就提出了儒家的"仁"学之说，将其解释为"仁者爱人也"。甚至建议君王在处理治属中的关系时，要遵循"民为贵，社稷次之，君为轻"的治国原则。在后来的资本主义社会里，"以人为本"也一直是资产阶级标榜的社会理念。到了社会主义和共产主义社会，那就更是一切以人为出发点和归宿。无产阶级的革命导师、科学社会主义思想体系的创始人马克思，就曾明确地提出过在社会主义社会要特别重视"人的发展"的问题。毛泽东思想和由邓小平理论、"三个代表"重要思想、科学发展观构成的中国特色社会主义理论体系，其实也都是以人民的幸福和发展为主旨的。所以可以说，人的问题，在任何社会中都是必须全力予以解决的头等大事。

但是，人的问题有很多，是有类别、有层次的。其排在第一位、也是历代统治者都必须优先考虑的，则是吃饭穿衣也就是衣食住行问题。这是属于基本的低阶层次或第一层次的问题。而属于高阶层次或第二层次的，则正如马克思所指出的是"人的发展"问题。这一问题就上升到了人的素质，包括人的智力水平、知识水平、道德水平、科学文化水平、创造能力水平等等。人的这些素质和水平如何，直接关系着国家和社会的发展层次和水平。应当公正地承认，这些问题，以往在很多时期、很多地方、有很多人也注意到了，并且也都采取了许多解决问题的措施。但是，有所遗憾的是，他们大多都将注意力和解决问题的焦点放在了教育上。虽然这样做也没有错，是正确的也是有效的，但几乎所有人都忽视了另一个极其重要的历史和现实，那就是编辑活动。

其实，编辑活动从其一开始，就是为了人的发展而产生、而发展的，这完全是一个"专门利人"的社会行业。对于人的问题来说，编辑活动虽然往往也间接地涉及第一层阶的衣食住行问题，然而它所主要针对的却是其第二层阶的人的精神道德、科学文化、知识能力等精神文明方面的问题，主要是人的素质水平问题，也就是真正意义上的"人的发展"问题。

历史地来看，编辑活动是从创造符号、创造文字开始和发展的。众所周知，文字的发明及其使用对于人类来说是多么重要，它简直就是整个人类文明的基础性名词，整个人类文明大厦中所有的一砖、一瓦、一石，几乎全都是文字的记录，几乎全都离不开文字！当今的人一来到这个世界上，第一项任务的是学说话，第二项任务就是学识字。不识字，那就是文盲的主要标志。文字对于人的发展来说，所起的作用可真是太大了！认识字，就可以读懂别人的书信，可以看清经济的往来账目，可以读尽天下之书，可以学会无尽的知识，可以使人变得博学、多识、聪明、多能。会写字，则可以抒发、表述和记录自己的奇思妙想，可以创作诗词歌赋，可以撰写鸿篇巨著，既可以寄托自己的夺关壮志，也可以表露个人的闺房情思……一个熟练掌握了文字的人与一个不识字的文盲，其在素质上的差别不知有多少倍！编辑活动不仅创造了文字，而且在漫长的人类社会历史上还一直不断地在规范、统一、主导着文字的发展与应用，保证文字始终能够健康地为人服务。其对于人的发展的巨大贡献，仅此便已可见一斑。

编辑活动编创了各种体裁的诗词、歌赋、文章，普遍应用于文学、哲学、伦理、道德、政治、经济、军事、法律、教育、历史、科技、艺术等各个领域，使整个人类世界变得多彩多姿、无所不有；使人的精神生活、物质生活和文化生活变得纷繁丰富，充满了无限的意趣；使人类从原始动物学意义上的低层阶的人，一下子变成了全新意义上的社会的高层阶的人，实现了人的发展的一次次大跨越。这样的贡献，人类发展史册中也不应漏记！

编辑活动编创了各种各样的书籍文献，使天下之事莫不兼载，天下之物无不尽收，天下之情无不尽致，天下之理无不尽述，天下之技无不尽现，天下之能莫不尽呈。人读其书尽可晓其事、知其物、动其情、明其理、获其技、得其能。"吾尝终日而思矣，不如须臾之所学也"。学也，尽在其中矣！书籍，这种编辑产品，它对于人的发展来说，其帮助作用不知有多大！这样的贡献，凡是受到过这种帮助的人均可不言自明……

教育事业对人的发展是起了很大作用的，它在教育人、培养人、改变人、提高人的素质水平等方面的巨大贡献，我们并不否认。但有一个不争的客观事实却是，教育活动中最主要的要素是老师和学生，而老师所读、所用的书籍和学生所用的教材及一切读物，却都是编辑活动所提供、从编辑活动中所来的。即使是专家教授，他的学问也是从编辑的书中读来的，也是因为读多了编辑的书才成为专家教授的。而事实上，由于他们使用了编辑产品，于是他们也就变成了编辑活动中五体之一的

"编辑用体",成了我们这个大编辑学说中编辑活动的一个组成部分。因此,教育活动与编辑活动在此意义上已是难分彼此了。

更加有趣的是,编辑活动从它在创造符号中产生至今,人类时代已到了公元后第21世纪,人类文明已发展到了惊人的高科技、高层阶时期,人的发展也已从原始人到古代智人到当代智人的高级阶段,然而,编辑活动对人的作用以及人们对编辑活动的需求非但没有减弱,反而对编辑的依赖更趋加强,甚至到了几乎人人、天天、时时都离不开编辑的程度。一个人你早晨一起床拧开收音机,无线电广播里有编辑,因为那节目是编辑编成的;你吃完早点去上班,途中听到路旁喇叭中正播放的优美乐曲,那喇叭里面有编辑,因为那音乐是编辑编就的;到了单位进办公室翻开报纸,那报纸里面有编辑,因为报纸是编辑编成的;你不是上班而是上课,课堂上翻开课本打开教材,那里面也处处隐藏着编辑,因为那书是经编辑出版的;你说我不看报也不看书我打开电脑,电脑里面有编辑,因为那里面的网页也是编辑编好的;晚上你回到家里,吃完晚饭打开电视,电视里面有编辑,那电视节目同样也是编辑编好的;你有些生气索性不看电视了,出门上影院去看场电视吧,电影里面有编辑,那剧本和场景镜头故事等,也都是由电影编辑剪辑编成的;你干脆去看戏,这戏曲里面该没有编辑了吧?不,戏曲里面有编辑,戏曲剧本、唱腔、音乐、场次等也是编辑编出来的;你说我是瞎子,什么都看不着,总可以离开编辑了吧?不,你需要听音乐,音乐里面有编辑;你又瞎又聋,并且还是文盲,总可以离开编辑了吧?不,你们家总会有小孩,有小孩就得上学念书,你念的书里面有编辑……编辑,简直就成了你的跟班儿,如影随形地处处跟随着你;简直就成了像柴米油盐一样的人所离不开的好东西!而当今的人们也正是因为有了这个好东西,大家才会人人从中受益,从而实现自己的发展成为当今社会中合格的一分子,甚至成为出色的、出众的、有种种创造、成就和贡献的优秀分子。

在帮助人的发展方面,编辑活动与教育活动还有所不同的是:教育活动对人的教育只能是在人有条件接受教育、一定要亲自置身于教育过程之中方可实现和完成,因而必须投巨资,办小学、中学、大学,必须有老师、有课堂、有校园、交学费,不然就别想受教育;而编辑活动则不然，它完全是通过运用自己的编辑产品，随时随地、无所不在地帮助人们实现自我教育，从而帮助人通过读书自学成才，自我实现自我发展目标，使人人自我发展的愿望都可得到实现。编辑活动的这种无处不在地影响人的能力和效果，是其他任何活动所难以做到的。

诸如上述，便是编辑活动与人的发展之间的紧密关系。需要指出的是，对于这样一种严重影响人和社会发展的重大事项，以往却并未引起社会足够的重视，因而未曾采取措施，使编辑活动对于人和社会的这种有益作用更好地发挥；而那种片面地一味追求经济效益，单纯地将编辑活动视为赚钱机器，忽视编辑活动影响人的精神，影响人的发展的益世作用的行为，恐怕也是对人类编辑活动主旨的一种背离。但愿我们的研究，能对改善以往的不重视编辑活动的状况会有所裨益。

第五节　编辑五体相互及与编辑活动之关系

编辑五体即编辑主体、源体、客体、用体及辅体与编辑活动的关系，总的来说是局部与整体的关系。编辑五体各自为达编辑目的而采取的行动的总和，构成整体的编辑活动，其各自行动的效果与成败，都会影响到整个编辑活动的效果与成败。并且，不仅它们都与整体编辑活动有关系，而且在它们相互之间也各自形成其特殊的关系。

编辑主体是整个编辑活动的组织者、主导者、掌控者和运营者。顾名思义，它在整个编辑活动中处于主体地位。整个编辑活动，都在编辑主体的组织、主导、掌控和统摄下进行，它对编辑活动的效果成败负主要责任。编辑五体中的其他四体，都是因为编辑主体的存在而存在、因为编辑主体的存在而得名、跟着编辑主体的行动而行动。

编辑主体与编辑源体之间，是编者和作者的关系，是互为需求、互相依存的关系。他们行动的方式、范围、目的、利益各不相同，将他们联系在一起并成为行为共同体的唯一要素，就是作品。作品是由作者（也就是编辑源体）创作的，在作者与编者（也就是编辑主体）的这一关系阶段,在编辑活动内部,作品此时的专业术语名称叫"稿件",其含义就是尚待编辑审理加工的、尚未最终定稿的、因可能存在的种种缺陷而还不适宜传播使用的作品。作者的目的,是想将自己创作的作品投送给编者,经过编者的审理、检验、修改、加工、优化、定型,再经编辑辅体的制作、传播,最终成为适宜读者(或者是观众、听众、网民等,这里及以下姑且以读者为代表)使用的编辑产品,并由此收获自己心里所预期的效益。而编者的目的,则是从作者那里征集作品稿件,进行审理、鉴别、选择、加工、优化、制作,使其成为读者欢迎的、适宜读者使用的编辑产品,并从中获得自己所预期的社会效益和经济效益。需要特别说明的是:作者只有在自己的作品进入编者即编辑主体的工作范围之后(不论是作者以自己投送的方式主动进入,还是以其他方式被动进入),自己才能够成为编辑主体稿件来源的"编辑源体",才能够成为编辑活动中的一分子或一个组成部分。即使那些作品稿件经编辑审理后被淘汰或退稿的作者,他们也仍然因自己的作品已经过编辑审理而具有了编辑源体的身份。而那些虽也创作出了作品但其作品却始终没有进入过编辑工作范围的作者,是不具有编辑源体的身份和资格的。

编辑主体与编辑客体之间,是编辑工作与工作对象的关系。稿件一旦进入了编辑者的工作范围,哪怕仅仅是在登记册上登记过也好,就开始成为了编辑工作的对象,成为编辑主体的被编辑之物,也就具有了相对于编辑主体的"编辑客体"的身份。编辑客体在进入编辑活动的范围之后,它还常常先后可以有两个称谓:在自进入编辑工作范围开始到编辑审理、加工、优化、定稿并由编辑辅体开始制作前,它往往在业内被称为"稿件";而在定稿并经编辑辅体(印刷工人等)制作之后,它就被成功地造就成了"编辑产品",因而对于此时以及今后的它,我们在理论表述中便又往往称其为"编辑产品"。事实上,"稿件"和"编辑产品"都同属于编辑五体之一的编辑客体。编辑客体是编辑五体中唯一一个非人而为物的物体。虽然其非人而为物,但它却有着非常独特的核心功用,编辑活动的许多活动大都是围绕着它来进行的,编辑活动的许多目标也大都是通过它来实现的。没有了它,整个编辑活动便会立即因失去其核心意义而不复存在。编辑五体中的其余四体,相互之间全都是经由它而发生间接关系的；而只有它，也就是编辑客体，与其他编辑四体之间全都是直接的关系。可以说，几乎编辑活动中的核心问题、核心效益、核心意义，全都是因它而产生的。因此，编辑客体与整个编辑活动具有无可替代的紧密关系。

编辑主体与编辑用体之间，是完全的服务与被服务的关系。作为服务的一方，编辑主体除了部分地要为编辑源体即作者服务之外，其最主要、最关键、最明确的目标，便是要为编辑用体即读者等服务。编辑用体，即使用编辑产品的人。不管是读者、观众、听众还是网民，也不管你是总统还是平民百姓，是大学教授还是幼儿园中小童，是亿万富翁还是丐帮之众，是山居之道还是游方之僧，是白发长者还是俊俏后生，是垂垂老妪还是花季艳容，是为人为己还是为私为公，也不论你是通过什么方式、何种途径，只要你使用过书报杂志、广播影视、音像电纸、画图日历等编辑产品中的任何一种或者数种，那么你就肯定已作为被服务的一方，成为了我们的理论表述中所说的"编辑用体"，就自觉或不自觉地参与了编辑活动。编辑活动是因编辑用体对编辑客体的使用需求而产生、而发展、而繁荣，编辑主体的决策与运作，是根据编辑用体的好恶而决定。与此同时，编辑用体既是编辑主体服务的"上帝"，也是编辑主体的衣食之源。离开编辑主体提供编辑产品的服务，编辑用体就会因无所可用而不复存在，整个社会就等于回到编辑产生以前的那种原始蒙昧会时代；而离开了编辑用体对编辑产品的使用和消费，编辑活动也就会因无效无益而崩溃和消亡。编辑主体与编辑用体的这种具有极高互为依存度的关系，在人类社会的所有关系类别中实在是十分特别的。

编辑主体与编辑辅体之间，是一种一主一辅的互为补充的关系。就编辑客体的编辑制作来说，编辑主体与编辑辅体其实既是行为共同体、又是利益共同体。所谓"编辑辅体"，与"编辑源体"和"编辑用体"一样，都是笔者在自己的编辑学研究中创用的专业理论术语，其意指帮助完成编辑工作的人，实指制作编辑产品的出版印刷工人、传播编辑产品的书店销售人员，以及编辑管理服务人员等。编辑人员将稿件审理编辑完成后，其作品其实还是没有制作完成，还是不能进入传播流通阶段，必须进行后期制作，之后才能成为真正意义上的编辑产品，方可进入传播流通领域。没有这个环节，只完成编审定稿，编辑工作最多只能算完成了一半。之所以将其命名为"编辑辅体"，是因为他们辅助编辑人员完成了编辑制作任务的后一半。虽名为"辅体"似居次要地位，但这个环节的工作任务其实是重要而不可或缺的，是整个编辑活动中的重要组成部分之一。还有，编辑产品的制作完成以后，还必须经过书店等各种形式的市场营销，才能传播到编辑用体之手，才能完成价值交换，才能兑现它的价值，才能收获经济效益，才能产生后续效应。而这样的重要环节，却是由上述营销人员帮助编辑者完成的，显然对编辑活动具有不可或缺的辅助作用。没有这个环节，编辑产品压在库中卖不出，换不回大家赖以生存的工作报酬，编辑主体还怎么养活自己？所以，这样的辅助人员也是不可或缺的，显然也应是编辑活动的组成部分。

至于编辑源体与编辑用体之间，则是一种间接的服务与被服务的关系，因为中间还要经过编辑主体。而这个服务与被服务的介质，却都是要利用编辑客体的。编辑客体之于编辑源体，却好比由原来的亲生儿子，变成了过继给了编辑主体的儿子，似乎为二者所共同拥有，可是在实际上却仍是署名在编辑源体名下的，因为其著作权、署名权都是属于作者的。但不管怎样说，创作作品并将自己的作品稿件提供给编辑活动的作者，是整个编辑活动之源、之本，这一点是不会有错的。

编辑用体对于其他四体来说，其对编辑活动的参与及其在编辑活动中的角色，主要就是体现在它对编辑产品的使用、检验与反馈上，它通过使用编辑产品，与编辑主体、编辑源体、编辑辅体产生关系，将其对编辑客体的各种意见信息及成本利润反馈给以上三体（主要是编辑主体），以上三体再根据用体的意见，各自校正自己的编辑活动，并运用所获利润扩大再生产，使编辑活动更好、更健康、更有效地向前发展。所以，编辑用体绝对是整体编辑活动的一个重要组成部分，它的行为对于编辑活动来说具有十分重要的意义，不将其纳入编辑活动看待实在是不行的。

第三章
编辑主体研究

第一节 编辑主体的概念与内涵

编辑主体就是指编辑者本身,由于其在整个编辑活动中起主持、主导、主控和主营的主角作用,在编辑活动中居重要地位,所以被称为"编辑主体"。这是我们从一般意义上认识的关于"编辑主体"的概念。

但是若从理论上深究起来,事情竟然还不只这么简单。单是"主体"一词,便有语义学、哲学和法学上的三重概念。虽然在不同的词书中语言表达有所不同,但却都不外乎以上三种内涵。

第一种虽然是从语义学上加以解释的,即把"主体"一词的语义指向"事物",认为即是指"事物"的主要组成部分。如:"工人、农民和知识分子是国家的主体。""中央的十层大厦是这个建筑群的主体。"

第二种是从哲学上进行解释的,把"主体"作为哲学上的一个与"客体"相对的术语加以理解,认为"主体"是指认识者和实践者;"客体"则是指客观世界,是主体认识和实践的对象。客体不依赖于主体而存在,主体通过实践能动地认识和改造客观世界(客体)。主体和客体是对立统一地共存于同一事物中的一对矛盾。

第三种则是法学意义上的,指依法享有权利和承担义务的自然人、法人或国家。

以上第三种概念内涵与本论题主旨无关，且按下不表。但第一、第二种含义却都能大体上适合于本论题中"编辑主体"这一概念的内涵。

　　首先，编辑活动是一种事物，事物一般都有自己的内部结构，由若干或多个部分所组成。在这多个部分中，大都有其主要部分和非主要部分。居于主要部分的，即为事物的主体。编辑活动即是由编者、作者、读者、作品和制作传播者等五个部分组成的，这五个部分中，显然是编辑者居于主体地位，是编辑活动的最主要的组成部分，称其为"编辑主体"是恰当的。

　　其次，就理论研究上说，编辑学具有哲理性，完全可以从哲学的认识论和方法论的视角来进行研究、探讨和表述。将编辑活动作为哲学范畴，将编辑者视为认识者和实践者，将被编辑者视为认识和实践的对象即客观世界，因而称编辑者为"编辑主体"，称被编辑者即作品稿件为"编辑客体"，显然也是恰当的。而事实上，相对于编辑者这一编辑主体来说，不仅仅是作品稿件，而且包括作者、读者和制作传播者在内的整个编辑活动也都是他认识和实践的对象，都是事实上的"编辑客体"，只不过我们根据客观实际情况，将其认识和实践的客观世界中的不同组成部分，又加以细分和区别罢了，毕竟我们是在研究编辑学而非哲学。

　　因此，本论题中所使用的主要是主要概念术语，常常包含了事物意义和哲学意义的二重性，但却又是统一的、不矛盾的。哲学也好，编辑学也罢，它们都是在研究和认识客观世界，都是在从客观世界中寻找、探索和总结出规律性、理论性的东西；而事物也就是客观世界，就是认识者要认识和探寻的对象，所以二者之间往往具有一致性是正常的现象。

　　世界上的事物尤其是概念，往往都是相对地存在的，有其一定的存在范围和条件。若改变了范围和条件，其存在形态也要随着转移和改变。在编辑活动的范围内，在与编辑客体相对的条件下，编辑主体居于认识者和实践者的主体地位，但编辑主体本身也需要被认识、被实践。在编辑学关于编辑五体的研究中，编辑学研究者成了认识者和实践者，成了研究主体；而编辑主体及其他四体则全都变成了被认识和被研究实践的对象即客观世界。作为研究主体，我们应当从辩证唯物主义和历史唯物主义的认识论和方法论出发，去深刻认识编辑主体这一客观世界，力争从中得出科学的研究结果。

第二节　编辑主体的产生与发展

　　研究一个问题，要想真正地认识它并从中得出真理，就必须了解这一问题的全过程。所谓"窥一斑而知全豹"的命题，在多数情况下是不能成立的。因此，要想弄懂编辑主体，真正认识这一客观世界，了解其产生与发展的完整过程是十分必要的。

　　编辑主体产生于远古人类的符号创造时期。那时候的人们，为了生产、生存、生活中的各种需要，必须标示、记忆、交流某些事物，需要做出某种记号、传递某些信息、记录某些语言和声音，于是他们就想到采用一些符号来达到这种目的。开始时只是利用某些自然符号，树枝、石块、日月山川、鸟兽之迹等等，都可以被用作自然符号。后来，由于这些自然符号远不能满足他们的需要，于是就开始自己创造符号。由于创造符号的行为是自发的、自由的、随意而为的、各取所需的、各行其是的，所以创造出来的符号也是多种多样的、既不规范也不统一的，因而是只能为个人使用却无法为大家所共同使用的。因为某个人所创造的某些符号，其所表示的含义只有创造者个人明白，其他的人们并不认识也不懂得，另外所有的符号创造者也是如此，并且，由于符号创造是各自进行的，所以同是用于表示某一种事物，创造出来的同义异形符号就可能会有数十、数百种。

　　符号本不仅是用于自我记忆，而且还是要用于在大家之间共同使用、互相传播、互相交流的，一定要大家共同认识才行。如此混乱的情况肯定是不行的，是不适宜大家共同使用的。怎么办呢？于是就有人出来将这些不同的符号，加以收集鉴别、择优汰劣、加工改造、整理提高、新造补充、规范约定、统一定型，将其优化成为大家都能认识、都能接受、适宜在一定范围内传播交流和使用的、具有体系性的符号。这时候，符号的性质就发生了质的变化，由原始的、简单的、混乱的符号，优化提升成了标准意义上的文字。文字就于这时、像这样地产生了。而在这个文字形成过程中对符号进行优选、优化、规范统一的人，就是人类文明史上最早的编辑或称编辑主体；他所做的这种工作，就是原始意义上的编辑工作，亦可称之为编辑活动。编辑主体及其编辑活动，也就于这时、像这样地产生了。这个时间大致是在新石器时代早期。

编辑主体产生之后，其工作不但没有停止，反而更加的繁冗和复杂。其一是因为文字是经编辑之手产生的，如此大量的文字不仅需要在编辑的头脑中一一记清楚，而且还要一一讲明白，这样他们就自然地拥有了对文字的管理权和解释权，同时还必然要承担维护文字的健康、规范、统一、宜用的义务。这与其说是一种自然而然的权力，倒不如说是一项复杂繁重的工作任务。因为文字在广泛使用的过程中必然会出偏差，会出现错误和变异，会暴露出各种各样的缺陷与不足，所以就需要经常不断地、不停地做维护文字的工作，并在维护的过程中使文字不断地发展、不断地优化、不断地完善。其二，因为文字的使用方式是用于记录语言、记载事物的，所以在使用的过程中就必然因实际应用而自然地产生出各种记录形式，由各种只言片语式的文字记录发展到片段式记录，后来再到较长、甚至更长的记录，并渐渐地用于表达各种生产、生活、自然景物、人的感情、思维和艺术，用于记录本部族、本国家的档案、事件和历史。于是各种体裁的文章、文献、书籍、图册等都渐渐地被创造出来了。在这些过程中，作为掌管文字、对文字最熟悉，识字最多也最会使用文字的"最会写"的人，也就是我们今天意义上所说的"编辑主体"，他们也就必然会受到在文字应用上的重用，由他们去发挥其在文字方面的才能，去负责完成文字记录、文字写作方面的各项任务。于是，史官、作册、巫官、卜官包括占卜记录者，甚至部落首领等，便成为了历史和时代赋予他们的必然性职务。编辑与职任统一，编辑工作与各种行政职能机关工作统一，并融入各种职任工作，是这时期编辑主体及其编辑活动的突出特点。编辑主体与编辑活动从此也就隐形入另类职任，开始了长期的、在隐没中的发展。如：距今8500年前的河南舞阳贾湖遗址中出土的、刻有连续排列11个符号的石质权柄，就当是当时执掌符号文字（报载：文字专家们已肯定其是文字）的部落首领之物，他极有可能兼有当时掌管文字符号的维护和使用职责的编辑主体身份。古代历史文献中多次记载"古者伏羲氏之王天下也……始画八卦，造书契"，足证为古先王之一的太暤伏羲氏的编创文字之功，具有当之无愧的编辑主体身份。古书上大都记载说"仓颉作书"，说"古之好书者众矣，而仓颉独传者，一也"，这个"一"就是"统一"的意思，不仅说明仓颉是众多创造符号的人之一，而且说明只有他将大家创造的符号进行了规范统一的编辑整理工作，所以也只有他创造和经他编辑统一的文字符号流传了下来，这就明确无误地指明了仓颉的编辑主体身份。而仓颉的职务据记载正是黄帝的史官。商族的先王契，其以"契刻"、"契约"的"契"作为自己的名字，说明他本人正是一个擅长契刻文字和制作契齿刻符的人，是一个掌管、维护和使用文字的高级知识分子。正因为此，尧舜才命他担任自己国中掌管全国教化大权的"司徒"一职，也充分证明了契的编辑主体身份。也正因为如此，在中国的上古之世才会唯有商朝拥有在当世最为完善的文字体系。今天我们研究殷商甲骨文字发现，在甲骨文献中可以查实其编辑主体身份的，竟然有包括商王、大臣、史官、卜官、作册在内的多种身份的人，充分说明商部族在当时一直是一个率先掌握了先进文化的先进部族，所以才得以拥有在数百年间"王天下"的资格和权力。周部族也是当时掌握较为先进的文化的部族，它的先祖不窋在舜帝部落联盟中担任"后稷"一职，而后稷即为当时掌管农业的农官。农业关系到国家的根本和千家万户的吃穿，代表着全国人民的根本利益。然而不窋即后稷却也是识字的，《国语·周语》中就有关于周先王后稷"修其训典，纂修其序"的记载，说明他不仅也掌握文字而且还不时地做编辑工作，拥有明确无误的编辑主体身份。而周文王懂文字，演周易做编辑工作那就更不用说了。陕西周原出土的周族甲骨文也证实了这一点。正因为周既代表天下百姓的根本利益，力行德政，又拥有当时较为先进的文化，所以终能取殷商而代之，拥有两周之天下，达数百年之久。至于禹夏，禹与其父鲧在尧舜部落联盟中世袭职任工程之官，是为司空，分管诸如治水避害之工程。这种浩大工程在当时的生产工具、生产力水平低劣的条件下,其艰巨程度可想而知。那时的工具也只不过是木制的耒耜已而已,有资格和勇气担任并世袭此种职务,显然说明夏部族具有独门绝技,代表当时的先进生产力水平,大禹治水的最后成功足以证明这一点。至于大禹识不识字,史书上虽然没有记载,但我们考古发掘的许多出土材料,都证实相当于夏代甚至比夏代还要早的黄帝尧舜时代、还有更早的贾湖刻符时代,都早已有了符号文字的,如仰韶文化符号、龙山文化符号、大汶口文化符号、红山文化符号等等,若说能代天而王的夏部族没有自己的文字符号,恐怕是说不过去的。因此,夏禹的编辑主体身份暂且阙疑。

其实,在上古造符运动及以后的文字发展过程中曾经有过的编辑工作者,可能就像天上的星星一样多。单是一部甲骨文字,就不知道有过多少编辑者参与其中了。只是由于年深久远,文献失载,到了我们今天研究编辑活动史想要寻找他们的时候,却是无论如何也找不到了。我们竭尽努力,也只不过仅仅找到一些蛛丝马迹而已。如果有人一定要因为找不到他们而坚持要否定他们,我们也实在没有办法。但我们相信学界和自己已经做过的研究、已经找到的证据和已经做出的一些研究成果,我们坚决地认为,在由符号编创文字及以后使用和发展文字的过程中,曾有过大量的编辑工作者即编辑主体,是编辑主体在文字的形成中发挥了至关重要的作用,这是不可否定的。不然的话,文字的最终形成就是说不通的。

编辑主体在文字的创造、形成、维护、使用和发展的漫长过程中也发展了自己。到了商代以后,编辑活动发展的脉络和轨迹就更加的越来越清晰了。

周武王于灭商立周的第二年就死了,他幼小的儿子成王即位,因成王年龄太小而不能理政,故由他的叔叔周公姬旦摄政,辅佐成王管理天下政事。周公旦是一个非常成熟、富有远见卓识且又非常务实的政治家,他采取种种有力的措施,将国家治理得井然有序,使政权越来越巩固。他"因于殷礼",制礼作乐,编制了一套十分完备的社会政治制度体系,从此奠定了长达两千多年的中国封建社会的礼制基础。后来的各个朝代在制定自己的礼制时,基本上都要引证和参考周礼的制度,甚至就连营造宫室、陵墓都是要参考周礼的。

周公姬旦的制礼作乐，在我们今天看来，其实也是一次规模较大的编辑活动。他召集众多的臣下，参阅殷礼，编制周礼，就现存的由战国时人追记撰写的三礼即《周礼》、《仪礼》、《礼记》三书来看，其工作的规模和工作量应该都是很大的。由于礼制是分门别类地制订的，在不少方面还很专业，所以应是由许多人分头进行的。周公旦不仅亲自充当编辑，而且可以肯定还必须由他担任总编辑、总审稿人和总把关拍板人的职责。分门别类的礼仪制度在编制出来以后，必然还要汇编成书册。这些书册除了朝廷要列典收藏以外，中央及中央各职能部门以及地方政府（各王侯封国），肯定都必须要分发样本参用，以便各级官吏衙署在使用中随时参阅查考。这样就必须制作大量的复本。当时的中央各级职能部门可能不少于几百个，而地方封国在周初一次分封建立的就有200多个，以后才逐步减少到70多个。如果每级都需要分发礼制汇编本的话，不要说更多，单是各级各部门首长分发一部，恐怕就需要几百近千部了。如果真的是这样，那这次编辑活动的复本制作是绝对空前的了！因此，周初由周公旦担任总主编的这次官方大规模编辑活动，不仅应该是存在的，而且还应是非常可观、非常值得重视和研究的，而以往却被我们忽略了。

周初的这次礼制编辑活动，开启了中国编辑史上官方大规模编辑活动的先河，产生了一个数量庞大的编辑主体群体。如果说此前殷商的编辑活动，由于文献包括甲骨文文献及其他各方面的局限我们尚无法知道更多，因而显得较为初始、朦胧和简陋的话，那么周初的这次官方编辑活动，则为我们提供了较为清晰的活动的轮廓和内容，从其编辑的性质、方式、内容、规模、构成要素以及复本的大量制作等方面来看，已经简直可以称得上是一个"出版社"的运作了。而且其编辑主体也已经产生了类似后代出版社的社长、总编辑、编辑部主任、分卷主编、编辑和制作复本人员（抄写、制作竹简和编制简册，类似后代的排版印刷工人）等等。如果深究起来，恐怕还有更多更丰富的内涵，充分显示当时的编辑出版活动已由此前的简约走向繁复和成熟；而主导整个编辑出版活动的编辑主体，在此也有了明显的、较大程度上的进步和发展，其主体性变得更加清晰了。周初由周公旦主持的这一次大规模的官方礼制编辑出版活动（如果说是以制作复本作为出版的特征的话），完全可以说是中国编辑出版史上的一个大型里程碑。

此外，中国古代的文字编辑活动持续发展。在商代形成了较为完备的文字体系之后，到了西周宣王时期（公元前800年左右），又由宣王的太史籀领衔，进行了一次较大的规模的文字编创整理规范统一的编辑活动，将其统一规范为一种被后人称作"古籀体"的文字（到秦时为区别于李斯的小篆而称籀体文字为"大篆"），并将这次编辑活动的成果汇编为一部集中的字书——《史籀篇》。这是中国历史上第一部见于古文献记载的字书，在中国古人前赴后继的文字编辑史上，这是一件很了不起的事情。《史籀篇》是中国自远古造符运动以来终于形成的第一部具有字典性质的字书，它不仅在当时起到了重新统一、规范和发展文字的作用，而且还被用于统一全国政令、军令及各种制度文书，用于全国的经济活动和文化教育，形成规范、标准、统一的民族符号标志，对于维护全国大一统的政治局面，继续弘扬、传播、推广和发展文化并形成民族等方面都起到了难以估量的历史性作用。

太史籀的这次文字编辑活动，从工作量上来看，恐怕并非他一人之力可以完成，应当是由一个编辑群体所共同进行的。太史籀则应是一位首席专家，是这次编辑活动的总负责人，用现代意义上的视角来看也就是总编辑或总主编。关于这次编辑活动的总成果即最后汇编而成的字书《史籀篇》，由于这次编辑活动是官方政令下的官方行为，因此就必须将这编辑成果以政府之力向全国统一推广使用。从中央到地方、从政府到学校，在"普天之下，莫非王土；率土之滨，莫非王臣"的所有地方，其官民士庶当然都必须以这部字书为统一的书写和推广使用标准。于是关于这部书的发行需求量就必然会很大，必然需要制作无数的复本。虽然当时的"出版"方式只能是用手工抄写，但是这次官方文字编辑活动是自符号文字编辑活动开始以来见于记载的第一次，产生了有人名、官名的编辑主体，形成了书籍汇编形式的编辑成果，标志着编辑历史发展的新高度、新阶段。它的出现，在中国古代编辑史上同样具有重大的里程碑意义。

到了春秋时期，中国古代的编辑主体及编辑活动又发生了新的变化，产生了质的飞跃，那就是私人编辑活动的进行及其重大编辑成果的出现。而最能集中代表这种变化和飞跃的，就是孔子及其编辑活动，当然还要包括他那流芳百世、名传千古的编辑成果——被后人尊为《六经》的儒家的经典《诗》、《书》、《礼》、《乐》、《易》、《春秋》。

关于孔子做编辑工作的情况，我已在拙著《中国古代编辑史论稿》一书（河南大学出版社 1992 年元月第 1 版）中有专节论述，此可不赘。但这里需要补论一下的是，关于孔子是否编过《六经》的问题。《诗》、《书》、《礼》、《乐》、《易》、《春秋》这六部后人尊为《六经》的书，在孔子以前曾有各种不同的版本传世，较为舛错杂乱，后经孔子编辑整理成统一的定本。这是几乎所有古史文献都有记载的史实，本无疑义。可是，后来有一些人却对此提出质疑，认为该六经并未经过孔子的编辑整理，而是原本就是这个样子的。他们质疑的理由主要有二：其一，是以《诗经》为疑点。他们疑问道：古文献中说孔子编定《诗经》时，曾收集到当时流传的诗歌 3000 多篇，经孔子删修，最后编定为总数 305 篇的《诗经》。那么，被删去的 2700 多篇诗歌哪里去了？为何从未见到过任何踪迹？不见踪迹，说明可能它根本就不存在，说明《诗经》中诗歌的数量本来就是那么多，并未被孔子删去什么，因而孔子并不曾收、也不曾删诗。其二，仍然是对《诗经》提出质疑：在《春秋左氏传·鲁襄公二十九年》中，有吴国公子季札出使鲁国并在鲁国"观乐"之事，鲁国宫廷中为季札所演奏的"周乐"在乐名的分类编列顺序上，与流传至今的《诗经》中的分类编排顺序一致，并未有更改之迹象，因而孔子未删《诗》。而那年（公元前 543 年）孔子方 8 岁，更不可能有编删之事。因此《诗经》本来就是这样，并未曾经过孔子的编删整理。既然《诗经》未经过孔子编删整理，那么古书中关于孔子编六经的记载便都是靠不住的，孔子并未编过六经。这两种质疑的理由貌似有理，而实际上是经不起推敲的。第一，诗歌既然被删去，那就是说已因其质量不佳不宜传播等种种原因而被淘汰舍弃，相当于被扔进废纸篓，在那时因是写在竹简上则应是被当作柴火燃料塞进灶膛焚毁，当然不可能再有所流传，更不要说是被像孔子这样的权威性学者和编辑者否定过的诗了，即便是被孔子编过的这部《诗三百》(《诗经》被孔子编定后的书名,见于《论语》),在历史上也差点被焚毁失传,那些早已被淘汰毁弃的诗歌,怎么可能会再见到其踪影呢?更何况,在近年来的一些出土文献资料如上博楚简中,就已新发现了多篇为《诗经》所不载的诗歌,可证《诗经》中的诗并不是完全孤立而旁无他存的。因此,这第一种质疑之理由是显然不能成立的。第二,季札所观之乐,《左传》中已明言其为"周乐"即周天子之乐,天子之乐本就是自周公制礼作乐时起就有钦定之不可更改之规制顺序的,也就是说,季札所观之"周乐"合乎原有顺序,似乎是并未"坏乱"的。然而我们认为此事不仅并不能说明此时尚未"礼崩乐坏",反而却证明周天子之礼乐、制度已经"崩坏"了。就像孔子所愤斥的"八佾舞于庭"一样,在鲁国这一诸侯之国中,怎么可以用周天子的乐舞来接待宾客呢?季札以一个吴国公子的身份,怎么可以享受到观听天子之乐的礼遇呢?这不是"礼崩乐坏"又是什么?况且,《诗经》中收录的只是歌词,是当时用以配乐歌唱的,季札所"观"的只是音乐,乐序未乱并不能说明歌词也未乱;再者,孔子这年是只有8岁,是不能编六经,但却不能说明他长大后也不能编六经。实际上,这一年距他壮年以至老年编六经时还有好几十年,据研究他是在40岁左右开始这项工作,直到73岁去世前才中止对《春秋》的编辑工作的。即便是按40岁开始编起计算,那距离季札观乐之年也又过了30多年,这漫长的30多年间可以发生像天下大乱这样的任何事情,像中国昨日的"文化大革命"内乱仅10年便已至极致,许多珍贵文献灰飞烟灭,更不要说30多年甚至更多了……即使是季札观时的未乱之乐,那么在这年之后的好几十年中难道就不会继而乱之吗?孔子于乱极之后收而重编使之回归原序,难道不可能吗?我们认为,从季札观乐时的周乐顺序与《诗经》相合的情况来看,恰恰正说明了今日之《诗经》是后世乱后经过孔子重新编辑整理后才得以"乐正,雅颂各得其所"(《论语》中孔子自言),从而重归原序与周天子乐序相合的。关键就在那中间的三四十年。相反,若今日《诗经》之序不与周乐合,那才说明《诗经》是并未经过编辑整理的。《左传》中的"季札观乐",反倒正是六经经孔子编过的重要证据之一。而据此以为孔子未编六经的理由是根本不能成立的。

孔子编六经，是中国编辑史上的一件大事，其重要意义之一，便是反映了编辑主体主体性的确立。如果说此前所有的编辑主体都是处于挂在其他招牌之后的隐没状态的话，那么到了孔子这里，其作为编辑主体的身份则已比较地清晰了。而且他的编辑工作的程序或称工作流程也较为明显了。首先，与大多数的编著合一不同，孔子的编六经活动清楚地做到了编创分离，即原创作者与编辑者的异体化——并非同一个人，创作与编辑是各自分开独立完成的。这就在中国编辑史上第一次确立了编辑主体的明确而独立的身份。其次，六经各书原来都有作品的稿本，或者是同一稿本的不同版本，孔子是将这些稿本收集起来，加以鉴别、选择、删重、淘汰、加工、改造、整理、提高、规范、定型，最终优化统一成为高水平、高质量、适宜大家共同使用的标准型作品，然后才用于教育、充当教材、推向社会传播共同使用的。这样的工作流程模式，直到今天的编辑工作中也还大体上如此，这是中国编辑史上编辑主体技术性流程的首次确立。其三，孔子在这次六经编辑活动中所遵循和贯彻的编辑思想和编辑原则，在中国编辑史上第一次确立了编辑主体以编辑思想统领编辑工作的思想性地位。在六经编辑工作中，孔子始终遵循"述而不作"（忠于原作，不随意加入自己新创的内容）、"勿意、勿必、勿固、勿我"（对原稿原作不能随便主观臆测地作曲解，不作武断结论，不固执己见，不单凭个人好恶）、"思无邪"（作品的思想上要正确，不能宣扬邪恶的思想）、"不语怪力乱神"（不传播那些怪诞、暴力、动乱、鬼神迷信之类的对社会不利的内容）等等，这些都第一次为后世的编辑活动树立了编辑主体思想性的典范。其四，编辑主体民营化。此前自商至西周两代，编辑主体及其编辑活动都是由朝廷组织和主导进行的，自孔子方开始走入民间。孔子以民营的身份成功地进行编辑活动，打破以往编辑在官的历史定制，第一次开辟了可以以个人之力进行编辑活动的成功先例，为繁荣发展中国的先进思想文化开辟了一条新的道路。以上这些都是该时期编辑主体的新的历史性变化。就像《论语》在其后几千年间为其作者所确立的"至圣先师"的崇高地位一样，其实孔子在编辑活动方面以其编六经活动及其成果，也同样确立了他在编辑方面的"至圣先师"的崇高地位。这在我们今天对编辑史和编辑学的研究中来看，孔子在中国乃至世界编辑史上的地位,的确是仰之弥高的!

战国乱世至秦重新统一,这期间的编辑活动,随着人们的思想解放和旧政治体制束缚的松绑而如火如荼。首先值得一说的是曾子的编辑活动,其最大的编辑成就即对孔子《论语》的编辑出版,此项编辑活动成就及其对后世的巨大影响,堪称"战国第一编"。曾子是孔子的学生,他继承了其先师的许多未竟之业。孔子去世前四年即鲁哀公十二年(公元前 483 年),在他 69 岁高龄时其儿子孔鲤却先他而亡;接下来的一年中,他宠爱有加并寄之以厚望的弟子颜回去世,孔子十分悲伤。他去世前两年即鲁哀公十四年(公元前 481 年)春,叔孙氏狩猎获麟,孔子认为这不是好的征兆,说:"吾道穷矣"。于是停止修《春秋》。再接下来的一年(鲁哀公十五年)中,他的另一位学生子路在卫国政变中被害,孔子十分难过。这一连串不幸使已过古稀之年的孔子受到很大影响,终于鲁哀公十六年(公元前 479 年)四月一病不起,不愈而卒。其弟子曾参率领自己的学生,继承孔子的事业,把孔子生前所讲过的话记录收集起来,加以严格的编辑整理,编成了垂之千古成为儒家经典之祖的《论语》一书,并广泛流传于天下。曾子的这一编辑活动,在中国和世界文化史上的贡献是非常巨大的。若没有他的这项工作,当然就不会有《论语》一书传世,孔子的思想就会永远湮没无闻,肯定也就不会成就后世的孔子乃至整个儒家学派。那样整个中国文化进程和文化史、甚至整个东亚文化史、政治史就都要改变,不会是今天这个样子。要知道,《论语》中只不过是孔子平时随意讲话的只言片语,若没有曾子将其记录、收集起来,加以精心选择整理并编成书籍出版传播,那些像风一样说完就飘走的话是绝对不会流传下来的。所以说,曾子的这一重大贡献是不应该被湮灭的,他在中国编辑出版史上的重要地位也是应当被充分重视的。《论语》的编辑出版,充分证明了曾子敏锐的编辑眼光。仅就他编辑出版《论语》这一件事对后世的影响而言,称曾子为伟大的编辑出版家也是不为过分的。可惜的是,这一问题以往从未被人给予应有的认识与肯定。

战国时期的思想运动和百家争鸣,使各种学术思想流派异彩纷呈。各家各派竞相将自家的思想成果编辑成书并广泛流传,于是就出现了许多编辑出版家（我们姑且将抄录复本也广义地叫作出版），成就了一个不小的编辑主体群体。学术、思想、文化上的诸子百家，同时也造就了编辑活动中的诸子百家，编创出了相当丰富的大量编辑成果。虽然由于资料匮乏对其很难研究透彻，但这一时期的编辑活动及编辑主体的情况，很值得我们去深入地发掘、认识和总结。

秦代的编辑活动很有自己的特色，是很值得研究总结的。吕不韦这个人既可算战国时人，亦可算秦人。他组织门客做起了编辑工作，就好似成立了一个出版社，自己任社长和总编辑，最后编辑出版了一部名叫《吕氏春秋》的大书，在当时和对后世的影响非常深远，被视为"杂家"的代表性作品和人物。秦统一六国后，为政治、文化、经济、军事等各方面的需要，在全国进行"书同文"即统一文字的工作。由于需要对七国纷乱的文字作大量的编辑整理、规范统一工作，工作量很大，所以自然就催生了一个文字编辑主体集团。丞相李斯、中车府令赵高、太史令胡毋敬都亲自领衔做起了文字编辑工作。至于他们的编辑活动的细节，由于没有记载我们是不得而知了。我们只知道李、赵、胡三人组织人力，先搜集各种不同文字形体，然后"罢其不与秦文合者，取史籀大传，或颇省改"（许慎《说文解字序》），形成了称为"秦篆"的小篆体文字，并由李斯编成《仓颉篇》、赵高编成《爰历篇》、胡毋敬编成《博学篇》共三部具有字典性质的书，颁行于天下，终于完成了秦朝国大一统、政大一统、文大一统的"书同文"的重大任务，对实现国家的统一起了不小的作用，做出了很大的贡献。这次编辑活动及其编辑主体，是由官方组织并以官员兼职为主体的。我们估计，由于要向全国推行，所以这三部书需要制作的复本量也是巨大的，只是如此大的复本量在当时是怎样制作出来的，我们已不得而知了。

编辑主体发展到了汉代，又产生了一些新的变化。西汉的编辑活动，是以刘向、刘歆父子的校理古籍为突出特色的。秦代秦始皇为了有利于天下的统一，改变由七国七分天下时遗留下的思想文化混乱、影响秦政权巩固的不利局面，就听从李斯的建议试图搞思想上的大一统，实行思想文化专制主义，下令烧掉除农书、医书、卜书等以外的所有的书籍，活埋了几百个持不同政见的儒生，这就是著名的焚书坑儒事件。后来项羽进入秦都咸阳后，又一把火尽烧秦都宫室，把秦始皇烧剩下的农、医、卜等书又在此次被烧得精光。刘邦取得天下建立汉朝初期，也不很重视文化建设，尤其是对诗书甚不在意，藏书的禁令依然存在。直到汉惠帝时才取消了焚书坑儒的法令。所以直到汉初，整个思想文化领域还是一片萧条，到了汉武帝时才有所改变。当然这也并非说汉初就没有编辑活动，史载开国功臣如萧何、张良、韩信、张苍、叔孙通等人都带头做过律令、兵法、章程、礼仪等方面的编辑工作。再后来司马相如、史游、李长、扬雄、杜林等人也都做过文字方面的编辑工作，出过如《急就篇》、《凡将篇》等方面的字书，可惜后来都失传了。和吕不韦相似，淮南王刘安也聚集门客做起较大规模的编辑出版工作，编成了《淮南鸿烈解》又称《淮南子》一书，流传于后世。汉武帝刘彻对当时的编辑工作积极予以推动。《汉书·艺文志》中说："迄孝武世，书缺简脱，礼坏乐崩。圣上喟然而称曰：'朕甚闵焉'！于是建藏书之策，置写书之官，下及诸子传说，皆充秘府。"《北堂书钞》卷102及《太平御览》卷88同引汉武故事云："上少好学，诏求天下遗书，亲自省较，使庄助、司马相如等以类分别之。""求"即征集，"省校"即审读校对，这和"以类分别之"均应属于编辑工作的范畴。由此看来，刘彻不仅在政策上加以推动，而且还"亲自省校"，直接做起编辑工作来了，就是说，连皇帝也成了编辑主体中的一员了。

以刘向、刘歆父子为代表的"校理群籍"即古籍编辑整理活动，事实上是一次大规模的编辑活动，形成了一个以刘氏父子为代表的庞大的编辑主体集团。这个编辑主体既是官方性质的，又是专职性质的，刘向等不少人一生都专事此项工作，直到死于此任上为止。秦火之后，典籍荡尽。刘汉兴起，开始并逐渐重视文化建设，惠帝四年除挟书之禁律，儒者开始以其业行于民间。武帝即位，叹书缺简脱，于是广开献书之路，诏求天下遗书，"百年之间，书积如丘山。故外有太常、太史、博士之藏，内有廷阁、广内、秘室之府。"（《太平御览》卷233引《七略》）书籍虽然征集了许多，但却"传说纰谬"，"简札错乱"，《书》分为二，《诗》分为三，《论语》有齐鲁之殊，《春秋》有数家之传。其余互有踳驳，不可胜言"（《隋书经籍志序》）。对这样一大批乱糟糟的书籍加以编辑整理，已势在必行。于是于汉河平三年（公元前 26 年），汉成帝刘骜授命时任光禄大夫的刘向校理群书，开始了大规模的古籍编辑整理工作。刘向受命之后，调集了许多专家和助手，组成了一个学识和能力极强的编辑群体。步兵校尉任宏、太史令尹咸、侍医李柱国，以及杜参、班游、王龚和臣参、臣望（失其姓），及刘向的儿子刘歆等都被调来参加此项工作。刘向相当于总编辑，下设四个组相当于四个编辑室。第一组负责编校经传、诸子、诗赋；第二组负责编校各书；第三组负责编校数术；第四组负责编校方技。刘向亲自兼任第一编辑室主任，任宏、尹咸、李柱国三人分别担任第二编辑室、三编辑室和四编辑室主任（当然这是以今日之编辑机构名称目之，非当时之名也）。这项先后经历了 20 多年的大规模编辑活动，不仅重新编辑整理出了一大批中国古代文献典籍，重新奠定了中国文化发展的坚实基础，而且培养和造就了一大批编辑人才，摸索出许多编辑方法，更重要的是还形成了较为系统的编辑思想和编辑学理论，撰写出了《七略》这样的中国第一部编辑学专门著作，证明了编辑主体在当时所达到的一个前所未有的高度。并且，首次出现了编辑主体职业化、编辑工作机构化的情况。以刘向为代表的编辑群体，其中许多人以一生中的大部分时间甚至终生以编辑工作为业，因编辑工作领朝廷俸禄，虽然在名义上是以其他名号的官职兼领编辑工作，但实际上却已经长期化、专职化了。再者，自汉武帝时"建藏书之策，置写书之官"，到刘向、刘歆校理群籍的编辑工作完成后，又专门设置了"兰台"这样专职的"掌图籍之所"，东汉时又改立"东观"。唐杜佑《通典·职官八》曰："汉之兰台及后汉东观皆藏书之室，亦著述之所，多当时文学之士，使仇校其中，故有校书之职。后又于兰台置令史十八人，又选他官入东观，皆令典校秘书或撰述传记。盖有校书之任而未为官也。故以郎居其任则谓之校书郎，以郎中居其任则谓之校书郎中。"班固就曾任兰台令史历迁为校书郎。可见汉之兰台、东观既为国家的"掌图籍之所"即国家图书馆，又为"典校秘书或撰述传记"的"亦著术之所"即编辑出版社了！称其为当时专门的编辑机构也不为过。

此外，此时的史官仍为编辑主体中的一个组成部分。如司马谈、司马迁父子世为史官，前赴后继，艰苦备尝，终于完成了史学经典《史记》的编创工作。中国历代的史官自传说中的黄帝史官仓颉开始,都一直是为部落、为朝廷、为国家掌握文字、记录历史、传承文化、编撰史书、掌握先进文化的特殊群体,黄帝史仓颉、殷商史贞人卜官、周太史籀、楚左史倚相、以至汉史官司马谈、司马迁父子等,都是古代编辑工作的主导者和实践者,是中国古代的编辑家,为中国古代的编辑事业做出了巨大而不朽的贡献。

在此时的编辑主体中,还出现了一家父子、兄妹皆竭力从事编辑工作的现象。除前述的刘向、刘歆父子和司马谈、司马迁父子外,还有编创《汉书》的班彪、班固、班超、班昭父子兄妹。《汉书》的编撰,是从班固的父亲班彪时就开始的。班彪认为司马迁的《史记》中缺少汉武帝太初年以后的内容,就补作《后传》六十五篇。其子班固又认为其父之补不够详备,就进一步搜集资料,续成父书。后有人告发他私改国史,乃被捕入狱。其弟班超上书申救,汉明帝才将其释放,并召为兰台令史,命其续成前书。历20余年,但书尚未写完班固就去世了。其妹班昭继父兄之志,补写了其中的"八表"及《天文志》,才终于完成了《汉书》一百卷。班家对于《汉书》的这一编创过程,与司马家对于《史记》的编创过程一样,都是十分感人的!尤其是班昭作为女性编辑家也参与了编辑工作,成为编辑主体的一员,她是中国编辑史上见于记载的第一位女性编辑家。这些都共同构成了中国编辑主体发展史上的诸多闪光之点。

东汉、魏晋、南北朝期间,中国的编辑主体持续发展,各类编辑名家犹如群星灿烂。其代表性人物如许慎、范晔、陈寿、沈约、萧子显、魏收、挚虞、萧统、徐陵、刘邵、刘勰、王充、崔寔、贾思勰、甘德、石申、张衡、张仲景、郦道元、祖冲之、荀勖等等,其编辑活动涵盖了文学、历史、哲学、总集、别集、字典、文论、天文、地理、医学、农学、机械、目录等各个方面,并且都取得了辉煌千载、流芳百世的编辑成果,其中多数人还都取得了编辑学意义上的新创造和新突破。

隋唐以降,尤其是到了唐代,编辑主体的发展又有了新的变化,主要是编辑者的主体性意识较之前代有了明显的增强。除了继续积极进行编辑活动,编创如《艺文类聚》、《北堂书钞》、《初学记》、《白氏六帖事类集》等四大类书、诸多文史、典志、医药、科技、目录等方面的鸿篇巨制之外，对自己以及前人所从事的编辑活动性质的认识开始更加清醒、更加明晰，主要地表现在多处开始使用"编辑"一词。编辑活动虽然起源很早，但在唐以前一直没有确切和固定的名称和概念。殷代甲骨文中开始有"编"字、"删"字、"典"字、"册"字及"作册"等字词称谓；两周、战国亦有"作册"、"编削"、"编著"、"编次"、"韦编"、"纂修"等称谓；汉晋则作"校理"、"校仇"、"编纂"、"省校"、"编修"等。总的来看，在殷商周秦汉晋之间相当长的历史时期中，人们对于"编辑"的概念尚无定见，一直处于探索、发展、分歧和寻求突破的阶段。直到唐代，上述局面才被突破，人们终于找到了"编辑"（"缉"与"辑"互通）一词并开始较多地、固定地使用它。唐李延寿的《南史·刘苞传》、《唐大诏令集》、颜真卿的《干禄字书序》等书中，都使用了"编辑"一词。从此以后，该词便被沿袭使用直至今日，其间虽亦有与"编纂"、"编著"、"编修"之义相混用的情况，但其"编辑"的主流意义却始终是一脉相承、从未中断的。值得我们思考的是：为什么到了唐代，编辑主体们的主体意识、概念忽然清晰并趋于一致了呢？应该说，这里面既有中国的编辑活动历经几千年累积终获突破的必然因素，也有唐代的编辑文化达到新高度的原因，更是大唐的编辑主体们勤于思考、敏于悟事、精于其业、严于定义的实践精神所换来的结果。"他山之石可以攻玉"，也许我们从书法史上唐人楷书那一丝不苟的严谨精神中，可以得到相似的体悟；更可从汉代的编辑活动促生了造纸术、魏晋隋唐的编辑活动促生了印刷术的前因后果中受到启发和得到顿悟：此时的编辑主体们对自身的认识终于成熟了！

宋代以后，编辑主体们向着其事业的更高层阶不断发展，不仅仍然孜孜以求地继续着他们创造文明的事业，而且有信心有能力驾驭和编创更大部头的大书了。宋代著名的"四大部书"——《太平御览》、《太平广记》、《文苑英华》、《册府元龟》，大部头编年体史书《资治通鉴》，明初的《永乐大典》，清代的《古今图书集成》、《四库全书》，以及《全唐诗》、《全唐文》、《全上古三代秦汉三国六朝文》等，动辄都是数百卷、上千卷，《古今图书集成》甚至于多达10040卷《四库全书》更至近8

万卷！其部头之大，逐步达到中国古代编辑史上之登峰造极，真可令人叹为观止！这从一个方面反映了中国古代编辑主体及其编辑生产力发展到了一个新高度、新阶段。

编辑活动毕竟属于社会活动，编辑主体也毕竟是具有社会属性的人，他们都不可避免地要受到社会的影响与制约。编辑活动虽然具备创造和传播文明、引领社会发展的作用，但同时又必然地要依附于社会，受到社会制度、社会基础、社会环境等方面的局限。唐、宋、元、明、清这段时期，编辑主体及其编辑活动虽然取得了较大的发展，但是总的看来却较少有根本性的突破与改变。与其所处的长期的封建社会一样，编辑主体及其活动也同样具有封建性。尤其突出地表现在其活动的经济属性上，中国古代的编辑活动始终未能成为独立的经济主体，始终未能走向市场化运作，其精神文化生产力始终未能成功地转化成为经济生产力。也就是说，编辑产品基本上没能实现商品化、市场化，编辑主体在经济上一直都是靠朝廷俸禄或靠自家的田产养活自己的。他们从事编辑活动的目的，有的是奉朝廷之命所作的国家项目，有的是因自己的社会使命感所驱使，有的是为了自身精神文化上的某种爱好与追求，将其视为自己的一种文化消费、一种精神满足、一种艺术享受，有的则是为了自己的某种目的而自定的某个目标。总之，他们绝少是为了给自己或自己所属的某个群体赚钱营利，因而不必去考虑市场，也不去考虑什么大众化的普及与运作。虽然某个朝代的某个时候，如在明代中后期时这种情况曾经有所改变，就像明代曾经一度出现过的资本主主义萌芽一样，编辑活动也一度出现过大众化、市场化、营利化的趋势，但却终于未成气候，昙花一现便又消失了。这样的情况使中国古代的编辑活动长时期处于封建性状态，其编辑主体始终难以脱离封建文人色彩，很难成为社会发展的弄潮儿、历史前进的强力推动者，也极大地影响了编辑生产力（包括编辑生产工具和编辑者自己）的发展，致使中国虽然是世界上编辑活动产生最早、编辑生产技术如造纸术和印刷术的发明一度独步于世界的领先发达国家，却在后来终于落在了西方资本主义国家的后面。中国的活字印刷术传到欧洲之后，在那里取得了极大的革新与发展。德国人谷腾堡根据中国的活字印刷术而发明的现代印刷机的问世与投入使用，使西方的编辑出版活动很快地社会化、大众化、市场化，很快有机地融入西方的工业革命，成为其资本主义社会生产力的组成部分，并在这种社会机制的推动下更快地发展，成为掌控舆论、创造文明、创造产值、引领和推动社会历史发展的生力军和弄潮儿，在20世纪又成为信息化革命的先导和主要组成部分。而在造纸术和印刷术的故乡中国，其封建社会最后也步履蹒跚、跌跌撞撞地终于走到了它的尽头，在西方现代文明的入侵、列强的枪炮声中，在自身一系列的内部矛盾中崩塌了，不得不极不情愿地走入了半封建、半殖民地社会。而依附于这个社会的编辑主体和编辑活动，也由最后的衰落凋敝又重新走向自新，在引入西方现代印刷设备技术和编辑出版理念后开始转型。

新的、类似于西方的报馆、杂志社、出版社、印书馆、编辑部成立了，新型的传媒出现了，编辑活动终于成为了一种自立于社会的独立性活动，编辑主体也终于成为了一种新的、具有专门职业和专门身份的社会人。编辑产品开始作为商品进入市场，参与市场交换，实现其商品价值，产生商业利润。社会活动中终于可以看到编辑主体们独立的身影，听到他们发出的声音，感受到他们的作用与力量。他们既凭自己的活动影响社会，也靠自己的职业养活自己，开始了中国编辑史上从未有过的新时代。然而，这同时也是一个黑暗的时代，编辑活动在那时并无自由，经常受到控制与干涉；编辑主体的生活并无保障，甚至连生命都常常受到威胁。编辑主体经常分别被与各种各样的政治需要绑在一起，成为一种被扭曲了的活动与群体。编辑主体及其编辑活动，在这一历史时期具有十分鲜明的时代特性。但是，对于编辑主体和编辑活动来说，这毕竟是一个新阶段的转折，是一个新时代的开始。

新中国成立后，随着社会制度的改变，中国的编辑主体及其活动才又走上了新的道路，开始了新的发展。国家政府十分重视编辑出版活动，编辑出版活动正式成为国家建设的重要组成部分，编辑主体也成了社会大家庭中地位平等的一员。与以往任何时候不同，编辑出版活动被纳入计划经济中的国家计划，国家和各省都设立许多独立的、专门的如报社、杂志社、出版社、广播电台以至广播站等编辑出版传播机构；编辑主体们的工资由国家统一按时发放，住房由国家统一安排，医疗也统一实行公费医疗，生活具有绝对的保障。编辑主体们每天按时上班下班，并享有固定的节假日。编辑活动按照国家统一制定的政策方针办，必须遵循一定的原则。编辑产品的价格也十分低廉，经营所得利润统一上缴国家。除了极左的政治高压因素和频繁的政治运动的干扰以外，对于编辑主体与编辑活动，这简直是一个美轮美奂、快乐幸福、超越理想、为以往任何时候所不曾有过的美好时代！同时，从另一方面来讲，由于新中国实行的是不同于以往任何时期的社会制度，需要形成全新的社会精神、社会文化和意识形态体系，所以在精神文化建设方面的任务也是相当繁重的。这时期的编辑主体们，以前所未有的精神，承担起历史赋予的建设重任，主导和主营整个编辑活动，和编辑源体、辅体、用体一起，共同基本上完成了这一时代性的、开创性的任务，在继承固有民族精神文化的基础上初步建立起了一个全新的社会精神文化意识形态体系。今天回头来看，这是十分的不容易的！

　　在新中国建立的头几十年中，由于过早地、超前地、在生产力水平和经济基础及人们的觉悟均尚未达到应有要求的社会条件下，就开始实行共产主义的社会制度，结果反而不利于社会生产力的快速发展，使经济基础和物质条件满足不了社会需求，加之过分重视意识形态，强调精神万能、政治至上，甚至错误地提倡"斗争哲学"，大搞阶级斗争，破坏社会和谐，导致"文革"十年动乱，使这一时期的编辑活动和全国其他行业一样一度陷于停滞和扭曲，编辑主体一度受到冲击，有的个体甚至遭受了莫名的苦难。但从整个编辑活动的发展来看，这不过是整个历史长河中的一点微澜和几朵小小的浪花而已。改革开放以后，情况立即发生了新的变化，不仅所有的编辑活动很快恢复，而且实行新的改革，在改革中不断迅速地发展。更值得大书特书的是，该时期的编辑主体们在经过挫折与沉思后忽然顿悟，以前所未有的思维境界来研究、审视和认识自己，一个在世界范围内独有的编辑学研究热潮，在中国内地甚至包括台湾省异军突起，对编辑史、编辑实务、编辑实践、编辑学理论等各方面的研究如火如荼，编辑学学科建设被提上议事日程，编辑出版学教育也在许多高等院校中展开。同时，出版业改革、产业化转制等也逐步进行，渐入佳境，至今已历 30 年而经久不衰。中国的编辑主体们正主导着整个编辑活动，以崭新的风貌走向未来。可以预见，在不久的将来，中国必将重新崛起成为一个独步于世界的编辑传播强国。

第三节　编辑主体的地位与作用

我们所研究的编辑活动，是从广义的大编辑观上去着眼的，并非那种狭义的只着眼于编辑人员如何用笔改稿子的小编辑观念。这两种观念在视野范围、研究的方法、途径、目标、对象以及结果上都有着很大的不同，是绝对不可混淆也不可同日而语的。我们认为，这两种视野范围的编辑学研究都是必要的，不仅是既不互相矛盾、不互相冲突的，而且是互为支持、互相补充的。因此我们既赞赏和支持狭义上的微观编辑学研究，更热心并投身于广义上的宏观编辑学研究，希望二者都能取得成功和进展。

在宏观编辑学范围内，我们将编辑和一切与编辑有关的事物与行为，作为整体上的编辑活动来看待。我们试以编辑五体的分类方法，分解综合地涵盖整个编辑活动。那么，编辑主体在编辑五体中居于什么样的地位、起什么样的作用呢？

编辑主体即编者本身，在编辑五体中居统摄、主导、主营、主运作的核心地位，当然是毋庸置疑的。我们之所以称其为编辑主体，就是因为他在编辑五体中居五体共主的地位，其他四体，都是因他而产生、因他而得名、因他而存在、因他而发展而运作的。因为有了编辑主体及其编辑活动的产生，创作者的作品才能够进入编辑活动的范围，才会因为编辑者提供了稿件的来源，自己成为稿件来源的源头而成为编辑源体，才因此而成为与编辑活动具有紧密关系的个体或群体。没有编辑主体的话，编辑源体就只能一直作为创作者而存在，却永远不能被叫做编辑源体；也就是说，虽然创作者依然存在，但"编辑源体"是不会产生也不会存在的。这个道理于其他各体也都一样，若没有编辑主体，那么其他个体与编辑的关系和名称当然也都不会存在。并且还不仅是名称，而是事实上的整个编辑传播行业都不会有的。

编辑主体既然是居统摄、主导、主营、主运作的核心中枢地位，那么当然他就要起统摄、主导、主营、主运作的核心中枢作用。整个编辑活动的目标、范围、宗旨、计划、方针、方法、预期效果等等，都需要编辑主体来谋划和制定；与编辑源体、客体、辅体、用体之间的种种关系与矛盾的处理，都要由编辑主体来摆平；整个编辑活动要靠编辑主体来推动。若编辑主体停止运作，那么整个编辑活动就必然立即瘫痪或停止运营；若编辑主体出现错误、偏差或毛病，也就等于说是编辑活动出了错误、偏差或毛病；编辑主体素质水平的高低，也必然决定着整个编辑活动水平的高低；他的决策与行为，直接决定着整个编辑活动的成败得失、衰落或繁荣。

我们姑且抛开历史不谈，单说当前的编辑主体在编辑活动中就宏观上来讲，应起哪些作用、怎样发挥作用呢？

一、明确自身定位，启动编辑活动

编辑主体无论是个体还是群体，都必须首先充分认识和明确自身的角色定位，不仅要知道自己是做编辑的，在整个编辑活动中居于主体地位，而且还要知道自己在这个群体中的角色分工，具体是做什么、怎么做；其次就是要充分认识到自己作为编辑主体应承担的责任和义务，明白编辑主体与其他四体的关系和自身在这些关系中应起的统摄、主导、主营、主运作的核心中枢作用，即使是一个普通的编辑人员也不例外。然后开始启（或推）动编辑活动，投入自己的工作中去。我们这里所讲的，并非只是指处于编辑工作领导岗位上的人员才应如此，而是说每一个具有编辑身份的人都应该根据自己的角色分工开展各自不同的行动；指的是编辑主体与其他四体的关系。

二、根据工作性质，确定工作思想

思想支配行动，要开展编辑行动首先就必须确定正确的指导思想，无论是编辑主体的群体还是个体都应如此。编辑主体既是群体的，又是个体的；既是统一的，又是分类的；既是有共同目标的，又是有具体分工的；自身应根据所担负的不同工作和不同角色分工的不同性质，确定共同或不同的工作思想。工作思想也既有宏观上的，也有微观上的。宏观上的既可指整个的编辑活动而言，需要制订宏观统一的方针政策、法律规定、指导思想，以指导和把握整个编辑活动的宏观方向，使之向着正确的方向、沿着正确的轨道前进，避免误入歧途给整个事业造成损失和损害；也可指某个相对独立的编辑主体类别，如报纸的、期刊的、出版的、广播的、影视的、新闻的、文化的、艺术的、军事的、科技的、学术的、经济的、法律的、教育的、大众的、分众的、老年的、青年的、妇女的、儿童的，等等，均应从自己不同的宏观界面，确立相对宏观上的工作指导思想。微观上的则既可指某一个编辑主体机构、一个编辑出版传播单位，如一个编辑部、一个出版社、一家报刊社、一个广播电台或电视台等，亦应根据各自不同的工作性质和目标，确定不同的工作指导思想和宗旨，以保证本单位的工作整体上不出偏差，保证工作目标任务的胜利完成；也可指单个的编辑个体即具体的个人，其实每一个个人都是有思想的，单个的编辑个体既要在本行业、本战线、本单位宏观统一的指导思想指导下行动，又可以根据宏观统一的指导思想确定自己个人的工作指导思想，如要求自己品德高尚、廉洁自律、遵纪守法、工作认真、一丝不苟、帮助他人、团结同事、工作出色、努力创新等等，努力使自己在这样的指导思想下行动，以确保自己不出偏差，从而成为一个优秀的、出色的编辑个体，如优秀编辑工作者，编辑家、编辑学家等。

先有正确的思想，才会有正确的行动。对于编辑主体来说，确立正确的编辑主体思想是不可或缺的。

三、洞悉各体情况，制订工作方针

作为编辑主体，应当唤醒自己的主体意识，明确自己的主体责任，尽力充分发挥自己在编辑主体中的主体性作用。编辑主体的主体性尽管是客观存在的，但也必须在主观上充分意识到这一点，必须做到主体清醒，以力求从主观上适应这种客观性，达到主观世界与客观世界的一致性，由此方能主观能动地承担自己的主体责任，积极、全面、谐调、科学地做好工作，主导整个编辑活动卓有成效地顺利发展。

所谓的编辑主体和主体性，是相对于非主体的构成要素而言的，并非说单靠编辑主体就可以神通广大地包打天下。所以一定要充分认识到其他个体的不可或缺的重要作用，并且努力去发挥他们的作用。要想充分发挥他们的作用，就必须充分地认识他们、了解他们，不仅要在理论上认识和了解他们的客观属性及其在编辑活动中的地位和作用，而且还要从客观实践上去了解他们的现实情况，了解他们的现状和发展趋势，尤其要充分了解他们对编辑活动的有利和不利因素，并及时地、敏锐地洞悉和把握编辑活动发展的前沿和潮头，制订符合实际的工作方针，及时地、有效地发掘和利用编辑其他个体的有利的与可利用的因素，将其积极有效地运用、运作于编辑活动前沿，取得与目标预期相符合的编辑活动效果。

整体的编辑活动是由编辑五体的活动共同构成的，了解了编辑五体就等于了解了整个编辑活动；正确地了解、认识、把握和主导编辑五体，是整个编辑活动成功的关键。成功的工作效果要靠正确的工作方针，正确的工作方针要靠工作者去正确地制订，工作者要制订出正确的工作方针（或行动纲领），则要靠对工作对象、工作环境和工作条件的正确认识和充分了解。编辑主体要想做好自己的工作，就必须敏锐地、及时地洞悉编辑五体的现实情况、发展大势和未来走向，及时制订出正确的工作方针并迅速地采取正确的行动。

正确的工作方针，是一个时期、一个阶段内编辑工作的行动纲领，它对于编辑工作的有序、有效地进行有很大的作用。制订工作方针既要充分了解情况，还要尽可能地切合实际，还要考虑到完成任务的可能性条件，决不能像盲人骑瞎马一样不负责任地胡乱制订。在确定目标时既不能过于保守，也不能过于虚夸，最好能够稍微留有余地。

四、谐调五体关系，尤应关注用体

构成编辑活动的编辑五体之间，存在着既互相共生、互相依存、有时却又互相矛盾的关系。虽然共存共生是主要的，矛盾关系是次要的，但正是这样的两种关系既促使了编辑活动的产生，又推动着编辑活动的发展。作为在编辑活动中居主导地位的编辑主体应当清醒地认识这种关系，正确地谐调、发展、优化、利用这种关系，以此来主导和推动编辑活动繁荣发展。

编辑五体的依存共生和矛盾关系，是从其诞生之日便开始的。当时，远古先民们想要记言、记事，从利用自然符号发展到自己创造符号，这创造符号的人就是最初的作者。当时有这种创作欲望和创作行为的并非一人，而是有许多人各自根据自己的各种需要都在创造自己的符号。这种符号开始只是自己使用，后来就需要大家共同认识、共同使用，因为只有这样大家之间才能方便地互相交流、传递信息。可是这种各自创造、各自认识的符号其他人却不认识，所创造出来的用于记录同一事物的符号也多种多样、五花八门，既不规范、也不统一，这样根本就无法共同使用。于是有人将这些符号搜集起来，加以鉴别、选择、取舍、淘汰、加工、改造、整理、提高、优化、补充、规范、定型，使之成为统一的、为大家所都能认识、都能共同使用的符号，后来经过长期的发展最终成为文字。那么那个首先出来搜集整理符号的人，他做的这样的事情就有了编辑的性质，他所采取的行动就属于编辑活动，他也就是最初诞生的编辑亦即编辑主体；那些分头各自创造符号并将符号（作品）提供（无论是主动提供或被动提供）给那位编辑做统一编辑整理的人，他们就是最早的作者，就具有了编辑源体的身份，就是最初的编辑源体；由他们创造并提供给编辑的符号作品，就成为了最初的编辑客体；符号被编定以后，必须有人帮助进行抄录、登记、复制、推广、传播，这就是最早的编辑辅体；而所有使用这些经编辑编定的符号的人，也就当然地成为了最早的编辑用体。很显然，编辑五体从一开始就是这样共生、并互相依靠对方而存在的，打从一开始就是共生依存的关系。那么有无矛盾关系呢？有的。源体创造出来的作品用体却不能或不便使用，必须退稿，这就产生了矛盾；主体的编辑工作或编辑结果源体不满意，主体和源体也就有了矛盾；用体对于主体的编辑产品使用起来不方便、不喜欢、不适宜，主体和用体也有了矛盾；这些问题都是由客体引起的，于是与编辑客体也有了矛盾；而这些客体即产品最后又都是辅体所制造和传播的，于是矛盾又集中到编辑辅体身上。如此等等，矛盾是无处不在的。正是因为有了原始作品不适宜人们共同使用的矛盾，所以才导致了编辑和整个编辑五体即编辑活动的产生和发展；没有这对根本上的矛盾，那么五体各自便都既不会产生也不会存在，更何谈发展？所以，编辑五体之间这样的共生依存和矛盾关系，若谐调处理得好，则是整个编辑活动发展的动力；若协调、处理不好，也就必然会成为影响甚至阻碍编辑活动发展的阻力。

那么，编辑五体之间的关系由谁来谐调和处理呢？当然，只能是由编辑主体了。编辑主体的主体性和主体地位，决定了他是整个编辑活动的核心中枢，是整个编辑活动的掌控者、主导者、策划者和推动者，作为编辑活动集成者的编辑五体（也包括编辑主体自身），它们之间的关系及其活动内容与导向，当然都要由编辑主体责无旁贷地来运筹谋划，这也是编辑主体所不能回避、不可推卸的责任。

在这编辑五体中，又数编辑用体具有最为特殊的重要意义。因为，虽然编辑用体看似居于编辑活动的终（末）端，但编辑其他四体的一切活动，也就是所做的一切，最终却都是为编辑用体服务、为编辑用体的应用而做的。编辑主体要想谋划好编辑活动，就必须首先以编辑用体的需要与好恶为出发点和最终目标，必须充分调查了解编辑用体的内部结构、需求现状与需求趋势，必须倾听他们的意见，并努力按照他们的需求去谐调与其他四体的关系，组织和引导其他四体的工作，使之和编辑用体的使用要求相符合、相一致，只有这样才能确保编辑活动不出偏差、健康发展。反之，若不及时了解用体的情况，不按照用体的需求去组织生产编辑产品，那结果必然就会与用体的需求脱节，生产的产品就必然会毫无用处，最终导致整个编辑活动遭受挫折与失败。所以，编辑主体必须时时刻刻将编辑用体的情况与需求挂在心上，在整个编辑传播业向市场经济体制改革转轨的今天及今后更必须如此。

五、运筹策划运作，定标选题组稿

我们说，整个编辑活动，从宏观上的方向、方针、政策，到微观上的定标、选题、组稿、审稿、改稿、定稿，都主要靠编辑主体来运筹、策划、运作，这是符合实际的，也正是编辑主体的地位与作用的具体体现。

说到宏观上的运筹、策划、运作，有人会说那是领导者的事，与一般编辑人员无关，这种认识最多是说对了一半。没错，这的确是编辑活动领导者的责任，因为他们是编辑主体中的主要组成部分，当然要负起责任来；可是，这又不仅仅是领导者的事，因为编辑活动的运筹、策划、运作无处不在，不仅仅是宏观上的方向、方针、政策需要运筹、策划、运作，而且具体到一个选题目标的选定、一批或一种稿件的组织、一部书稿、一篇文稿、一个栏目、一个节目的组织落实及最后审定等，全都需要精心地去逐一运筹、策划、运作；而这些，则往往就是普通编辑的事了。在西方发达国家早已将编辑的责任作了分解，一种就是专门的策划编辑，另一种则是文稿加工编辑。中国国内近年来有逐渐重视策划编辑的趋向，虽然不一定会照搬西方，但将运筹、策划、运作贯彻到编辑工作的每一个环节中去，而且其权重越来越增加，这将是一种可以预见的必然趋势。对于这方面的理论和实践的研究，在当前和今后都是编辑学研究的一项重要任务。包括编辑运筹、策划、运作的理论与方法技巧方面的研究，近年来已见到不少研究者的书籍和文章，我的研究团队也正在致力于这方面的工作。

确定目标、选题、组稿，也是编辑主体运筹、策划、运作的几个具体程序步骤。这几个步骤的运行也都要遵循一定的原理、原则和方法。笔者在拙著《编辑学基本原理》一书中，曾就编辑学的基本原理与核心原理、编辑学的基本问题、基本矛盾、基本规律，以及基本原则、基本方法等，均作过较为详尽的论述，①可以作为编辑主体运筹、策划、运作、定标、选题、组稿的理论依据和方法上的参考，此不赘述。

六、精鉴、细审、谨编，精心、精品、精神

狭义编辑学研究的对象，主要就是编辑主体与编辑客体的关系。也就是说，狭义编辑学认为，编辑活动就是指编辑对于稿件的行为和关系。我们虽然主张广义编辑学，但也一样承认编辑主体与编辑客体的关系是编辑活动中最为直接、最为核心的关系。编辑主体甚至整个编辑活动的目标、任务、效益都是通过编辑客体实现的。若从这一视角去看，则编辑客体就成了编辑五体和编辑活动中所有矛盾集中的焦点。尤其是编辑活动中最为重要的一对矛盾即编辑主体与编辑用体之间的矛盾关系，就是因编辑客体（编辑产品）之服务与使用而发生的。编辑主体与编辑活动对于人类社会的一切贡献，也都是通过编辑产品作出的。所以笔者曾在拙著《编辑学基本原理》中，称编辑主体与编辑用体的矛盾是编辑活动中的基本矛盾，是编辑活动产生和发展的根本动力。

既然编辑客体的地位与作用是如此的重要，那么编辑主体就应将自己的注意力都集中在做好编辑客体的工作上，将运筹、策划、运作的焦点都集中在做好编辑客体的工作上，在定标（即确定目标）、选题、组稿的任务完成之后，就要对稿件即编辑客体进行精鉴、细审、谨编，要以精心的态度、高度负责的精神，来编定对社会有利、为用体所欢迎的精品，从而才能真正发挥编辑客体所应有的作用。所谓"精鉴、细审、谨编"，就是指要对编辑客体精心鉴别、细致审核、谨慎编校，不可有

————————————————————
① 靳青万著，《编辑学基本原理》，东北师范大学出版社 2003 年 12 月第 1 版。

丝毫的精心与马虎。要知道，即使是文字、数码上的细小差别，都有可能造成大的失误，给各方面带来"差之毫厘、失之千里"的重大损失。因此，编辑主体必须以严密细致的精心、高度负责的精神，编创出有利于社会、为用体所欢迎的精品，为人类文明的创造、积累与发展做出自己应有的贡献。

第四节 编辑主体的个性与共性

本书中所说的编辑主体，是我们对所有编辑工作者（包括所有编辑管理者）的统一的称谓。而实际上，编辑主体及其活动自古以来就是多种多样、有着许多类别的。就当今而言，随着人类文明的高度发展，编辑的种类非但没有日趋减少，反倒却是越来越多、越分越细了。这多种类别的编辑与编辑活动，呈现出多样的外在面孔，有着明显差别的活动方式与内容，表现出不同的活动结果。这就使人们往往产生对编辑的不同了解和认识，就连学术理论界也至今尚在诸如编辑的概念与定义等问题上认识分歧，莫衷一是，难以形成统一的见解。这种情况，其实就是由我们所说的编辑主体个性的差异性所造成的。

编辑主体是由众多个体所组成的，众多个体存在着个性的差异性，这是一种客观存在。编辑活动因为这种个性的差异而异彩纷呈，人类文明由于这种文明成果载体个性的差异性而显得灿烂辉煌，人类的文化生活及精神消费因此丰富而充实。编辑主体的个性，首先表现在不同的类别。如：若按大类分，则有哲学类、社会科学类、自然科学类；若按学科分，则有哲学、政治学、逻辑学、管理学、法学、经济学、文学、历史学、考古学、语言学、文字学、教育学、心理学、文化学、艺术学、新闻学、传播学、数学、物理学、化学、理学、工学、农学、生物学、医学、军事学、体育学、天文学、地理学等等；若按传播类型分，则有大众型、分众型、普及型、学术型、知识型、技术型、生活型、娱乐型等等；若按编辑服务对象分，则有老年类、青年类、妇女类、儿童类、工人类、农民类、学生类、商业类、家庭类、医患类、军兵类等等；若以所编制的载体类型分，则又可分为报纸类、期刊类、图书类、广播类、电影类、电视类、电子类、光盘类等。每一类型、每一学科下面则又分为许许多多的种。如单是大学学报这一类，全中国就有2000多种；单是报纸类，全国也已多得不计其数；若再算至每份报纸、每家杂志、每本图书、每个网页这样的每一个个体的区别，那简直就是不可胜数，更不要说再追索至每一个编辑家和编辑工作者本人这一个个具体的个体元素了。因为每一种、属、类别的后面，都又有着诸多数量的编辑主体个体，这种形形色色的编辑个体，都是各有其个性的。这些个性既表现在类别本身，又表现在同类之内；既表现在名称外观，又表现在实际内容；既表现在编辑思想、编辑目标、编辑宗旨，又表现在服务对象、服务范围；既表现在其内容质量上，又表现在其风格特色间；既表现在其学识、品格里，又表现在其素养、能力中……正是这种种个性化上的多彩多姿，共同汇成了编辑主体们才华横溢的广阔天地。

编辑主体的这种多样化的个性特征，既是一种客观存在，也是编辑活动发展的需要。尤其是在现当代编辑出版传播业竞争激烈的情况下，各种编辑个体无不在靠充分发掘和突出展现自己的强烈个性，来吸引消费者即编辑用体的目光兴趣，没有突出个性的媒体是难以生存的。因此，个性化既是当代传媒的生存与发展特色，当然也就是编辑主体生存发展的一种重要凭借。也就是说，每一位编辑主体中的个体，都应注重培养和形成具有自己特色的个性化品位与能力，力争具备独有的、与众不同的才能与技巧，才能编辑制作出具有个性化风格特色的编辑客体即编辑产品，并以此博得编辑用体的青睐与欢心，赢取他们的欢迎与支持，从而才能实现自己预期的目标效益，才能在激烈的人才竞争、传媒市场竞争中立于不败之地。

我们说编辑主体具有种种个性化特征，却并非说这里就是一团乱麻、是一群没有共性的乌合之众。相反，编辑主体从小的方面来讲他既可以是一个人，也可以是一个单位、一个机构中的一群人；从大的方面来讲则是由一个个的编辑个体组合而成的群体、整体。共性寓于个性之中，那许许多多、异彩纷呈的个性汇集到一起，就当然地形成了整个编辑主体的共性。

编辑主体的共性应该也不只一种，而是存在着不同方面的多种共性。如：知识结构方面的共性、素质结构方面的共性、职业道德方面的共性、职业特征方面的共性、志趣风格方面的共性等等。所谓共性，那就一定要是为多数个体所共有的特性。对个性的总结比较容易，而对共性的归纳就较为费力，有时还会引起争议。所以也常常有这样的情况：不同的人根据自己对事物的不同认知和体验，归纳出该类事物的属于自己认知范畴的共性这也是正常的、不奇怪的。如对"文化"的概念和定义的认知与界定，目前据说已有400多种。笔者曾听到过一位听众向一位学者提问"到底什么是闽南文化"的问题，那位学者聪明地拒绝回答。他说："我如果回答的话那我就很傻，因为单是关于'文化'的解释就有几百种"，他的结论是对于这样的问题难以说清。关于诸如"编辑的概念与定义"的问题也大体上如此，关于编辑主体的共性的问题也一样类似。可是我们却不能回避，不能像那位学者一样拒绝回答，因为我们既然研究编辑学理论，就必须从理论上界定和回答所研究的对象和问题，必须拿出我们认为最符合或最接近科学的意见来，这既是我们的任务也是我们的目标，只能责无旁贷地去做这种"傻事"、回答这种看起来"很傻"的学术理论问题了。自上世纪80年代以来，许多编辑学研究者就已经在自己发表的论文和出版的著作中，努力界定和回答诸如编辑的概念与定义、编辑学的基本原理、基本问题、基本矛盾、基本规律等多种具有共性的问题，尽管叫好者有之，叫不好者亦有之，但我们做完了这样的事，也就尽了一个研究者所能尽、所应该尽的义务和责任。我们相信自己是认真做的，只要能给大家一些启发，和大家一起思考，推动我们的事业不断地前进，那就很值了！这样的"傻事"还是做得的，我们对编辑五体的研究也是如此。当然，那位学者在那样的场合选择当场不回答这样的复杂问题，以免引起无谓的争议，以说明类似问题的复杂性与争议性，显然也是睿智之举。

关于编辑主体及其编辑活动的一些最主要的共性问题，笔者已经在拙著《中国古代编辑史论稿》（河南大学出版社1992年元月出版）、《世界编辑史论纲》（《河南大学学报》1988年编辑学研究生论集）、《编辑学基本原理》(东北师范大学出版社2003年12月出版)等论著中作了归纳,这里不再赘述。但是唯有一种最根本的共性是应当再次述说的。那就是:"将人类精神文化创造中的原创作品,加以收集鉴别、择优汰劣、加工改造、整理提高、组合编次、规范定型等一系列再创造,使之优化成为适宜人们共同使用的宜传播性产品",还有"为达编辑目的而采取行动",这都是一切编辑主体及其编辑活动的共同特征和共有特性。凡具有这样的共性的,便均可认定其属于编辑和编辑活动;即便是因分工不同仅承担其中的一种或数种工序的,亦可认定其属于编辑和编辑活动。这种共有特性,可涵盖一切编辑和编辑活动,也正是我们所认知的关于编辑的概念和定义。我们认为,这样的定义是合适的。

如果说研究编辑主体的个性有助于我们充分认识、发掘和发展编辑人才及其编辑创新的个性化,从而有助于发展和繁荣编辑活动的话,那么,研究编辑主体的共性则会有助于我们正确认识和总结编辑主体的整体性特征及其内在规律,以便我们从客观整体上去把握编辑活动,主导编辑活动朝着正确的方向健康地发展,使其不至于出大的偏差。同时,研究和认识编辑主体的个性与共性,也是我们构建编辑学理论体系、开展编辑学学科建设的实际需要,无论从实践上还是从理论上看,都是具有多重意义的。

第五节　编辑主体的知识结构要求

编辑主体是编辑活动的主导者与主营者,编辑活动是以知识的运用为主要内容的,用一句通俗的话来讲就是"玩知识的"。"玩知识的"即知识的运作者,当然就应该更有知识。譬如说,编辑首先就是要审稿子、改稿子的,你要能够鉴审和修改人家的稿子,那你的知识层次就得比人家更高、更强,至少你要有高出人家的地方,这样你才可以有资格去做这项工作。要是你不具备相应的专业知识,看不懂人家的稿子,或把对的看成错的、错的看成对的、好的改成差的,文章稿件经你修改后不是越改越好而是越改越差,那你怎能够当编辑呢?编辑这个工作职业很好,却不是人人都随便可以当得了的,必须要具备很扎实的专业知识功底和很强的专业能力才行的。

那么,对于编辑主体来说,在专业知识结构方面应有什么样的要求呢?

一、必须有过硬的语言文字知识功底

人类本来也是动物,之所以后来能够脱离动物界,其原因之一是能够制造工具;其原因之二是具有了完备而高级的语言交流体系;其原因之三便是具有了能够记录人的语言、思维和事物的、体大而思精的文字符号系统。有人说语言体系也是经由编辑而产生和发展的,虽然不无道理,可是一时还难以找到证据。之所以不无道理,是因为最初将各种不同的事物用不同的固定的音节来表达,并且将其约定下来、推广开去,最后形成十分复杂但却极为有序的庞大的人类语言体系,若说是其中没有经过类似语音、语言编辑这样的工作那恐怕是不大可能的。而文字经由编辑而产生和发展,这已是我们反复多次论证过的史实。所以,编辑活动正是由编辑编创并运用语言文字,对人类文明的创造与发展做出了和正在做出着非常巨大的贡献。由此也可以看出,语言和文字也正是编辑者手中所运用的最强有力的工具和武器。编辑主体就是通过运用这两种工具起作用的,是通过运用这两种基本工具来运作编辑活动的。作为编辑,没有扎实的语言文字功夫那是绝对不行的。

人非生而知之者,编辑也不是生来就懂语言文字的。人类的语言文字发展到今天,已经成为非常科学而又庞大的知识体系,必须通过努力学习和艰苦训练才能学会掌握并熟练地运用。现代社会的人类与古时不同了,那时的绝大多数人不识字,文化掌握在少数人的手里,只要是认识字、会写字的人都是比别人高明、十分了不起的,那样情况下的编辑就比较好当。而现代社会的人类都已成为文化普及的受益者,不仅人人认识字、会写字,而且人群中不乏高级知识分子,不乏学有专长的、有独立思想的人，假如媒体等编辑产品中有什么毛病和错误他一眼就能看出来。人们对编辑文化产品的消费水平日益提高，这时候的编辑就不好当了，这时的编辑主体，就必须具备比普通人高很多的语言文字水平和能力，这样才能混得下去的。

过硬的语言文字能力，是编辑的基本功，没有这种基本功是绝对不行的。即使缺少别的技能，但只要语言文字方面的功底扎实、功夫过硬，那么仅凭此项便也可以担当某一方面如文字加工之类的工作。若在此方面具有更深的造诣，就还可以成为语言学家、文字学家，成为雄踞一域的专家学者并因此而能够担当更加重要的编审工作。如果语言文字功底较差，把你责编的文稿弄出一些病句、错别字来，给本单位造成不良影响和损失，那你当然就必须卷铺盖走人了！包括标点符号、数字用法等知识，都是不可忽视的。

二、必须有至少一门较为过硬的专业知识基础

编辑往往都是分专业的，每个人一般分管一门专业，优秀的、知识渊博的可以分管几门专业的编辑工作。世界上有很多门专业知识，一个人不可能也没必要什么都懂，但作为编辑你至少要真正弄懂和掌握一门专业知识，有能力、有条件的可以多掌握几门专业知识；而且不是一般地弄懂，而是要真正地学通学成，成为该专业领域中的专家，在某些相关的方面不低于稿件作者的水平。这样你才能有资格、有能力去鉴审修改别人的稿件，才有资格、有能力成为编辑主体中的一员。

在专业知识的应用方面最为突出的，是表现在对专业知识性较强的学术性稿件的编审问题上。编审此类稿件的我们一般称之为学术编辑。学术编辑、包括人文科学和自然科学技术方面的高级学术编辑，鉴别审理的都是在本学科领域中居于前沿地位的研究人员包括许多专家、科学家写出来的稿子，这些作者即编辑源体都是具有高深造诣的学术界的精英，不要说那些老专家、老科学家，即使是该领域中的那些年龄较轻、职称较低的研究人员，也往往都是已掌握了高深专门性知识的藏龙卧

虎,他们所写出来的稿件都具有很强的专业知识性、而且大多还都具有创新内容的研究成果。这样的高级稿件要在相应的媒体上发表或者出版传播,也一样要经过编辑审理,也一样要经过收集鉴别、择优汰劣、加工改造、整理提高、组合编次、规范定型的再优化编审过程,尔后才能编定并制作成为适宜于传播应用的编辑产品并推向社会,传播给本领域内的编辑用体去选择使用。在对这样的稿件的编审过程中,负责审理稿件的责任编辑,就必须对其进行鉴别和选择,就要能够判定稿件质量水平的高低优劣,能够鉴别出它在该专业学科领域中居何种地位、何种水平、有无创新、是否抄袭、有无剽窃、论点是否新颖、论据是否可靠充足、论证是否严密合理、结论能否成立、有无政治意义、有无学术价值、对社会是否有利、对读者是否有害、市场是否欢迎、有无传播价值,以及有无错误、有何不足、参考文献是否合乎要求、格式是否合乎规范、引文是否准确无误,哪些地方需要补充、哪些地方需要删除、哪些地方需要修改、需要怎样修改、是大改还是小改、是要由作者自己修改还是编者予以修改等等,最后判定其是否可以发表或出版传播。这些全部都必须一一审理得清楚明白。要做好这样的工作,没有深厚的专业知识基础怎么行呢?所以,在编辑主体中,在从事高级学术编辑工作的编辑个体里面,也有不少人本身就是这样的专家、学者、科学家、研究家,是本专业学科领域中很领先、很了不起的人物,这在编辑出版传播界是并不少有的现象。而且,这种现象还不是今天才有的,而至少是在孔子的时候就开始了。孔子既是大编辑家,又是大学问家,具有在许多方面都很领先的专业知识。如他以"礼、乐、射、御、书、数"这"六艺"教学生,说明他这在这六方面都具有很扎实的专业知识。他在11岁时就曾跟鲁国的太师学习周礼,至20岁时便已有了"博学好礼"的美誉;20岁左右这一时期由于精通"礼"的专业知识而去给人家做"相礼",从事"儒"这一社会职业。"儒"是在孔子之前就从巫史占卜中分离出来的一种职业,专门给贵族人家主持婚丧祭祀,名为"相礼",又叫做"儒"。从事这一职业的,都是具有较多文化礼乐知识的知识分子。正因为孔子曾做过儒者,所以后人才把由他创立的学派称为"儒家",居诸子百家首位。也正因他具有这些专业知识,所以他后来才能够做《周礼》的编辑整理工作。他深通音乐,不仅以"乐"教学生,而且在一次听了"韶乐"之后竟沉湎于此美妙音乐之中,"三月不知肉味"、"余音绕梁,三日不绝",说明他对音乐的理解与专业程度是很少有人能够企及的,因此他才能完成对《乐经》的编辑工作。而"诗"正是当时配在音乐中演唱的歌词,他因通乐而知诗,从而编定了我国第一部诗歌总集《诗经》(当时叫做《诗三百》)。他"老而好易",对"易"有很深的研究,所以编定了被后人称为"《易经》"的《周易》。他具有深厚的历史知识,收集了很多版本的"百二十国宝书"进行研究,最后编定了以《鲁春秋》为主线的编年体历史专著《春秋》。他收集和研究多种历史文献,得三皇五帝书3000多篇,对其进行"芟夷烦乱,剪截浮辞,举其宏纲,撮其机要"的编辑加工,最后编定为一百篇的《尚书》。他辉煌的编辑成果《六经》,除《乐》经和《书》经中的大部分在漫长的传承战乱水火中失传外,其余各书至今盛传不衰。若非孔子具有那样深厚的专业知识,他能编辑整理像六经那样的经典之书吗?他能够成为那样伟大的编辑家吗?答案肯定是否定的。

有人说我既不编"六经",也不做那么费劲的学术编辑,我只做一名如《向阳花》、《米老鼠》那样的儿童读物编辑,岂不就不需要有那么深奥的专业知识了吗?错!那《向阳花》、《米老鼠》也不是好编的,照样需要深厚的专业知识,这个专业就是"儿童学"专业。编辑这样的传媒产品,必须要懂得如何适应儿童的心理,如何激发儿童的兴趣,如何开发儿童的智力,如何有利于儿童的科学成长与发育。美国的《米老鼠与唐老鸭》、日本的儿童动漫之所以能够做好做大,甚至做成了专门的产业,就是因为他们对儿童学做了专门的研究,在编辑主体中培养和造就了大批的儿童学专家。中国在这方面之所以落后,其主要原因之一正是由于我们至今还未真正形成自己的儿童学,缺乏具有精通儿童学专业知识的编辑源体和编辑主体,也与上述那种认为做少儿读物编辑就不需要扎实深厚的专业知识的错误认识有关。同样的,不管你是做少儿读物编辑,还是去做青年读物、老年读物、妇女读物、普通大众读物的编辑,全都需要与之相应的深厚专业知识的,不然的话是一样也做不好的。

在编辑活动实践中往往有这样的情况,一个编辑出版单位不大可能配备齐全所有专业的专职编辑,而一些专业性强的稿件却又非得懂专业的、或具有较高专业知识水平的人审编不可。怎么办呢?于是就采取聘用兼职编辑或请特约审稿人的做法,使问题得到了顺利的解决。这是否可以证明,这个编辑出版单位没有相应专业知识的编辑主体也可以呢?不可以证明。因为这种例子恰恰证明了缺少具有高深专业知识的编辑主体是不行的,所以才必须去请人来代做你这儿的编辑主体。而被请来的人在做了这样的审稿工作之后,他自己却因此也变成了编辑主体(尽管只是代理的)中的一员,变成了该编辑出版单位事实上的、具有高深专业知识的编辑主体。该出版单位采用这样的不得已而为之的办法,弥补了自身缺乏必需的高深专业知识编审的不足,这更加雄辩地证实,编辑主体没有一定的专业知识是不行的。不然的话,他就不会非要找人来代理不可了。

三、必须具备精准的编辑学专业知识

当编辑的人要懂得编辑学,这应当是一个不应当有争议的最基本、也最普通的道理。然而这个道理在上世纪八九十年代却一样被人争议了好久。当时,中国编辑出版界开始涌动起编辑学研究的滚滚浪潮,研究编辑学的人大都认为"编辑有学",而不愿意研究编辑学的人却认为"编辑无学"。主张编辑"有学"的人们认为,编辑活动从产生到现在已有好几千年的历史,创造了辉煌灿烂的人类文明成果,做好编辑工作需要各种各样的知识和技巧,具有独特的工艺流程,需要专门性的、专业化的、自成体系的系统知识,因而编辑是"有学"的,这个"学"就是"编辑学"。并因此主张对编辑活动进行深入的研究和总结,从中找出起决定作用的内在规律,构建编辑学学科理论体系。而主张编辑"无学"的人则反对说,几千年来的编辑们从未学过、也未研究过什么"编辑学",就包括我们的上几辈人中也没有人搞过什么"编辑学",还不是照样当编辑,照样做编辑工作,照样出编辑成果,有的甚至不乏著名的编辑家？因此他们认为编辑根本就无"学"可言，只要照着去做就成了。并且说让编辑们又要懂基本专业、又要懂编辑学，这样会增加编辑人员的业务负担。譬如我是数学编辑，我只要搞好数学就行了；现在又要让我再懂编辑学，被占去一部分业务时间和业务精力，那与我的数学同行们就没法比了，人家成得了数学家而我可就根本成不了啦！这两种意见当时争论了很久，最后大家趋于一致。随着大量编辑学研究成果的相继出版，"编辑有学"已经成为一个事实，后大家终于都共同认为编辑有学，没有人再表示反对了。这段学界公案，笔者当时也是亲历者之一。

　　事实正是如此，编辑也是一门很有专业性的专门知识。人类的编辑活动进行了几千年却一直没有形成编辑学理论和编辑学学科，这并不代表编辑无学，而只是说明人们一直没有来得及去对人类漫长的编辑活动实践进行总结，没有对编辑活动中的知识、经验、规律、奥秘、技巧等进行研究，没有形成系统的理论，如此而已。世界上的各门学问都是先有实践、尔后有理论、尔后才有学科的，哲学、社会科学、自然科学无不如此。编辑学当然也不能例外，只是有些太迟罢了。没有做却并不能说明其没有。果然。一做就来、一做就成。自上世纪80年代以来，涌现了大量的编辑学科研成果，编辑学学科现在已经初步形成了，编辑学理论体系已见雏形，编辑学学科建设、学科教育等都正在如火如荼地建设和发展之中。已发表的编辑方面的论文就其数量来说已经不可胜数，编辑学著作也已有近200种。无论是理论方面的，还是技术方面的，还是历史方面的，都一应俱全。如果说人们过去学习当编辑全靠摸索、模仿而较为困难的话，那么现在则可以凭借读编辑学、编辑术的书而很快入门，很快提高，比过去要容易多了。在21世纪的今天，作为一个从事编辑工作的人如果你对编辑学仍然视而不见、闭目塞听、自命不凡地拒绝学习，还像旧时代的编辑们那样盲人骑瞎马地去胡乱模仿和摸索，那你已经肯定不能够、至少不能很快地成为一个称职的编辑工作者，与那些紧跟时代前进步伐，敏锐地接受编辑学专业知识的同行们相比较，你已经是一个笨拙的落伍者了。现在，不懂编辑学的编辑已经变少，而且肯定会越来越少。甚至，我们还看到，有不少编辑工作者已经不仅满足于成为一个编辑家，而且还立志成为、甚至有的已经成为卓有建树的编辑学家了。

一个最基本的道理仍然是：不懂得编辑学，怎么可以当编辑呢？

四、应该掌握一些哲学知识

哲学是一门思维科学，是教人思考、使人聪明的学问。虽然人人都应该懂一些哲学，可是这往往是没法子做到的。编辑主体是脑力劳动者，主要以大脑思维的运行来进行工作，因此应懂得一些思维科学知识，这对于使自己的思维活动科学地、正确地运行是很有好处、也很有必要的。尽管有许多人根本没有学习过哲学，却也能因时就势地进行思维且思维得很好，并也做出许多正确的事情来。但这并不能说明他们没有运用哲学去进行思考，那往往是由于根据实际情况审时度势，在实践中不自觉的情况下，糊里糊涂地应用一些朴素的哲学元素而已，属于"不修道已在道中"的个案。但他们若能真正地学习和掌握一些哲学原理知识，应用这些原理知识去思考和行事，那这些人必将会做出更加了得的事情来的。所以我们不应以这类个案为由来拒绝学习和掌握哲学知识。

若并非专门从事哲学研究或哲学编辑的编辑主体，对于哲学的书也并不需要读得太多。邓小平讲过"学马列要精要管用"，就是说主要学习马列主义的精髓并善于运用即可。我们常说马克思主义的精髓就是"实事求是"，其实这是对马克思主义的唯物主义的通俗说法。唯物主义就是承认物质世界的客观存在，承认事物的客观性，认为物质与精神相比是先有客观上的物质世界而后有主观上的精神世界，精神依附于物质而存在。因此对待事物、思考问题、进行决策都要从实际情况出发，注意不能犯主观主义的错误。不承认客观实际，做事情从主观愿望出发，不切实际地想怎么做就怎么做，为所欲为，这就是主观主义，也属于唯心主义，必然会犯各种各样、大大小小的错误，甚至会犯大错误。人的思想支配人的行动，思维科不科学、正不正确，就会支配自己行为的正确与否。所以学习和掌握思维科学，以指导自己科学地思考与行动，对于从事以脑力劳动为主的编辑主体来说是十分必要的。

在思维科学上还有方法论问题，这也属于哲学范畴。哲学上的方法论主要是唯物辩证法，与之相对的则是形而上学法。唯物辩证法从唯物主义的立场出发，认为世界是物质的、客观存在的、不以人的意志为转移的；事物是运动的、互为联系的、发展变化的，而不是静止的、孤立的、一成不变的。而形而上学则恰恰相反。唯物辩证法又叫辩证唯物主义，是一种科学的哲学思维方法论。用这种哲学方法论来指导我们的思维活动，一般来讲就不会出现思维错误和偏差，也就不会导致行为上的错误与偏差，才能保证我们在编辑活动中思维正确、决策正确、行动正确，包括在如进行市场调研、编辑策划、选题、组稿、审稿、改稿、定稿、制作、传播等一系列活动时，能够正确无误，确保工作的顺利并成功实现预期目标。

同时，学习和掌握一些哲学知识，即便是对于编辑个体的个人生活方面的思维、决策和行动，也是有利的。

五、适当掌握一些艺术、文化方面的知识

编辑既是一个自然人，也是一个社会人，编辑活动也就是社会活动。作为自然人来说，需要人的自我方面的各种完善；作为社会人来讲，更需要展示自己的更加完美，这样才有利于进行社会交往和社会活动。除了上述各种知识之外，一个编辑工作者若能掌握一些艺术、文化上的某种知识，必将会更进一步实现自我的完美与完善，更加有利于开展和做好自己的工作。

编辑在社会上一般也被视为文化人、有学养的人，而没文化则会被视为根基浅的、粗俗的人。拥有职业上的专业知识会使人觉得厚重，而兼备业余的艺术文化素养则会让人感到亲和甚至优雅。艺术文化方面的知识有很多，古时讲究的琴棋书画，现在也仍不过时；此外还有如花鸟虫鱼、艺术品鉴赏、文物收藏、戏曲歌舞、音乐体育等等，均为人间之赏心乐事，不妨择其一二，游戏其中，交流切磋，其乐融融，既有利于

交友交往，又有利于身心健康。这叫做为志而玩物，玩物而不丧志，其得益也大焉。

作为一名编辑工作者，其知识结构应博而专、专而深、深而精，方能成为一个好编辑。这样的功夫并非一日可以练就，必须逐渐积累方可达到，或者说要到一定的年龄时方能达到。但却必须从青壮年少时就开始努力，绝对不能懒惰无为地空等，空等那是等不来的，必须要靠勤奋地学习。所谓"九层之台，起于累土"、"千里之行，始于足下"、"不积跬步无以成千里"，说的便是这样的道理。世界上的知识很多，每位编辑个体可以根据自己的爱好需要去选择。

第六节 编辑主体的素质结构要求

素质，是指人由平日长期学研修养而来的品位气质。一个人的素质可以有一种，也可以由多种而构成。这就是我们所说的素质结构。对于编辑主体的个体来说，只具有一种素质恐怕是不行的。应当具有多种良好素质所共同构成的优化素质结构，方能成为一名优秀的编辑。我们认为，一名良好的编辑应当具备如下的素质结构。

一、良好的政治素质

政治的本义其实就是指政府和政权机构对国家和社会的行政治理。这本来只是国家统治者、领导者等政治人物的事情，可是由于这是国家大事，它不仅仅是统治者的权力和责任，而且也涉及到所有的被统治者，国家政府的政策和施政理念、施政方针最后都要落实到被统治者即全国人民的身上，涉及到全国人民的命运和利益，于是全国人民就都有了政治发言权。于是政治就外延开来，成了统治者和被统治者、国家各级领导人和全国人民共同的头等大事，政治也就这样地成为了一个无处不在，人人关注的、民主东西。

政治不光是体现在施政措施上，而且也反映在舆论、宣传、文化、艺术、教育等所有的意识形态上，而这些恰恰也都是与编辑活动密切相关的领域。于是，编辑活动也就不可避免地与政治融合在了一起，与政治形成一种挣不开、跑不脱、剪不断、理还乱的亲密的、有时甚至还是一体化的关系。譬如说：许多作者即编辑源体本身就是政治人物或与政治有关的人物；许多读者、听众、观众、网民等编辑用体，本身也都是政治人物或与政治密切相关的人物；更何况，国家、政权、政党、团体，它们才是最大的编辑用体；许多作品稿件即编辑客体或称编辑产品本身就是政治性的或与政治有关的；即便是那些看起来似乎属于远离政治领域的作品，其中却也时不时地会有偶然涉及政治的内容。如此，政治和编辑不仅是亲戚，而且简直成了一家人的关系！报刊、杂志、图书、广播、电影、电视、网页，哪一种传媒能离开政治和政治无关？都不能！

政治这东西，它有时是和蔼可亲的，有时是面目狰狞的，有时为人民带来幸福，有时给国家造成灾难；既可以让社会祥和、国泰民安、持久繁荣，又能够导致血流成河、战祸连年、尸骨成山！所以，几乎所有的施政者都高度关心和重视政治问题，就连人民百姓也常常如此。

政治是如此的重要，和编辑活动的关系是如此的紧密，作为主导和主营编辑活动的编辑主体，当然不能不懂政治。不仅要学习和掌握一定的政治知识，而且有时往往还需要扮演或担当一定的政治角色。这就必须要有良好的政治素质，包括清醒的政治头脑、敏锐的政治嗅觉、丰富的政治经验。有人说，一个好的编辑家同时也是一个好的政治家，这话其实就是经验之谈。试想：一个不懂政治或政治素质不高的编辑工作者，就不能对他所主审的编辑客体做出正确的政治判断，看不出里面的政治问题，就必然会造成或小或大甚至是重大的政治错误，产生重大的政治影响，引起种种政治动乱，就会给个人、给单位、甚至为国家和人民带来重大的政治损失。这还得了！这就必然轻者会造成个人饭碗不保，重者会导致本单位关门，或者还会负法律上的责任！

所以，编辑主体一定要有良好的政治素质，在编辑活动中把好政治关,及时做出正确的政治判断,避免出现政治错误,才能在政治海洋中任凭风浪起、稳坐钓鱼船,使自己立于不败之地。

二、良好的业务素质

业务素质,指的是人在本职工作领域所应有的专业知识和能力。编辑工作是一门专业知识性很强的、包含有技术性的工作,对专业知识和专业能力方面的要求都比较高,不然的话就很难胜任这项工作。所以,要求编辑主体应当具有良好的编辑业务素质,这本是题中应有之义。

所谓的业务素质,和单纯的业务知识不同,它要求不仅要有专业知识,而且还要会在实践中应用,要有运用专业知识胜任工作的能力。能力又包括很多方面,包括工作能力、办事能力、应对能力、解决问题的能力、处置突发事件的能力、社会交往能力、在逆境中打拼的能力、扭转局面的能力、化解矛盾的能力、掌握团队的能力、宏观策划能力、微观筹划能力,等等。与单纯的知识相比,能力是知识的外化、扩张与延伸甚至是创造,它比那僵化的知识更重要,因而人们也往往更看重。但是如果没有专业知识作基础,能力也就会不牢固、不坚实、外强中干,往往会沦落为空洞的表演,有时甚至还会出洋相,闹出笑话来。所以,就业务素质来说,应该是知识和能力的最佳结合,二者往往缺一不可。

编辑主体的业务素质,是其开展和进行编辑活动的核心要件。编辑主体的业务素质好,那么由他运作的编辑活动效果就肯定会好;编辑主体的业务素质差,那么他从事的编辑活动效果就必定差;如果编辑主体缺乏编辑业务素质,那么他那欺世盗名的所谓的编辑活动也肯定就会完蛋了!所以,良好的编辑业务素质,是编辑主体所不可或缺的必要条件。缺少了这个条件,那么这个编辑肯定是不合格的,也就无法在编辑界中混了!

三、良好的品德素质

这里有两个词可以选择使用,一个是"道德",一个是"品德"。我们之所以选择"品德"而不选择"道德",是因为"道德"一般指较广大层面上的道理、准则和规范,一般具有共性特征;而"品德"一般指品质道德修养,含义一般来说比较具体,一般具有个性特征。所以"道德"一般指向于社会意识形态范畴,多用于宏观上的意义;而"品德"则一般指向于个人道德品质修养层面,多用于微观上的意义。编辑主体是单个的编辑人或由单个的编辑人组成的编辑群体,不论是个体的还是群体的,他们都是一个个活生生的具体的人,所以在这里选择使用"品德"较为适宜。

作为足以影响整个社会的编辑主体,是否拥有良好的品德素质关系重大。这是因为——

第一,编辑主体的品德素质具有巨大的社会影响力和导向性。作为编辑活动的主要掌控和运作者,不管是有意还是无意地都必然会将自己的思想、理念、主张及道德原则等反映在他们所编辑制作的编辑产品之中。这些编辑产品流向社会后广泛传播,对广大读者、听众、观众等编辑用体,必然会产生强大的影响、感染和引导作用。并且,这种作用不仅是极其巨大的,而且可以是无处不在的、广泛持久的,甚至还可能会传之不朽、流芳百世。这种影响力,甚至是任何力量也难以打破的。其力量所及,会导致形成某种意识形态基础,左右某一政党、某一集团、某一地域甚或整个社会的前进方向。如:中国编辑史上的第一位伟大编辑家孔子,就说过"天生德于予",并主张对民众"导之以德,齐之以刑",将他的道德思想贯穿在自己的编辑产品"六经"之中,形成了牢固的儒家意识形态基础,影响和主导中国社会两千多年,至今尚且余音绕梁。另一位编辑家,孔子的学生曾子更是了得,他仅以自己所编定的唯一一部编辑产品,即把他老师孔子平时所讲的一些话语记录集中起来,编成了一部孔子语录《论语》,竟然就影响了整个中国封建社会,成为儒家经典之祖,使其老师成为全世界公认的上一千年中在全世界最有影响的十大人物之首。关于这一点,人们过去只看见了讲过这些话(《论语》)的孔子,却未曾注意到将这些只言片语编辑成书、传播于世的大编辑家曾子的伟大贡献,这应当是世人的一大疏忽。过去人们常说编辑都是"无名英雄",从事实上看,编辑史上有很多个案的确莫不如此。甘当"无名英雄",将自己的名字隐起,不求名、不求利,付出的是自己,成就的是他人,服务的是社会,这正是编辑主体品德高尚的一种体现,至少在从编辑诞生至整个封建社会的相当长时期中都大多如此。

几乎可以肯定,曾子是通过《论语》表达和向社会输出他自己的思想及主张的。他的老师孔子一生当老师好几十年,几十年中讲过的话何止千万句,讲过各种各样的许多话,为什么他只选中了那么些条?被他舍弃掉的有多少?被选取的这些是否就一定是原始记录?有没有在他的编定过程中被加工、修改、完善或改造?他为什么要只选取这一些而舍弃另外许多?《论语》中有多少真正是孔子的思想,有多少却实际上反映的是曾子的思想?编辑家曾子是如何通过编定《论语》来输出自己的思想和影响社会大众的?等等。完全可以说,真正成就了孔子的是曾子。作为编辑家的曾子的编辑之德、之功,不应被历史所埋没。似这样的一系列重大的编辑史上的编辑学案,还等待着我们去作进一步的深入研究和探索。仅就我们目前已经发现的这种学案来说,在编辑史上就有很多很多。

第二,编辑主体的品德素质对社会大众具有不可估量的教育作用。

首先,我们说编辑对社会大众有教育作用,这是肯定的。其次,我们说编辑对社会大众的教育作用之大,大到不可估量,这也是肯定的。过去我们大都只注意到教师对学生的教育作用,这没错,但教师的教育作用仅限于在学校内、在课堂上,他的教育对象是有限的,学校和课堂以外的,他便管不了,而且他还是拿着编辑的书来进行教育的;而编辑是通过自己的编辑产品如传媒、图书、音像、影视等来实施自己对人的教育的,他的课堂是整个社会,他的学生是所有的社会大众,他的教育不受时间和空间的限制,可以无时不在、无处不在,其力量作用之大,大得你想控制都控制不了，想遏制也遏制不了，所以说是大得不可估量的。还举孔子为例——孔子是具有教师和编辑双重身份的人，他在世上聚众授徒，也就是开民办学校，教自己的学生，"弟子三千，贤人七十"，可谓盛矣！可也就是"三千"而已，何况这"三千"和"七十"包括他自己均早已去世不存在了。可是他的另一种身份——当编辑，编"六经"，这"六经"不仅传于全社会，而且传之于百世、千世，读其书的学生何止三千，其中因读其书而产生的"贤人"何止七十！就连后世的多得数不清的"师者"，也是用孔子的书去教育学生的，至今还仍在因此而产生着大量的学士、硕士、博士、教授。如此难道还不足以说明编辑的教育作用更大吗！中国之根基深厚的传统伦理道德体系，也正是以孔子为祖师的儒家学派，反复运用和通过编辑产品，对中国社会进行持之以恒的教育所形成的。其中，编辑教育的作用尤为大焉！无论于古还是于今，可以说明这种编辑教育作用的例子俯拾皆是，不胜枚举。由此不难看出，如果编辑主体的品德素质不高，如果他们在自己的编辑产品中掺进品德低下的影响因子，那对于社会来说又将会是什么样的后果？编辑主体之品德素质之于社会之影响，可谓重矣、大矣！

第三，编辑主体的品德素质有较大的社会示范作用。

编辑主体虽然在许多时候是隐于编辑产品背后的人，但是，一个显著的事实却是，无论从历史还是从现实来看，编辑主体却往往不乏成功的社会名人。我们多次讲到孔子等就不必再说了，而像汉代的刘向、司马迁，南朝的萧统，唐代的欧阳询、虞世南，宋代的司马光、李昉，明代的解缙、冯梦龙，清代的陈梦雷、纪昀等等，无不都是兼具编辑家与社会名流等多重身份的社会精英、大名人。他们不仅学养深厚、硕果累累，对社会贡献良多，而且无不品德高标、领异时人，均为当世人叹服的人中楷模。还有近人中无人不知的毛泽东（做过《湘江评论》编辑）、邓小平（做过《红星报》编辑）、鲁迅、邹韬奋、张元济、史良才等人，甚至还有像杨伯峻、周振甫、刘叶秋等人，他们或为伟人、或为文人、或为哲人、或为学人，但却都是或曾经是知名程度不同的编辑人。他们不仅均以其非凡的业绩、成就、贡献而名垂后世，而且还都以其非同一般的个人品德而为当时及后世人所敬仰，成为后世人所效法的楷模，对社会大众的强大品德示范作用是显而易见的。

从以上几个方面已可以看出,编辑主体的品德素质十分重要,不仅仅涉及到个人的声誉,而且还会影响到编辑群体的名誉和编辑活动的成败。毋庸置疑,一个品德低劣、臭名昭著的人所办的报纸、杂志、出版物等媒体是没人要看的,一个众人痛恨或鄙视的人经营的传媒机构是肯定会办不下去、关门大吉的。因为这样的人在大众的心目中已经丧失了可以影响人、教育人的资格,成为人所不齿的狗屎堆。编辑队伍中一旦有了这样的人,那是一定要被淘汰出这个队伍的。"人自宋后耻名桧,每到坟前愧姓秦"连自己的后人都不齿的秦桧的故事,说的也就是这样的道理。

编辑主体应具备的良好素质还有很多,但就像金无足赤、人无完人的道理一样,我们也并不必也不可能要求编辑都必须是完美无缺的人。但是像以上所列的主要方面的素质,却还是应当要求具备的。不具备这些,是很难做成一个好的、合格的、胜任的编辑的。

第七节 编辑主体的职业道德要求

职业道德,就是指从事同一种职业的人们在工作中所应共同遵守的、具有约束作用的准则和规范。不同的职业应有不同的职业道德准则和规范。那么,编辑职业应有什么样的职业道德要求、为什么应有这些职业道德要求呢?

一、利国益民的立业之德

编辑活动不同于别的行业,它活动的覆盖面极为宽广,覆盖到整个国家、整个社会和全体人民,于国于民有着极大的利害干系。它既可以兴邦、也可以覆邦、亦可以乱邦;可以影响教育人民走正道,也可以蛊惑煽动百姓走邪道。这些都是了不得的事！为了保证编辑活动健康地发展和运行，必须将利国益民作为本行业的立业之德，以利国益民为本行业职业道德中的第一道德，作为编辑活动的第一宗旨，将其认真贯彻落实到编辑职业工作中去。

要利国益民，就是要绝对保证本行业所进行的一切活动对国家有利、对人民有益，而绝对不能乱国害民、祸国殃民。编辑活动主要是以自己的编辑产品影响人、教育人的，是人类精神文化消费品的来源即生产者和供应者；编辑产品是人类的精神文化食粮，直接影响人类的大脑和心理的，这关系到一个国家、一个民族、甚至全人类文明的兴衰。因此绝对要保证向人民生产和提供精神文化方面的优质食品、绿色食品，绝不能生产和供应劣质食品、腐化变质食品和污染有害食品，更不能提供精神鸦片等有毒食品！也不能提供那些可以使人精神错乱的产品！

要做到这一点，除了国家要有立法、政策要有保障之外，编辑本行业也绝对要自律、自正。将利国益民作为本行业的立业之德，就应该是一个很好的办法。

将利国益民作为本行业职业道德中的立业之德，也是确保编辑传播业兴旺发达、立于不败之地的根本保障。国兴方可业兴，民富才能业富，只有在国家强盛、社会安定、人民富余的环境条件下，编辑活动才能有大的发展，才能顺利有效地进行。也只有顺应这种潮流、符合这种要求，才会得到国家的保护，获取社会的允许，受到人民群众的普遍欢迎，自己才能立于不败之地，开通繁荣之路。长达好几千年的编辑发展历史已经充分地证明了这一点。编辑主体是编辑活动的主导和主营者，确保编辑活动利国益民是编辑者的责任和义务。所以我们说，"利国益民"是编辑主体职业道德中首要确立的立业之德。

二、精益求精的从业之德

精益求精，事实上从来都是编辑活动中编辑主体的从业之德。

编辑这个行业，是从编创符号文字发源的，而符号文字是一点一划都错不得的。文字符号是一种群码性、多码性而且是极多码性的编码符号，每一字符都必须做到唯一性，才可以达到可区别性与可应用性。要做到这种唯一性，其唯一的办法就是必须在个码的内部编码结构上下工夫。在汉字来说就是其偏旁、部首、笔画顺序，就是这些码型、码序的标准化，在其编定并标准化颁行之后，那是不允许随意错乱的，是一笔一画都不能粗心和马虎的，多一划或少一划或变一划，都是属于严重的错误。这就是必须精益求精的工作。而这样的工作人类在八九千年以前就已开始了。

编辑这个行业，是以使用文字符号为主要运作工具的，是天天与文字符号打交道的。审稿、改稿、定稿、校稿，无一不是极细致、需要极细心的活儿，不能有半点儿的粗心与马虎，甚至在工作中都不能走神儿，一走神儿就会在笔下出现错误，而出现任何错误、哪怕是一个细小的错误，都会造成产品质量问题，都会造成返工、报废、回收等重大损失；而不报废回收，又会造成社会声誉、社会舆论，社会影响等更大的损失。所以，没有精益求精的工作精神是不行的。这种工作精神，换句话说就是从业者的职业道德。

编辑这一职业，如前所述是以自己的产品从精神上去影响人的，具有很大的社会责任。这种责任要求编辑者向社会大众推出的产品件件是精品，绝对不应是那种粗制滥造的滥品，甚至也不应是那些应景敷衍、无意义、无价值的庸品。所以必须树立精品观念、精品意识。这个"精品"的概念，当然是从内容和形式两个方面讲的。而最最要紧的是内容方面，能够从精神上影响人的也正是这个方面，这方面编辑者的责任最大、最关键，必须在选题、组稿、鉴别、选择、加工、改造、整理、提高、修改、优化、定型等审理的各个环节上做到精益求精，严格把关，确保做到万无一失，确保产出的和向社会、向团体提供的是绝对优质的精神食粮，是无污染、无公害、无毒无菌、品质精纯的高级精神文化消费食品；让编辑用体使用时赏心悦目、美味可口，使用后精神健康、增长知识、提高能力、延年益寿，越用越高兴，越用越欢迎！

这，就是编辑主体的另一职业道德要求——精益求精的从业之德。

三、一丝不苟的敬业之德

这个命题听起来好像与上一项有些重复,其实不然,二者之间还是有明显区别的。尤其重要的是,一丝不苟的敬业之德,早已成为编辑主体的职业精神、职业特点和职业习惯,成了社会公认的编辑人的职业"毛病",所以是不得不别立一项的。

"苟"意为"随便"。一丝不苟,就是指办事认真,一点儿也不马虎。这正是编辑行业所必须具有的职业要求。久而久之,就自然而然地形成了编辑工作者的职业习惯和职业特点,成了编辑行业的职业特征。这种职业特征,也是编辑工作者爱岗敬业的职业精神;换个角度看,也就是编辑主体的敬业之德。

这种敬业之德,是编辑主体所必有的,但却不是每个编辑个体生来就有的。它的形成,是编辑工作者自进入编辑工作岗位之后,在职业的要求下经严格的长期修养、锻炼养成而得来的。我们之所以称"职业道德",除了必备的为许多职业所共有的道德之外,更重要的就是还必须具备职业性,即只为本职业所有而为他职业所无的、具有本职业的唯一性特征的道德这种一丝不苟的敬业之德,正是最具编辑职业特征的职业品德。从一个方面体现了编辑工作者孜孜于本职工作、献身于编辑事业的敬业精神,体现了他们专心致志为社会做贡献的奉献精神。人们戏称其为"职业毛病",正是对编辑工作者这种奉献精神的褒扬性昵称,实际上却反馈了社会公众对编辑主体的这种高尚敬业之德的认可和尊重。因为,没有这种敬业之德,也就不可能有他们所需要的编辑精品,也就没有他们所喜爱的高级精神食粮。

以此别立一项,看似小题大做,实则切中肯綮。一丝不苟的敬业之德,是每一个编辑个体都必须具备的,没有这种职业道德的编辑是不合格的。

四、公平中正的执业之德

公平中正的执业之德,是编辑主体所必须遵守的职业道德之一。

编辑手中是掌握有生杀大权的。这个生杀大权就是指对稿件即编辑客体的生杀大权,稿件要不要被采用,哪些稿件可以要用,哪些稿件应当"枪毙"即被淘汰,这个权力掌握在编辑手中。有人说记者是"无冕之王",这话只说对了一半,因为记者只有采访和写作稿件的权力,而他们的稿件最终是否被采用,那却是编辑手中的权力,还要过编辑审理这一关。记者在这里面还只是给编辑活动提供稿源的编辑源体,而真正主导、掌握和把握编辑传播活动的其实却是编辑主体。所以,其实编辑才是真正的"无冕之王"。

编辑手中的生杀大权,却不是可以随便使用的,是必须根据一定的宗旨和原则,根据有关规定性准则和要求来决定的。这种原则和规定,应当对所有人和所有编辑客体都是一样的,都是一视同仁,决不应当随意歪曲和违背这些规定,更不应该因不同的人而执行不同的取舍标准。这就是我们所说的公平中正的执业之德。这对编辑主体来说十分重要,因为这不仅直接关系着编辑活动的质量,而且更关系到整个编辑主体的社会信誉。不用说,还核心地反映着编辑主体的道德水平,在当前容易滋生各种腐败的市场经济社会环境条件下就更是如此。

公平中正,就是要按照统一的原则标准和规定要求办事情。这虽然是全社会、所有行业都应当遵守的原则和道德要求,但在编辑职业这里却必须予以特别强调。因为和别的行业不同的是,许多原则规定在别的行业中多是显性的和刚性的,一就是一,二就是二,板上钉钉,容易对照执行;而在编辑这儿却往往是(不全都是)柔性的、有弹性的。编辑审稿子,一要用目,二要用心;对待稿件的取舍,除了一些刚性标准外,在他自己的心目中,根据自己的世界观、价值观、学识、修养、好恶等,往往还有自己认为可与不可的判断标准。就像老师给学生改作文一样,一些老师认为应该给80分的,另一些老师却会认为只能给60

分，各人的眼力不同，简直就和文物鉴定中的"眼功"一样。这种情况下就不好讲了，就有了弹性了！尤其是在面对那些权力稿、人情稿、金钱稿、利益稿时，很容易出偏差，犯错误。怎么办呢？这就非常需要倡导良好的职业道德，要求必须遵守公平中正的职业之德，去公平中正地对待和处理所面临的问题，取舍你所鉴审的稿件，保证编辑审稿的公正性。

世界上的有些事物虽然具有一定的模糊性，但毕竟还是具有一定的客观标准的。好的终究是好的，坏的到底都是坏的，真的假不了，假的也真不了。你假若不公平中正，依据自己的私人利益胡乱鉴审取舍稿件，那终究还是会露出马脚、现出真相的。待到真相大白之时，那一切都会水落石出的。要知道，"好事不出门，坏事传千里"，"纸包不住火"，"人过留影，雁过留声"，你做了什么样的事情，是都会传出去的，对身处传播核心地位的编辑来说就更是如此，丑事败露是很容易的。祸事临头则悔之晚矣！所以，作为编辑主体，一定要恪守公平中正的执业之德，谨慎地行使手中对编辑客体的生杀大权，维护自己的良好形象，赢得社会对自己的尊重，使自己立于不败之地。

五、源体为本的基业之德

编辑源体是为编辑活动提供稿源的作者群体，他们虽然也属于大编辑活动中的组成部分，但相对于编辑主体来说却是有着很大不同的两个群体。编辑源体大家通常称之为"作者"或"作者队伍"，他们以向编者提供稿源为天职，对编辑主体来说是其另一种意义上的衣食父母，是其开展编辑活动的基础和根本之所在。编辑主体想顺利开展编辑工作，就必须首先重视组织和培育自己的作者队伍，甚至要层层可能地扩展能够为自己所用的、坚实可靠的、高水平的作者队伍，确保自己具有充足的稿件来源，以奠定自己的稳固根基。这样才能使自己避免陷于无米之炊的困难和尴尬，确保自己在和别人的竞争中立于不败之地。

编者与作者经常打交道，二者的关系是十分密切的。所以，编辑主体的职业道德，在与编辑源体的交往中会很容易地表现出来。从历史和现实实践中来看，一般来讲编辑主体对于编辑源体都是非常尊重、非常重视的。绝大多数编辑都能认识到作者是本行业的基业之本，稿源充足与否是本行业兴隆与否的行业之根，因此大都能够制订和实施"以作者为本"（我们在作理论表述时称之为以"源体为本"）的战略措施，重视作者、尊重作者、培育作者、帮助和扶持作者，甚至还要关心和爱护作者，并在长期的施行之中，以此形成一种本行业鲜明而突出的职业道德，根据作者和稿源是编辑行业的根本和基础的特点，我们将其总结表述为"源体为本的基业之德"。

编辑主体与编辑源体之间，主要是通过稿件即编辑客体建立和发展关系的，所以编辑主体以源体为本的基业之德，主要表现在对待作者和稿件两个方面。对待作者主要是表现为对作者人身方面的尊重、爱护、关心、帮助与扶持，表现为对他们生活、工作、事业等方面的热心支持；而对待他们的稿件，则表现为在取舍上的公正处理，在审理中的合情合理，在修改上的遵循学理，在定稿时的坚持真理，在退稿时说出道理。尤其是修改和退稿，若处理不好很容易同作者发生矛盾，引起作者的反感甚至愤怒；若处理得好，反而会使作者心服口服，对编者产生敬佩和好感。所以，这儿往往是编辑职业道德经受考验的重要关节点。

在源体为本的基业之德这方面，编辑史上尤其是现当代编辑史上感人的实例非常之多。如在《龙世辉的编辑生涯》、《编辑家茅盾评传》等著作中都有很多生动的记载。还有更加多得数不清的有关这方面的故事，则是由于编辑历来是"无名英雄"的缘故，大都随着编辑的隐去而隐去了，随着时间的消失而消失了。可是，应当善待作者，在编辑业界却早已是人所共知并人人遵守的共识。笔者就曾以作者即编辑源体的身份，多次蒙受过许多老编辑的恩惠。这样的职业道德，注定还要被编辑主体永远地遵守和实行下去。这是为编辑主体的职业特征和职业需求所决定的。

六、用体至上的强业之德

编辑用体即读者、听众、观众和网民等使用编辑产品的群体。他们虽然在广义上与编辑主体一样被涵盖在编辑活动的大范围内,然而在狭义上他却与编辑主体有着很大的不同,其实二者之间是处于服务者与被服务者的关系。当然,这种关系是十分密切的、互为依存的关系。

对于编辑主体来说,编辑用体的存在极为重要。因为若没有编辑用体使用编辑产品,编辑活动就会失去一切意义。所以单纯地从编辑主体的角度讲,说编辑用体是编辑主体的"衣食父母",或者说是编辑主体眼中的"上帝",这可能并不算太过分,因为事实上情况就是如此的。既然如此,那么我们说编辑主体应树立编辑用体至上的编辑观,也就当然是正确的了。其实,在当前的编辑活动实践中,相当多的编辑主体们已经认识到了这一点,并且也正是这么做的。尤其是在市场经济条件下,如果编辑主体不确立用体至上的观念,不从读者、听众、观众的需求也就是市场需求出发去策划自己的编辑活动,仅凭主观意愿去盲目地或一厢情愿地去行事,那么你出版的书就会压在库房中卖不出去,摆在书店里无人问津;你拍出的电影就不会得到票房收入;你录制的光碟就会变成废品;你摄制的电视就不可能有收视率;你唱的戏也会遭遇票友抵制,甚至还会招致批评声、骂声一片,那不就成了自取灭亡了吗?在计划经济时代是可以不那么在意市场反映的,但在市场经济的环境中那是绝对不行的!所以,用体至上,对编辑主体来说这绝对应当是一条铁的定律,是不可有丝毫的怀疑与犹豫的。

用体至上,在编辑主体这儿绝不仅仅一个口号,而是真正应该确立的思想观念,并且还是应长期养成的一种职业道德。尊重编辑用体,处处替用体考虑,经常换位从编辑用体的立场和角度去体验他们的感受,去了解他们的需求,去感知他们的哀乐喜怒,把他们的消费方向与未来趋势测透,然后根据他们的需求去策划选题和组稿,去编辑制作用体需要、喜爱、欢迎的编辑产品,在编辑、设计、装帧、制作销售的各个环节，都要贯彻用体至上的道德原则。久而久之，最终形成本行业的职业道德，以此博得全社会的认同、支持与欢迎，并以此赢得编辑产品市场的兴旺，从而使本行业变得日益繁荣昌盛。这才是编辑行业的兴业、强业之大道。

因此我们说，用体至上，是编辑主体职业道德中的强业之德。

以上这"六德"，可概括确立为编辑主体的职业道德要求。这是我们从编辑活动实践中总结、提炼而来的，以此再返回去指导实践，应当会产生明显成效，具有较大的实际意义的。

第八节 编辑主体的责任、权利与义务

在全社会人群各有分工的活动中，编辑活动也是一种社会分工。而在编辑活动中，编辑个体又各自具有其内部分工；承担不同分工的群体和个体，都还承担和拥有各自不同的责任、权利和义务。

作为在编辑活动中起主要作用的一方，编辑主体都具有哪些责任、权利与义务呢？

一、责 任

责任，就是分内应做的事。编辑主体责任分群体、或称整体责任和个体责任两种；每种之中，又可分为宏观责任和微观责任两类。

(一) 整体责任中的宏观责任

如果用一句最为简单扼要的话来概述，那么：搞好编辑活动，就是编辑主体整体责任中的宏观责任。

整体责任，就是指编辑主体中的所有成员都应负有的责任；宏观责任，则是指从大的、全局方面的视角来看所应负的责任。编辑主体是整个编辑活动中的主导、主控、主营、主运作的一方，他的整体宏观责任

当然就是搞好编辑活动，这是他所推不脱、跑不掉、挣不开的，也是责无旁贷的。然而如果不这么简单、而再稍微微观具体一些来讲，那么编辑主体的这个整体宏观责任就还应具体表述为：

1. 处理好与编辑源体的关系，做好编辑源体工作

这是编辑主体分内应负的整体的责任之一。培育和组织作者队伍，巩固和扩大稿源，确保编辑工作中在用稿方面有较为充足和广阔的选择余地，以此提高选稿和用稿的质量水平，这是做好编辑工作的首要的基础和前提。想要确实保有这个基础和前提，就必须着重处理好与编辑源体的关系，做好编辑源体工作。

2. 处理好编辑客体，做好编辑客体工作

这是编辑主体分内应负的整体责任之二。编辑之所以名谓"编辑"，其原始义上就是因其对作品稿件的编辑、审理、加工、修改等具体的工作，这一义项无论是狭义还是广义上都是公认的，是"编辑"一词的核心义项，也是所有的、无论何种类型的编辑都不能回避、都必须担当的核心责任。编辑主体的绝大部分素质、绝大部分知识、绝大部分基本功，都是围绕着做好这项核心工作而准备、而练就的。编辑活动的一切目的、一切效益，都是主要靠做好这项工作后才能有希望达到和获得的；编辑主体的一切理想、信念、预期等，都是全要指望着做好编辑客体来实现的。这项工作若做不好，那编辑主体的一切努力都将付之东流，化为乌有。所以，处理好编辑客体，做好编辑客体工作，是所有编辑人的共同目标和共同责任，是编辑主体重中之重的整体宏观责任之一。

3. 主导编辑辅体，做好编辑产品的制作与传播工作

这是编辑主体分内应负的整体责任之三。编辑辅体，就是编辑主体的帮手，实际上和编辑主体为既是一家人、又有分工区别的两个群体。具体地说，编辑主体具体只负责对编辑客体的选题、策划、组稿与编审定稿，而编辑辅体则负责对定稿后的编辑客体进行后期制作，接着再将制作好的编辑产品推向市场，向用体传播。这两个环节，虽然不是由编辑主体直接亲自完成的，但却是在编辑主体的密切关注和主导下完成的，因而其对编辑辅体负有较大的主导责任。虽然编辑辅体主要是在编

辑主体的宏观意见主导下由自己负责，但作为主导、主控、主策划和主运作的主要一方，编辑主体是脱离不了整体责任干系的。

4. 面对编辑用体，做好关注、了解、预测和服务用体的工作

这是编辑主体分内应负的整体责任之四。编辑用体是整个编辑活动的终端末梢，他们因使用编辑产品而和编辑活动发生关系，并成为广义编辑活动的一个重要组成部分，同时也是编辑主体工作的最终目标和服务对象，编辑工作的一切目的最终在这里起作用，编辑产品在这里得到最后的检验，编辑活动的一切效应和效益都在这里获得最终的体现。同时，编辑活动的主要矛盾焦点，也常常集中地在这儿产生——解决——产生——解决的往复循环，并因此而推动编辑活动的不断发展。在编辑用体身上所发生的一切与编辑活动有关的事情，编辑主体都负有必须面对和解决的整体性责任。他们对编辑产品的需求、市场现状的反馈、市场未来的预测、对编辑工作的意见等等，都是编辑主体所必须时刻高度关注、了解和解决的。编辑用体的问题若解决不好，那就会失去市场份额甚至遭遇失败。所以，编辑用体问题是编辑主体所绝对必须担当的整体责任之一。

（二）个体责任中的微观责任

虽然在整体和个体中都可有宏观责任与微观责任之分，但为了避免在具体意义上的重合与重复，我们不再阐述个体中的宏观责任，只重点就个体中的微观责任做简单阐释。但需要指出的是，宏观上的整体性事物往往是由微观上的个体事物组合而成的，因而它们之间看似有区别而实则是统一的。个体的分工和拆解当然是整体的统一与整合的分散细化运作，而多数个体的意愿指向则会集中为整体意愿的聚结。所以，我们在了解了编辑主体的整体宏观责任的同时，也不可偏废对其个体微观责任的阐说。

编辑个体的微观责任，不应该与编辑整体的宏观责任脱节，而只应是对整体宏观责任在具体落实上的细化。其具体应表述为：

1. 联络、礼敬编辑源体，努力争取优质稿源

要想提高编辑工作的质量和水平，首先就必须有充足而优质的稿件来源，而这只能从具有较高水平的编辑源体那里获取。所以，联络和礼

敬编辑源体，巩固和扩大作者队伍，以便争取质优量足的稿源供给，便成为编辑工作者即编辑主体个体的重要责任。一位责任编辑的周围若没有几位及至一群优秀的作者队伍，那这位编辑肯定是很难当好的。而若一个个的编辑都如此当不好，那整体的事业当然也就不用提了。因此，对于每一个编辑工作者来说，联系作者、保证稿源，无疑应是其首要的责任。编辑的选题与组稿，都是离不开编辑源体的。

2. 精编、细审编辑客体，努力确保产品质量

如上所述，对稿件即编辑客体的编辑审理，是编辑主体的核心工作。这项重要的工作，当然就要具体地落实在一个个的编辑个体身上，成为每个编辑工作者的核心责任。编者的具体职责，就是对稿件即编辑客体进行搜集鉴别、择优汰劣、加工改造、整理提高、组合编次、规范定型等一系列精编细审工作，最终将稿件优化编定为适宜人们共同使用的完美型产品，再经编辑辅体制作、传播、推介给人们共同使用。这就完成了一个编辑过程。尔后，旧的过程完结了，新的过程又开始了，这样循环往复，以至无穷，推动编辑活动持续不断地发展和前进。编辑主体们就是这样年复一年、代复一代地履行着自己的职业责任，为人类文明的发展做出了重大贡献的。

3. 主导、关照编辑辅体，搞好编辑产品的制作与传播

编辑辅体虽然不是编辑，却是对编辑起重要辅助作用的人，他们在编辑活动中各自分工承担着不可或缺的工作环节。作为主导编辑活动的一方，编辑主体有责任指导、关照编辑辅体，搞好对定稿后的编辑客体的后期制作、出版、发行、传播等项工作，辅助他们解决工作过程中出现的有关问题，使编辑活动的活动链的各个环节都不能断裂，都要科学、有序地进行下去。当然，关于编定后的编辑客体的后期制作、出版、发行、传播等项工作，那都主要是编辑辅体的职业责任，编辑主体是不能去替代的。我们这里主要说的是，编辑主体对编辑辅体所具有的主导、支持、关照、帮助的责任。需要怎么做，要依据实践中发生的具体情况而定。尤其是编辑个体对于自己所责任编辑的出版物等在制作、出版、发行、传播过程中出现的问题与情况，一定要及时帮助处理和解决；对于在制作、出版过程中发现的编辑客体中的一些不适于、不便于

制作的问题，还要及时加以修改处理，确保制作工作能够顺利完成。特别应密切注意最后关头的校对工作，亲自承担校对工作的编辑主体，一定要仔细认真地严格校对；不亲自承担校对工作的，也必须亲自校验终校工作，切实把好最后这一关，勿使出现任何质量上的错漏等问题。

4. 时刻关注编辑用体，切实掌握其对编辑产品使用前、使用中、使用后的各种情况

对于编辑主体中的个体来说，一般认为其主要职责就是编辑，在对稿件编审定稿交付出版后就万事大吉了，其余的那都是别人的事了。这种认识是不对的。编辑个体是编辑主体中的一员，编辑主体的整体职责的履行，是由每个个体对自己的个体职责的切实履行总合而成的。凡是编辑主体整体宏观上的责任，都必须分化到每个编辑个体身上去具体地落实和承担。在对待编辑用体的责任方面也是一样，除了承担和完成狭义编辑等意义上的编辑审理稿件的任务之外，编辑主体还必须承担广义编辑学意义上的各项职责。那种将自己的编辑产品推出门后就再也不管不问的观念和行为是极其错误和不负责任的，是和编辑工作者的神圣职责不相符的，是对编辑活动有害的，也是为当今任何的编辑出版经营方所不取的。因此，对于每个编辑个体来说，关注自己的编辑产品在社会大众即编辑用体中的使用情况，及时收集信息反馈，不断调整和改进自己的编辑工作，绝对是其不可推卸的责任。

实际上，每一位编辑工作者对自己的、尤其是自己所责编的编辑产品，在用体使用前，而且还应在更早的开始策划这项产品之时，就必须对用体市场是否需求、是否欢迎等情况作调查研究分析判断，然后方可作出是否编辑制作和制作多少这项产品的决定；在用体使用前，还应做产品推介、广告宣传、书刊评论等向用体造势的工作以打开销路；在使用中，就要及时跟踪用体使用的情况，收集他们的意见反馈，以检视该产品在使用中的实际效果，并根据情况作出是否加印、重印、重播、重演以及修订、再版等项决定；使用后，则应认真总结经验教训，为今后进一步更好地继续工作奠定基础。这些，无疑都是每位编辑个体分内的事，属于其微观责任之一，是责无旁贷的。

以上只是概述了属于编辑主体业务范围内的职业责任。至于更加广

义上的政治责任、社会责任、道义责任、法律责任等等，虽亦十分重要，但毕竟因其有别于"编辑主体研究"主旨之外，故此略而未议，只能于别处另当别论了。

二、权　利

职业权利往往与职业责任共生，有职业责任就必有职业权利。编辑主体的职业权利、我们这里主要说的是其在编辑五体范围的职业权利是什么，又是谁赋予其这些权利呢？

（一）主导和主营编辑活动的职业权利

编辑是在人们对编辑活动的自然需要中自然地产生的。从那时起，将人们所原创的不完善、不规范、不统一、不便于、不适宜大家共同使用的精神文化产品，加以收集鉴别、择优汰劣、加工改造、整理提高、组合编次、规范定型等一系列再创造，将其优化成为适宜人们共同使用和传播的完善型产品，就成了编辑的职业责任，也成了编辑主体的职业权利。简单地说，编辑就是干这个的。这样的职业权利，编辑们已经行使了近万年，已经有了近万年的历史。直到后来人类社会有了法律制度以后，编辑活动也才和人类的其他活动一样，有了法律的规范和制约，需要按照法律的规定来进行。法律对人们的行为和活动既是一种限制，也是一种保护。自从有了法律以后，人们的权利便由自然的天赋权利，变成了法律赋予的法赋权利。也就是说人们的行为只能在法律规定的范围内进行，不能超越法律，超越了法律那就是违法，就要受到法律的惩处。这虽然都是人为的，但却是人类进入现代文明社会以后的一种社会进步。编辑活动也是一样，在法制社会中也要在法律规定的范围内进行，也不能超越法律，不能违法，只能享有法律赋予的有限权利。如：在我们国内，虽然目前还没有编辑法，但却早已有了《著作权法》，以及为所有公民都须遵守的《宪法》等各种法律，还有诸如《出版工作条例》等各项政策规定，此外还有我们也已签名加入的《世界版权公约》等等，这些也都具有一定的法律性质，都是需要遵守的。

但是，无论是天赋的自然权利，还是法赋的社会权利，从事和主导编辑活动，都是编辑主体所拥有的职业权利。就像工人要做工、农民要种地、学生要读书、商人要做生意一样，都是对社会大众有益的公益活动。更不用说，就连法律本身，它的法律文本、法学理论、法律著作、法律读物和宣传品、教材等等，也全都是需要编辑这个行业编辑制作的。

（二）对稿件即编辑客体进行编辑审理加工制作的职业权利

编辑就是编稿子的，就是要对编辑客体进行收集鉴别、择优汰劣、加工改造、整理提高、组合编次、规范定型等一系列再创造，将其优化成为适宜人们使用和传播的完善型产品。这是编辑工作的核心内涵，也是编辑主体的职业权利。

但是，编辑主体的这一权利，有时却容易与编辑源体即作者的著作权利发生纠葛。如：编辑有对稿件的修改权，这个修改权包括了对稿件加工改造、整理提高、组合编次、规范定型等一系列优化环节和优化手段，这些都可能会形成对稿件原作的修改，对原作的面貌甚至还会有较大的改变。这是编辑在审理和优化稿件时必须做的，不这样做就不可能达到优化稿件使之适宜公众共同使用和传播的目的。不经过这样的优化加工，那社会大众也不会使用、不会欢迎、不便传播，就连原作者的目的和利益也会终成泡影。所以在这方面编者和作者的目标和利益其实是一致的。编辑之所以会对原稿进行修改，那是因为原稿写得不够好，有毛病、有缺点，甚至有错误、不完善，不加以修改，难道允许将这些缺陷和错误向社会大众传播出去吗？那是绝对不能的！编辑的重大责任之一，就是一定要把好这个关，守好这个门，决不允许对公众有害的东西过个关、出这个门，去贻害国家、社会和人民大众，决不允许错误的、有害的宣传品往社会上传播！如若有谁把关不严、守土不力，对稿件审理不严肃、不认真、不细致，稿件中的错误没有纠正、缺陷没有补足、错乱未加整理、该加工修改的地方未作加工修改或没有修改好，放这样的稿件出关，那这个编辑就是渎职、就是犯错误，在编辑工作中就属于责任事故！这样的编辑就是不称职、不合格的，必须对其进行处罚，甚至要调离工作岗位。所以，所谓编辑源体即作者的著作权，绝不是允许他维持其作品中的缺陷与错误的权利,更不是允许其将缺陷与错误向社会传播的权利。而弥补这些缺陷、纠正这些错误、优化这些作品,将优质的精神食粮提供给编辑用体即社会大众,决不能给公众消费者以注水肉、有病鸡、毒饺子,这才是编辑主体的神圣职责和绝对权利,不然要你编辑做什么。要做到这些,就必须坚决维护和严格执行编辑对作品稿件进行取舍和修改加工的权利。当然,在编辑工作中要维护编辑源体的著作权,不能在作者不同意的情况下去修改作者的观点。如若作者坚持错误,那么编辑就只能放弃这篇稿子。所以,笔者曾在拙著《编辑学基本原理》一书提出"编辑立法"的问题,目前我国仅有《著作权法》维护著作者的权利,却没有《编辑权法》来维护编辑者的权利,这是一种法律失衡,是不利于国家、不利于社会的。

编辑主体正确行使自己对稿件的修改权,不仅维护了编辑用体的利益,维护了国家与社会大众的利益,而且也维护了编辑源体即作者的利益,从作者的根本利益上对作者进行了无私的帮助。因为,作者也是非常渴望自己作品的完美的,是非常渴望提高自己作品的质量与水平的,只是由于自己的水平所限,自己的作品才往往存在着这样或那样的毛病,存在着缺陷与错误,质量和水平才提不高的。现在有了编辑来帮自己修改和提高,那真是求之而不可得的大好事!自己的作品经编者修改加工后,不仅错误没有了、缺陷没有了,就连细小的毛病也没有了,而且往往还会被编辑那支画龙点睛之笔,升华提高得更加光彩夺目、妙不可思!而最后署的却仍然只是作者的名字,著作权仍完好地是自己的,那倒霉的编辑白费半天力气却连半份都没有,稿费他也连分文都拿不走,这样的好事可真是天底下打着灯笼都难找的,对作者来说又何乐而不为呢!君不见几乎人人都知道,作家曲波先生写过一本红遍中国的长篇小说《林海雪原》,可有谁知道那后面还曾有一位为审改好此书而呕心沥血的编辑龙世辉呢?君不见全世界都知道中国有位学贯中西的大学者钱钟书,他写了一部著名的大著作《管锥编》,可又有多少人知道在编审此书稿时为其修改了400多处错误的编辑周振甫呢?所以,编辑权说穿了实在是一种有益于包括作者和读者在内的社会大众的公益性权力,是应该受到社会的共同珍视和维护的。当然,如果遇到一位跛脚的编辑，把人家的文章给改坏了，这种情况也不能说完全没有，但那肯定只是极个别的偶然现象，那是要靠编辑队伍内部严于管理和自律就可以解决的，不能作为主流的规律性现象来看待。

（三）向编辑用体推介、宣传、销售和传播其编辑产品的权利

编辑是靠自己编辑工作的成果——编辑产品谋生的，编辑产品是需要向它的编辑用体、即使用这些产品的社会大众推介、宣传、销售和传播的，其社会效益和经济效益也都是要经由编辑用体的使用才能产生的。因此，向社会大众推介、宣传、销售和传播自己的编辑成果即编辑产品，是编辑主体所拥有的毋庸置疑的职业权利。

向编辑用体推介、宣传、销售和传播编辑产品，这也是编辑主体服务于社会大众的主要渠道和方式，是他们从事编辑活动、检验活动效果、实现活动目标、完成时代任务、实践职业责任的终极阶段的职业任务和手段，不仅应努力完成，而且还应当出色地完成。这是对自己、对大众、对国家、对社会、对历史、对现实都应该兑现的神圣职责。不然的话，费了那么大劲从事编辑活动、编辑制作编辑产品干什么？就是为了以此物向社会传播、给公众使用、为社会服务的。所以，编辑主体应当理直气壮地行使自己的权利，兑现自己的责任，做好这一阶段的工作。

（四）从编辑用体对编辑产品的使用中收获社会效益的权利

社会效益说穿了是对国家、社会、大众带来利益的公共性效益。编辑活动的效益首先表现在社会效益方面，其首先的受益方是国家、社会和人民大众。那么编辑主体有没有与自身利益关系密切的社会性效益可以获取呢？有的，这首先表现在对编辑主体及其活动的社会评价上，社会评价好，那就是有了效益；没有评价，就等于没有效益；评价不好，好就是负面效益。总体来看，编辑主体所收获到的社会效益，其实是和社会大众所受益的社会效益一致的。正因为社会大众从对编辑产品的使用和传播中得到了切实的收益，他们才会褒奖编辑主体，编辑主体也才会得到这么一点好处。毫无疑问，编辑主体是完全有权利得到这样的好处的，他们的这些权利是不可以被剥夺的。社会效益意味着编辑主体的名声，尤其对编辑个体来说就更是如此。名声好，这家媒体就可以兴

旺、可以发展；名声不好，那这家媒体也就完了！所以，有无好的社会效益对编辑主体是十分重要、利益攸关的，因而是不可忽视的。

（五）从编辑用体对编辑产品的购买使用中获得经济效益的权利

编辑是靠从事编辑活动谋生的，他谋生的手段与途径，主要就是靠用自己编辑劳动的成果即编辑产品为社会大众提供有效的服务，并从其服务所产生的效益中获取劳动收益和劳动报酬。编辑主体主要的就是靠这个生存，靠这个养活自己及家人。所以，用自己的编辑劳动换取报酬，这是编辑主体所应有的正当权益。而这种报酬，主要则是来自因编辑用体对编辑产品的购买和使用而产生的经济收益或称利润。所以，从编辑用体对编辑产品的购买和使用中获取经济效益，是编辑主体所拥有的正当权利。同时，这里面还要包含编辑源体所应得的如稿费等经济收益，也还要包括上缴国家的税收和利润。

编辑产品是编辑主体一系列复杂劳动的结晶，是编辑劳动的最终成果，也是他们给社会大众的宝贵奉献。往大点儿说，这些编辑成果它并非一般之物，而是人类文明创造的成果与记录，是人类文明大厦的砖瓦、基石和构件。这里面饱含着的，既有编辑源体的辛劳，更有编辑主体的心血。它的首要意义是其大得不可估量的社会效益，这是无法用金钱计算的；而它的经济效益，只是编辑源体和编辑主体还有编辑辅体为养活自己所收取的一点小小的附加值（还要包括国家的税收等），如此而已。这点儿附加值（除成本以外），要同时包括和计算编辑源体、编辑主体、编辑辅体三体的劳动所应得之薪酬，他们获取这种经济收益的权利，是保障和推动编辑活动繁荣发展、保障他们的再生产和扩大再生产、保障他们的生存和生活的基本条件。他们的这种基本权利，是不应被剥夺被侵犯的，是应该受到国家、社会、公众和政策法规的保障和尊重的。当然，那些非法的、不正当的、对社会公众有害的所谓编辑和编辑活动，不仅不在此受尊重、受保护之列，而且还必须坚决地予以打击和取缔，这另当别论。

三、义　务

义务是和责任既相重合又有区别的词语，词典中往往用"责任"来解释"义务"。义务又常常和"权利"相遇，有权利就会有义务。《现代汉语词典》中对"义务"的解释义项有三：①公民或法人按法律规定应尽的责任；②道德上应尽的责任；③不要报酬的（责任）。而我们在实际生活中对"义务"的理解往往主要是指：不论有没有报酬都应当尽的责任，就是指给报酬要做、不给报酬也要做的事。

编辑主体应尽的义务很多，不可能事无巨细地一一列举。我们只能就其编辑职业范围内主要的、较宏观方面的两项义务适当地加以阐述。

（一）对编辑源体进行业务上的帮助和提高的义务

编辑源体与编辑主体之间具有至为密切的业务关系。对于编辑主体来说，编辑源体为其提供从事编辑活动的必需之物——稿件，是自己开展工作不可或缺的前提和基础；而对于编辑源体来说，编辑主体为其提供作品修改、提高、完善和向社会大众传播的条件与帮助。将自己辛勤耕耘创作出来的作品向社会大众传播，一般来说都是每一位作者的目标和心愿；而在他们的心目中，编辑则是能够给自己提供这种帮助以实现其心愿的良师益友。这就决定了编辑主体和编辑源体之间天然的良性互动关系、和谐共生关系。但是在绝大多数情况下，编者的业务知识水平要高于作者，至少在编辑出版传播方面的专业知识上是如此。所以有一段话说："天下才子数三江，三江才子数我乡，我乡才子数老王，我替老王改文章。""改文章"的才是水平最高的。编辑就是改文章的，所以一般都必须由很高知识素养的人来担任。尽管如此，稿件原有质量的高低，仍是编辑成果质量高低的先决性条件。每一位编辑都希望拥有高质量的稿件，而原稿质量的高低又要取决于作者的业务水平。因此，帮助作者即编辑源体提高其业务水平，就成为编辑主体的一项不得不尽的义务。

帮助编辑源体提高业务水平的途径有多种，而最主要、最常用的一种就是通过修改稿件来实施的。于是,帮助作者修改、提高、完善作品稿件,就成了编辑者经常要做的工作和义务,也就是不管有没有报酬都要做的事,不能说给报酬就做、不给报酬就不做。帮助编辑源体提高业务水平,就成为编辑主体的一项必不可少的义务。

(二)向编辑用体提供优质编辑产品的义务

如前所述,编辑活动具有较为显著的社会公益性质,它并不纯粹是一种商业牟利性的行业,尤其是它主要靠输出自己的编辑产品,来影响人的精神世界。这样的特性,决定了它只能向社会输出优质的产品,而决不能输出那些质量低劣的产品。譬如说某家出版社向社会输出了一本错别字成堆的书。那么这会是一个什么样的事件?再譬如:某家杂志上刊登了一篇教人如何去学坏、诸如"抢银行秘诀"之类的文章,这又是一种什么样的行为?类似这样的事情,对于编辑主体来说,是无论给不给钱、给多少钱都不能做的。这样的产品,就都属于质量低劣、甚至是品质恶劣的编辑产品。那种语言错误、文字舛谬、逻辑混乱、黑白颠倒、是非混淆、假冒伪劣、诲淫诲盗、格调低下、粗制滥造的所谓"编辑产品",都属于质量低劣、贻害社会的东西,是绝不可以容许其编辑制作和向社会传播的。编辑制作并向编辑用体提供在内容和形式上都品质高标的优质编辑产品,是所有编辑主体义不容辞的神圣责任和义务。要么你不做编辑,要做就必须做好的。要是你干了编辑这一行,那你就同时必须承担向社会大众提供优质编辑产品的义务。这是不能够讲价钱的,不能说你给钱多就给做好的,给钱少我就给你做坏的。即使经营不善,任凭歇业转行也不能去做坏的。何况,只要你坚持做好的,坚持为大众提供高品位的优质产品,那你就会因受到编辑用体的热烈欢迎而越来越繁荣发展,反而越是不会因经营不善而歇业转行的。这是编辑活动繁荣发展的一条基本规律之所在。而那些打着编辑活动的旗号胡作非为,塞给社会大众劣质产品害人的不法之徒,不是被政府所取缔就是被公众所唾弃,终于是自取灭亡的。

第四章
编辑源体研究

第一节　编辑源体的概念与内涵

　　编辑源体，就是为编辑活动提供作品稿件来源的人，也就是作者。

　　源，本意是指水流起头的地方，所以才用"水"字作偏旁，从"水"，"原"声。后又引申为事物的起头之处，如：货源、资源、病源、生源、财源等。

　　在编辑活动中，最为主要的组体有两个：一个是编辑者，就是做编辑工作的人，也就是我们在上一章中已经论述过的编辑主体；另一个是被编辑者，就是作品稿件，因为它是编辑工作的对象，相对于主体来说它居于"客体"的位置，所以我们称之为"编辑客体"，此将在本书的下一章中进行论述。编辑业内的人们都知道，稿件，尤其是稿件的来源（简称"稿源"）如何，对于编辑工作的能否顺利开展是非常重要的。没有稿源那编辑还编什么呢？只有关门而已！而为编辑工作创造和提供稿源的人是谁呢？是作者。稿件是物而不是人，他是没有生命的、不会自行产生和自我活动的，使其产生、持其活动的仍然非人莫属。而"源"是一种流动的动态之物，稿件之源是作者，使稿件产生、持稿件流动（投稿于编者）的也是作者。所以我们根据其这一重要特点，将给编辑活动创造和提供自己的作品稿件以供编辑之用的作者特称为"编辑源体",乃取其为编辑所用作品稿件来源之意。

作者,是在编辑活动中人们早已惯用之习语,本应沿用而不应改变。可是,将编者称为"编辑主体",将稿件称为"编辑客体",这二者也早已成为中国编辑学界在理论表述时惯用之习语,也是不宜改变的。为了在我们的编辑学理论体系建构中统一术语体系以便于作理论表述,故而不得不使"作者"在一比二的弱势条件下少数服从多数,屈从"编辑主体"和"编辑客体"而更名为"编辑源体了"。实际上,这样的术语名称,在笔者所著并已于2003年12月出版的《编辑学基本原理》一书中就已经开始使用了。自此,不管是符号作者、文字作者,还是文献作者、文章作者、图书作者,也不管是音乐作者、美术作者、摄影作者,还是戏剧、电影、电视作者等等,甚至也包括自己——有时也业余从事写作的编辑者本身,只要是把自己创作的作品稿件提供给编辑活动并进入了编辑程序的,无论其作品最后被采用与否,便都荣幸地具有了"编辑源体"的身份和资格,光荣地成为编辑活动的重要一员,成为整个编辑活动的一个重要组体。而那些虽然也创作了许多作品稿件,但其稿件却始终没有主动提供也没有被动地成为编辑之物,也就是说始终没有经历过编辑程序的,其作者就不具有编辑源体的身份和资格,是不能称之为"编辑源体"的。

在中国和世界编辑历史上,在编辑工作没有专业化、专职化和规范化之前,有许多作者在创作出了作品之后,又自己将自己的作品稿件亲自加以编辑整理,尔后向社会上的其他读者进行传播,如曹植、李贺、元稹、白居易等许许多多的人都是这样自己编辑自己作品的。这种情况下的作者他算不算编辑源体呢?算的。他们不仅要算作编辑源体,而且还要算作编辑主体,一人兼有两重或多重身份,这是中外编辑史上特殊时期的特殊现象,是那个历史阶段的特殊产物,我们也只能历史地、客观地去看待,而不能硬拿今天的现代化标准去生套古人,那样做是不符合历史唯物主义原则的。

总之,一切为编辑活动创造并提供了作品稿件来源之人,都属于编辑源体的范畴,都应称作编辑源体。编辑源体是编辑活动的五大组体之一,也是编辑五体中四个由人所构成的活动实体之一。

第二节　编辑源体的产生与发展

　　编辑源体的实际产生时间要稍早于编辑主体等其他四体，因为一定是先由作者创作出了需要编辑加工整理传播的作品之后，编辑活动才得以开始产生的。

　　我们一直认为，在距今大约一万年前后，世界上先期进化的人类，由于对语言和事物进行记忆、交流、传播的需要，于是开始创造符号。这些人类生活与发展的区域，包括古埃及、古巴比伦，古印度和古中国等地区。笔者据此而提出的、关于编辑活动及其构成该活动的编辑源体、编辑主体、编辑客体、编辑辅体和编辑用体都是于此起源的观点，被学界的一些同仁朋友们认为全世界只有笔者一个人这样说。其实不是这样的，我决不敢冒领这样的"荣誉"，因为最早提出与此近似的观点的人并不是我，而是语言文字学界的先贤们，而我只是将他们的研究成果转用于编辑学而已。文字学家们认为，远古人类创造符号，是从利用天然符号开始的。前苏联学者 V. A. Istrin（依斯纯，杜松寿译为"依史群"）说："起初，原始人类开始懂得，他们周围的各种现实、现象，都是'假定符号'。比方，树林里发现的足迹或者被踏坏了树枝就是有人或野兽来过的符号，篝火的灰堆是有人停留过的符号，等等。"[①]他又说："学会认识这些符号，显然，在旧石器最后一次冰河时代已经特别发达了。"[②] 我国东汉时期的大文字学家许慎在其《说文解字序》中，叙述了我国原始先民利用天然符号创造符号的情况。他说："古者包牺氏之王天下也，仰则观象于天，俯则观法于地，视鸟兽之文与地之宜，近取诸身，远取诸物，于是始作易八卦，以垂宪象……黄帝之史仓颉见鸟兽蹄迒之迹，知分理可相别异也，初造书契。"近人胡奇光先生

---

　　① ［前苏联］V·A·Istrin 著《文字的发展》，杜松寿译，北京：文字改革出版社 1966年3月第1版第64页。

　　② 同上。

在其《中国小学史》一书中,对我国先民根据鸟兽之迹来创造图画记事符号的情况作了分析。他说:

> 段玉裁说的"见远知兔,见速知鹿",是本于《尔雅·释兽》:鹿"其迹速",兔"其迹远",大约处于茹毛饮血时代的先民,善于从走兽的足印来识别走兽的类别,这残留在文字上,是兽足义与分辨义相通。《说文》"(寀)"(審)"悉","释"均从"采","番"(兽足)也从"采"。"采"读若"辨"。《说文》解释说:"采,辨别也,象兽指爪分别也。"段玉裁引《说文序》的话来解释:"仓颉见鸟兽蹄迒之迹,知文理可相别异也,初造书契。采字取兽指爪分别之形。"先民与鸟兽为伍,或者捕兽着而得食,或者被凶兽猛禽所杀,二者必居其一。在这严酷的生存斗争中,他们逐步学会辨别鸟兽足印的本领。对他们来说,鸟兽足印就是传达信息的符号:凶兽未到,即已逃避;食兽才过,就去追捕。如把这走兽足印的特点描画下来,转告他人,那就成了记事的图画。①

关于先民们由创造图画象形符号到创造图画象形文字的发展过程,英国学者韦尔斯说:

> 最初,文字纯是一种绘图记载的略体。在新石器时代以前,人类便已开始写字。我们在先提起过的阿齐尔的岩石绘画,就是文字进化的起源。那上面多记载着狩猎和远征的情形,人类的风姿大都画得很简明。但也有不耐烦把人物的头和四肢画完全的,就仅用一直线和一二横笔表示人像。由此更进而至于简练的象形文字,是一个不难的变迁。②

---

① 胡奇光.《中国小说史》,上海人民出版社1987年第1版,第18页。
② [英]韦尔斯.《世界文化史》,蔡慕晖、蔡希陶译,上海大江书铺1932年版,第81—82页。

前苏联学者V. A. Istrin（依斯纯）根据他自己的深入研究指出：

图画文字的最后形成大约在新石器时代（这个时代对大部分民族来说开始于纪元前8000—前6000年）或者在向铜石并用时代过渡的时候……这个结论首先被考古学和历史资料所证明，特别是对伟大东方文明的最古文字文献的分析。①

V. A. 依斯纯还指出：

在上古的时候，大约起码到了上旧石器时代，就发生并采用了为了记忆和其他目的的不存在于自然界的"符号"，其中包括比较复杂的棍上刻痕这类符号。从上旧石器时代末期起，就有了刻上直线、斜线、交叉线的骨头。有些研究者认为它们是"记忆符号"，用以记忆一定的事情或为了计算。②

依斯纯说的这种事情，不仅已经为中国的考古发掘文物资料所证实，而且被证明比他讲的还要早得多。中国考古工作者于1963年发现于山西省朔县城西北峙峪村附近的峙峪文化中，就有不少具有刻画符号痕迹的骨片。根据放射性碳素测定，其年代为距今 28945 ± 1370 和 28135 ± 1330 年。③ 这个年代，比依斯纯所说的距今一万年还多一万八千年之久！可惜的是，由于这个年份只是孤证，目前还没有更多考古发现来支撑，故还不能据此下断语。但是，远古造符运动产生于距今一万年以前的论断，是已得到许多材料的佐证和支撑的，是完全可以成立的。我们曾多次提到过河南省舞阳县贾湖遗址出土的那件石质柄状器，上面刻有十一个符号并排列在一起，虽不能破译，但完全可以肯定那是

---

① ［前苏联］V·A·Istrin著《文字的发展》，杜权寿译，北京：文字改革出版社1966年3月第1版第57页、第70~71页。

② ［前苏联］V·A·Istrin著《文字的发展》，杜权寿译，北京：文字改革出版社1966年3月第1版第57页、第70~71页。

③ 《中国大百科全书·考古学》卷，第478页。

一句话，这就充分说明这种符号已完全具备了记录语言的功能并已用于记录语言，因此它完全符合文字定义的要求而就是文字，也就是说已是经过编辑主体反复多次的加工改造、整理提高、规范统一的定型文字了。这件石质柄状器经放射性碳14测定为距今8500年前之物，足可证明我们的观点。

在上一章里，我们已经论证了编辑主体及其编辑活动产生于大约距今一万年以前的史实。这里我们又来再一次提到以上这些论据，是因为想要继续证明那时为编辑主体提供其作品即编辑物来源、也就是编辑源体产生时的情况，证明编辑源体大约也是这时或更早一点产生的，他们就是最早的原始符号创造者亦即作者，亦即编辑源体。只可惜，他们全都是姓名无可稽考的无名氏。

编辑源体自从在原始符号创造运动中产生以后，至今又过去了一万年。这一万年间，编辑源体就像每一年春天雨后的春笋，年复一年不停地诞生。他们所创作出的各种作品，源源不断地供给、支持、推进编辑主体和编辑活动向前不断地发展。这些编辑源体，在开始时较为单一，只在符号、文字一个方面，后来就逐渐向多个方面不断地呈发散性扩展和开拓。绘画、音乐、书法这三者基本上是和文字符号同源、同时产生的，因而最先被创造出来；宗教、卜筮、记事等如甲骨文献中对于占卜、问神、吉凶的记录这样的内容也大批地产生；再接下来，天文、历法、阴阳、易卦、政令、礼仪制度、策论、文学、历史、地理、数学、技术等，许多标志着人类文明发明创造的编辑源体及其作品大量地产生。如夏代的夏历源源不断地又叫《夏小正》、农历，殷商的"坤乾之书"，周代的《周易》，《禹贡》，《连山易》，《归藏易》，《尚书》中的政令文件，《诗经》中的诗歌文学，殷礼、周礼所规定的政治制度，《乐经》中的各种音乐，《春秋》中的历史，数学方面的《九章算术》，孔子用以教学生的射箭技术、驾车技术，等等，全都被一一创造出来并源源不断地提供给编辑主体，有力地支持和推进编辑活动的发展壮大。再接下来，代表个人、学派的各种思想和主张也出现了。春秋战国时涌现的诸子百家等各种思想派别，后来归并为最具影响并一直主宰中国社会和思想文化的儒家和道家两大思想派别，至今仍有很大影响。孔子、老子、庄子、荀子、墨子、孙子、韩非子、吕不韦，甚至周文王等人，也就都成为中国编辑史上影响最大并有姓名可考的一批精英泰斗级编辑源体。

再接下来，中国历史上不断大量涌现的编辑源体，就像天上的繁星一样地多。如：李斯、扬雄、司马相如、司马迁、张衡、张仲景，包括著名的三曹、七子、诸葛亮、竹林七贤，唐朝的李白、杜甫、白居易、初唐四杰、大历十才子、唐宋八大家，等等，单是唐诗的作者便不下几万人；宋词、元曲的作者也不会少；一直到明清的小说，近、现、当代各种文体的各种作品及其作家，他们都是为编辑活动提供了作品稿件（即编辑客体，下将有详论）的编辑源体，施耐庵、罗贯中、吴承恩、曹雪芹、鲁迅、茅盾、巴金、郭沫若、谢冰心、冯友兰、季羡林等人自不必论，就连毛泽东、刘少奇、周恩来、邓小平等领袖人物，也都无一例外地成为为编辑活动提供巨大支持的编辑源体。再就自然科学方面来讲，包括李四光、钱伟长、钱学森、钱三强、苏步青、竺可桢、贝聿铭、陈省身、卢嘉锡、陈景润、袁隆平、吴文俊等大科学家，他们也都是编辑源体。还有世界范围内的，如莎士比亚、巴尔扎克、雨果、托尔斯泰、泰戈尔、易卜生、萧伯纳、契诃夫，包括哥白尼、达尔文、爱因斯坦、霍金，还有马克思、恩格斯、黑格尔、费尔巴哈、尼采、列宁、林肯、罗斯福、丘吉尔、斯大林等，他们也都因为曾给编辑活动提供过自己的伟大作品而无一例外地成为编辑源体。

即便以笔者自身为例，多年来也因为曾写了一些书和文章交给出版社、期刊社去出版发表，从而得以荣幸地忝居编辑源体之位；到今年为止，笔者已做了29年编辑工作，其中有19年担任主编，因而是一位名副其实的编辑主体；29年从事编辑活动，亲手编辑制作了大量的编辑客体；因为自小读书，至今仍常手不释卷，因而又是一位求知若渴的编辑用体；因为长期做编辑出版工作并在较长时间内担任领导人，所以还接触、共事和管理过不少编辑辅体；因此对编辑五体或受至深。

以前，由于社会发展处于落后阶段，许多人不能上学读书而成为文盲或文化水平低下的贫民，因而不具有文化写作能力。不能写作，自然就没办法进行文化创造，就不可能写出自己的作品，所以也就不能成为编辑源体了,尤其在过去贫穷落后的中国就更是如此。而现在的情况就完全不同了,中国在邓小平理论的指导下,虽然只进行了30年的民族振兴实践,但却已经取得了令举世惊诧的成就,社会文明高度发展,综合国力大大增强,人民生活水平大幅度提高。尤其是教育也得到了空前发展,大学生招生入学比率已达到70%。不仅在青少年人群中已不存在文盲,而且已几乎到处都是大学生了。可以肯定地说,在不久的将来,中国人民将可以人人具备文化写作能力,人人具有文化创造能力,人人都可以写书、出书和发表作品。到那时,全社会几乎人人都可成为编辑源体了,我们编辑传播业的前景将比以往任何时候都是十分的可观的!这不仅是编辑源体发展的壮丽图景,而且也是整个编辑活动发展的壮丽图景,我们对此具有充分的信心!

第三节 编辑源体的地位与作用

在由编辑五体构成的编辑活动中,编辑源体具有什么样的地位与作用呢?

一、编辑源体在编辑五体中的地位

作为为编辑活动提供编辑客体来源的本体,编辑源体在编辑五体中居于基础性和先决性的地位。为什么呢?因为只有有了编辑源体源源不断地为编辑主体提供稿件的来源,编辑主体才能够开展编辑活动并持续不断地将其进行下去。所以,编辑源体及其稿件,是整个编辑活动的基础,决定着编辑活动能不能开始、能不能进行、能不能持续。当初正是因为有了编辑源体创造并为编辑者提供那些原始符号,编辑才得以产生和发展的。由此可以证明编辑源体对于编辑活动的基础性和先决性。这是其一。其二,编辑源体水平的高低及其所提供的稿件质量的好坏,决定着编辑客体和编辑产品的水平和质量，也就是说在根本上决定着整个编辑活动的水平和质量。因此我们说，编辑源体对于编辑活动具有基础性和先决性。

基础，也称"根基"，一般指房屋建筑的基层之下的部位。有了牢固的基础，房屋建筑等才会稳固而坚实；没有基础或基础不牢，房屋建筑就建不起来，或者即使建立起来也会倒塌。编辑源体对于编辑活动来说也正是这么回事，没有编辑源体这个基础，或因编辑源体数量过于稀少、水平质量过于低下而基础不牢，那就会致使编辑主体无法开展编辑活动，或者即使勉强开展起来了也难以持续开展下去。所以我们说，这个基础性还带有先决性，即提前的决定性，在编辑活动还未开始前就已决定了它的成效。总的来说，在编辑五体中，没有编辑源体就没有客体；没有编辑客体就没有编辑主体；没有编辑主体就没有编辑辅体；没有编辑辅体就没有编辑产品；没有编辑产品就没有编辑用体——五体之间就是这样的共生逻辑关系。而其共生皆以源体为"源头"，编辑源体在编辑五体中的地位由此可见。

二、编辑源体在编辑活动编辑学理论体系中的作用

在整体编辑活动中，编辑源体主要起着编辑客体供应的作用，他主要供应编辑活动所必需的作品稿件。别看他好像不大起眼，但就这一个作用就大得不得了！这一个作用就直接关系着整个编辑活动的存在和成败与否。这些其实都是毋须多言的道理。没有编辑源体的这一供应性作用，编辑活动根本就不会产生；没有编辑源体的这一供应作用，编辑活动也根本不会发展；没有编辑源体的这一供应性作用，其他编辑四体包括整个编辑活动不会存在，就连整个人类文明可能都会荡然无存！

我们曾注意到有学者在中国编辑学会举办的一次学术会议上呼吁，编辑学研究必须要研究作者和读者，编辑学理论体系中一定不能抛开作者与读者。这是既有编辑学理论眼光，又有编辑实践经验的学者的真知灼见。实践已经证明，将作者和读者（关于读者的问题将于下面详论）

都纳入编辑活动范畴、置于编辑学研究的大视野中,来宏观地研究解析编辑实践活动,构建编辑学学科理论体系,是无所不通的。那种仅仅从狭义编辑学上将编辑学局限于研究编者与稿件的做法,是没有办法形成编辑学学科的,也是不符合编辑活动的客观实际的。

从编辑活动实践上来看,缺了编辑源体,编辑活动是做不成的。从编辑学理论体系的构建上来看,缺了编辑源体理论,编辑学理论体系也是不完整的、不完善的。即使勉强地构建起来,其结果也必然是"天倾西北,地不满东南"。因此,编辑源体不仅在实践活动中,而且在理论体系中都具有十分重要的地位与作用。将编辑源体研究纳入整个编辑学研究中来,将编辑源体理论融会于编辑学学科理论理系,是正确的。我们从事编辑学研究和学习编辑学理论、包括从事编辑出版传播实践活动的人,都不应忽视这一点。

第四节 编辑源体的共性与个性

编辑源体,是对一切为编辑创作和提供作品稿件的人的统称,是一个总的概念。而事实上,在编辑源体中存在着各种各样的不同的类别;在这些各不相同的类别中,又存在着一个个单个的人,是由若干或许多个个体组成的。所以,编辑源体既有着宏观上的、为所有类别、所有个体都具有的共性,又有着为各个类别、各位个体所不同的个性。研究认识和掌握他们的这些共性与个性,有助于我们对编辑源体从总体和个别上去把握,有助于做好编辑源体的工作。

一、编辑源体的共性

从事作品创作,并将自己的作品稿件提供给编辑主体进行编辑审理,这就是一切编辑源体所共同拥有的特性。也就是说,自己不从事作品创作，而把别人创作的作品稿件拿给编辑的人，他虽然也为编辑提供了稿件来源，但却不具有编辑源体的特性，因为这作品稿件产生的最初源头并不是他，而是创作出该作品稿件的人；而那种自己虽然从事了作品创作，也的确创作出了作品，但其作品创作出来以后或一直自己珍藏，或辗转沦落他处，或从此湮灭无闻，就是说始终未曾提供给编辑（无论是专业的还是业余的编辑）、从没有经历过编辑程序、未曾被人编辑过的，那该作者也就丧失了编辑源体所应有的共同特性，因而也就丧失了其本来可以拥有的编辑源体的资格。还有，那些自己既创作出了作品，也将自己的作品稿件提供给了编辑主体并经过了编辑审理，但最终却未被编辑选中而遭到了淘汰的，这类作者仍然具有编辑源体的共性，符合编辑源体的条件，因而他们仍然是编辑源体队伍中的一员，即使被多次退稿也仍然如此。

一般来讲，编辑源体还有以下共同特性——

1. 有文化。与同时代人相比，他们是掌握了较多文化知识的人，一般都可称之为知识分子，甚至是较为专业、具有专业文化知识的知识分子。这是其进行创作、并能够创作出作品的基础性条件。

2. 思维活跃。一般都是勤于思考的人，经常用脑，想得多了，就会想出与别人的想法不同的问题来，就会产生有别于他人的念头，拥有与众不同的想法。这是其进行创作、并能够创作出作品的可能性条件。

3. 有创作冲动或创作欲望。不仅时常有创作方面的灵感火花和思想，而且经常产生创意的冲动，进而形成创作的欲望，从而推动自己去进行创作，形成创作的原发性动力。这是进行创作、并能够创作出作品的必备性条件。

4. 有创作能力。光有创作冲动和创作欲望，还是不能够创作出作品的，编辑源体全都是具有创作作品的能力的。有了这种能力，甚至文化水平低一些都不要紧。许多文化水平不高的人却也创作出好的作品来。为什么呢？就是因为这些人的创作能力较强，且创作精力旺盛。所以，具有较强的创作能力，这是编辑源体创作出作品的可行性条件。

5. 有将其作品向社会公众传播的意愿与实际。单是将作品创作出来，但却拟密而藏之，没有将其向社会公众传播的意愿，也就是说，不将作品交给编辑去审理发表、编辑传播，那还是不能成为编辑源体。凡属编辑源体，一般都具有将其作品向社会大众传播的意愿，即使不是他亲自提交而是由别人代交，他自己并未表示不同意而默认，那只要他的稿件最终到达编辑手中，经过了编辑程序，那他仍然是编辑源体。即使在他本人死了以后，在他没有能力表达自己的意愿的情况下他的作品稿件由别人提供给了编辑主体，那他本人仍然是编辑源体，因为那作品是他创作并最终还是实际经历了编辑程序的。等于是别人代他表达并实施了这样的意愿。但一般来说，编辑源体都具有将自己的作品公之于众的意愿，他创作作品的目的一般都是为了向别人传播的（那种需要保密的特殊行业的特殊作品除外），只有这样他的作品才会被提供给编辑审理发表、出版、传播，才会因为给编辑提供了稿件来源而成为编辑源体。这一般来讲是作者成为编辑源体的决定性条件。

以上五种，我们虽使然用了"条件"一词，但其实这正是编辑源体所共有的特性。我们之所以在论述最后一条时使用了"一般"一词，是因为编辑史上曾有过作品因种种原因在作者未能表达自己意愿的情况下，却也经历了编辑过程最终得以向社会传播的事实。如一些"秘籍"，作者是不愿意传播而只是秘藏的，但是后来却也被人编辑传播了出去，等等。这些只能视作特殊情况。

二、编辑源体的个性

编辑源体的个性，是指编辑源体中的个体的特性。这是一个非常复杂的问题，因为编辑源体个体的个性是非常丰富多样的，不同的人有不同的个性，几乎是一个人一种个性，是非常难以甚至是不可能去一一总结和论述的。我们这里只能从理论上去指出和肯定这种个性的存在，以提醒编辑主体在编辑活动实践中，在具体处理与编辑源体的关系时，应当注意去有针对性地了解和把握这种个性，以便做好编辑工作。

编辑源体的个性，主要是指作者本身而言的，一般来讲包涵作者本人的性格、好恶、特点、风格等。如：有的儒雅，有的狂放，有的风流,有的倜傥,有的谨言慎行,有的豪情万丈,有的喜吟诗词,有的好作文章,有的鼓吹文短,有的提倡篇长,有的苦吟寻句,有的出口成章,有的仙风道骨,有的神采悠扬,有的委婉含蓄,有的尽露锋芒。更毋论人文社会、科学技术、文史哲经、理工农医,互分界别,各具所长。这方面古往今来,例子很多,难以也无须一一列举,各人随心想来,俯拾皆是。为了节制篇幅,这里就不去故作拉长了。

哲学上讲,没有个性,就没有共性,共性寓于个性之中。这是哲人在探研哲理时的高论。其实人类社会、自然万物丰富得很,也复杂得很,虽然试图用一两句话来概括共性尚可做到,但于个性是很难行得通的。面对极其纷纭复杂的、一个个才华横溢的、活生生的编辑源体,其各自的活灵活现、鲜明生动的个性,其特点只能靠编辑主体自己去区别对待、各自把握,因势利导地做好编辑源体方面的工作。

第五节　对编辑源体的培植、组织与利用

编辑源体在编辑活动中具有基础性和先决性的地位和作用,已如上述。可是,编辑源体的这些作用,却不是仅靠自己便能产生和发挥的,而是必须依靠编辑主体的主导与主控。如果离开了编辑主体,作者便不可能成为编辑源体,作品也不可能成为编辑客体,读者、听众、观众等也就无物可读、可观、可听因而也不会有编辑用体,编辑活动的一切都不会发生。所以,编辑五体中的其他四体,都对编辑主体有根本的依赖性,他们在编辑活动领域中的种种作用,都要在编辑主体的主导和运作下才能生成。

编辑源体作用的生成与发挥,要靠编辑主体的主导与运作。而编辑主体主导与运作的主要途径,便是对编辑客体的培植、组织与利用。编辑主体也只有做好了编辑源体的工作,才能够确保自己有充足的、高水准的稿源,才能确保自己编辑活动的开展和编辑效益目标的实现。

一、对编辑源体的培植

一般来讲，编辑源体是自我产生的。社会上的自然人在有了文化知识、创作冲动、创作能力和创作条件之后，在一些内、外因素的作用下，开始进行自己的创作并产生作品。但这还只是"作者"的产生，并不代表他有了作品后就一定要会拿去经过编辑和流通，所以这时的作者还仅仅是作者，还不具有"编辑源体"的身份和资格。等到他将自己的作品稿件付予编辑主体之后，他才成为真正的编辑源体了。也就是说，编辑源体的创作与参与编辑活动好像都是自发地、自我产生的，并未受到编辑的作用力的影响，编辑主体也不用费什么劲、不用采取什么主动的行动，稿件就可以源源不断地来了，编辑活动就可以天经地义地进行了，编辑效益就可以收入囊中了！

其实不然。应当承认，编辑主体采取不作为的"守株待兔"之法，也是可以等来一些稿件的，但这样被动等来的盲目投稿，往往在数量上是远远不够的，在质量上常常是低下的，在水准及针对性上是大大地不适应编辑需要的。所以，仅靠这种方式来收集稿件，那是根本没有办法适应编辑目标的需求的，在现当代编辑活动实践中就更是如此。因此，绝大多数编辑主体一般都是采取对一些（不是全部）编辑源体进行有意识地主动培植的办法，来实际而有效地解决这一矛盾。

我们说编辑主体对编辑源体进行培植，但却并非说对所有的编辑源体都必须这样做，而只能对其中的一部分在条件允许的情况下进行。编辑源体中那些水平高的、较为成熟的，甚至与编辑主体早有互动的、已经了解一些必要的编辑出版知识的，便另当别论。

培植的目标，主要是设法提高编辑源体的创作能力，并使之了解一些必要的编辑出版知识，如校对符号、编辑规范、市场规律等，以提高他们对于作品稿件的写作或制作的水平与质量，争取尽可能地达到或接近编辑主体所期望的目标要求，提高采用的命中率。

培植的方法与途径可以有许多种，有的采取办培训班、学习班、创作指导班的方法,有的采取召开研讨会、交流会的方法,有的采取办辅导性报纸、杂志的方法,有的采取寄送学习材料的方法,而更多、更普遍的则都是通过责任编辑直接修改完善稿件、或对其稿件提出修改指导意见的做法。实践证明,这些方法都是行之有效的。

二、对编辑源体的组织

编辑源体一般都是分散于社会各地、游离于编辑主体之外的单个的个体,他们的存在方式与创作活动都是绝对自由的,与编辑主体之间没有隶属关系,既没有什么组织性,更谈不上什么纪律性,二者之间只是一种因互为需要而临时建立起来的一种松散的软关系。这样的情况,本来是无需什么"组织"的。

但是,编辑主体在编辑五体中是起主导作用的一方,搞好编辑活动是自己不可推卸的责任。而编辑源体正是对编辑活动起基础性和先决性作用的一方,编辑主体如若不能够设法将编辑源体组织和吸附在自己的周围,使其源源不断地为自己提供充足的稿源,那肯定是不利于自己做好编辑工作的。因此,通过采取适当的方法,将编辑源体组织和吸附在自己的周围,就成了编辑主体必须完成的一项任务。

这里,我们虽然使用的是"组织"一词,但在实施时它却并非通常意义上的"组织"。鉴于编辑源体队伍结构的松散性,编辑主体在对其实施组织的时候,除了上面所述的办培训班和学习班、开讨论会、发放学习材料、以及通过与其个体直接联系等途径和方式进行组织外,一般都还采用以下的方法。

(一) 感召法

感召法,就是编辑主体通过产生和强化自己的感召力,来激起和召唤编辑源体向己方集聚的有效方法。感召力一般包括以下几方面的内容。

1. 精神感召力。编辑主体往往都会形成与众不同的、特色鲜明的、自家独有的精神特质,这种精神特质一般通过自家所主营的媒体加以宣示、弘扬和传播,从而形成较为强大的精神感召力量,激起与其志同道合的编辑源体创作作品并向该编辑主体投送作品稿件的热情与兴趣，召唤他们向己方集聚；由此产生感召力效应，并通过这种途径将广大编辑源体组织和团结在自己的周围，为自己创作和提供充足的稿源，使自己的编辑活动能够光彩勃发地进行下去。

2. 道德感召力。编辑主体是由一个个鲜活的个体组成的，他们一般来说不仅仅是知识丰富、学养深厚的人，而且还都是社会道德和职业道德高尚、有着较高道德水准的人，再加上行业内对其职业道德的严格要求与培育，一般都会修养起特色鲜明、与众不同、令人叹服的社会道德和职业道德底蕴。这种特殊的职业道德很容易向与自己有职业关联的人如编辑源体辐射。如：一个编辑人员在同作者的交往中，仅凭其对稿件的耐心指导与精心审理、修改，便会自然地向作者传递自己身上所具有的道德信息；一家媒体通过自己的内容展示及社会运营与传播，也会传扬自己的道德取向，那些有意识地造就自己的道德标识的媒体尤其如此。这都会对于社会产生较大甚至是巨大的道德感召力，当然对社会敏感性较强的编辑源体来说就更是如此。在这种道德力量的感召之下，他们自然就会产生与之志同道合的认同感，就会主动地向具有这种感召力的编辑主体集聚，自愿地为其创作和提供作品。这种影响和组织编辑源体的方式，已被大多数媒体的实践证明是行之有效的。

3. 声望感召力。通过编辑主体的良好声望产生感召力，这是一种自然而然的事情。这种声望包括个人声望和媒体声望。个人声望，是指那些学识渊博、德高望重，蜚声学坛的编辑名人甚至编辑家所具有的个人名声和威望。一家媒体如果能够拥有一至数位甚至一批这样的名人编辑，那就会由他们的社会声望产生巨大的名人效应，产生巨大的声望感召力，从而激起和召唤编辑源体为该家媒体创作和投稿的热情与兴趣。媒体声望，则是指一家媒体，由于长期坚持正确的办刊宗旨和编辑方针，坚持读者即用体至上、质量至上的营运思想和实际措施，因此得到社会公众良好评价，受到编辑用体的热烈欢迎，由此而产生和形成的良好名声和威望，形成正面的社会信誉和品牌效应，从而凝聚起来散发出去的巨大声望感召力。这种感召力不仅能够激起和召唤读者，而且最能召唤作者，因为作者最希望自己的作品能在这样的媒体上发表和传播，因为能在这样的媒体上发表作品，这本身就是对自己的作品质量、创新能力、创作水平的一种检验与肯定，甚至是对自己的某种身份的有效证明，或者还会因此而为他们带来各种意想不到的好的名声和利益。这种强大的声望感召力，最便于编辑主体将广大编辑源体无形地组织和吸附在自己的周围，为自己源源不断地提供高质量的作品稿件，为自己更好地、持续不断地开展优质编辑活动服务。

（二）吸引法

与感召力有异曲同工之妙的是"吸引法"，即编辑主体通过一定的途径和方式，吸引编辑源体自愿地向自己靠拢，从而将广大作者集聚、组织和团结在自己周围的方法。吸引法没有什么定规，一般来讲只要能对编辑源体产生吸引力就行。如上面所说的"感召力"，其实也可以说成是吸引作用。但是，我们这里之所以将"吸引法"与"感召力"区别开来，主要是考虑到这二者在层面上有所不同，感召力其实是偏重于精神、道德、文化层面上的作用，而吸引力则还可拓展至物质、效益、利益等实惠的层面。所以，其实我们这里所讲的编辑主体可以对编辑源体释放的吸法主要就一条——

利益吸引。就是说，人家将自己的作品稿件提供给你，经编辑审理采用后，会比提供给别人获取更多、更大、更好的利益。如：可以获得比别人更多的稿费，可以得到某种奖励，可以换取某种荣誉，可以提升某种身份地位（如升职、升级），等等。这些对于所有人来说，都是非常实际的个人利益，在生活资料包括金钱仍然不可避免地还是人的生活必需品的社会条件下，这永远都是绝大多数人所渴望得到的。作者费尽心血，辛辛苦苦地创作出了作品，为此必然耗费去了自己的大量精神成本、精力成本、智力成本、物质成本、生活成本、时间成本、甚至生命成本，他们大多必然期望以此换得一些应有的利益回报，有的甚至还需要用这些报酬来养家糊口和养活自己。即便只是换回一些荣誉地位，他们也不过是期望物有所值，是对自己能力与水平的一种检验与肯定，因而从中得到一些心理上、心灵上的慰藉。编辑源体有这样的期望与要求是正常的、合理的。编辑主体如能设法最大限度地满足他们的这些期望与要求，便会对他们产生较大的吸引力，吸引他们向自己周围集聚，吸引他们将作品投送给自己。毋庸讳言,利益吸引,这是十分行之有效的组织方法之一。

三、对编辑源体的利用

对于编辑源体来说,其在编辑活动中的价值与利益都是需要通过编辑主体来实现的。所以,他们对编辑主体有着一定的依赖性,这是一种客观存在的事实。而对编辑主体来说,则必须利用编辑源体来达到自己从事编辑活动的目的,对编辑源体也有着一定的依赖性,这也是一个客观存在的事实。我们上面所讲的无论是"培育"也好,还是"组织"也好,其真实目的只有一个,那就是如何才能利用好编辑源体。因为编辑主体只有利用好编辑源体,才能做好自己的编辑工作。

编辑主体怎样才能够最大限度地充分利用好编辑源体,这既是一个非常值得研究的编辑学理论性课题,也是一个极其重要的编辑活动实践性课题。此前还未见到有人对此作深入而系统的研究,现在要开展研究,一下子也很难抓到头绪。但是,有这么几条倒是编辑主体可以做到的——

1. 尊重编辑源体

编辑源体虽然对编辑主体具有一定的依赖性,但却绝对不具有隶属性,他是一个自在和自为的群体。编辑源体不是一个有组织的实体,而是以一种极其松散的散体形式存在的。他们的学习、创作、生活都是自由的,你既不可以命令他,也不可以真正地去组织他(前述"组织"其实也仍是松散无形的),他们大都是率意而为的。但是,这些人一般却都是有知识、有文化、有学问、有创新精神、有创造能力、有独特思想、有独立人格的较为"前卫"的人,是代表人类先进文化的社会精英,是代表人类聪明智慧的高端阶层,是创新人类文明的创造者,是引领和推动人类文明向前发展的核心力量。这些人大都必将载入史册,有的甚至还会成为历史的一章或一页。尽管他们的这些成就是在编辑主体的帮助下获得的,但人们却总是看不见编辑者的功劳,他们的"发光度"比编辑者要高得多,他们的光芒要比编辑者灿烂得多!与其相比,编辑者却总是处于晦暗甚至隐没的状态。

尽管如此,编辑主体在编辑活动中居主导地位、属主导的一方却是客观事实。为了搞好编辑活动,编辑主体必须尊重编辑源体,尊重他们的人格,尊重他们的思想,尊重他们的创造,尊重他们的作品,使他们切实地感受到在编者这里找到了知音,编辑者是与他们志同道合的知心朋友,这样他们才会与编辑主体建立起良好的合作关系。搞好编辑活动,是编辑主体的责任和目的。编辑主体在这里不仅不能去计较自己的荣誉地位,不能在意自己与作者相比之下的相形见绌,不能在意作者的明亮度盖过自己,而且还要采取措施,通过自己对作品稿件的审理、加工、完善、优化,使作品更好、使作者更亮。要无私无畏地、毫不犹豫地去点亮作品这盏灯,去强化作者头上的灿烂光环,去构建人类精神文明的宏伟大厦,去推动人类文明不断前进。这就是我们前面所说起过的"曾子精神"。尽管与孔子相比,编《论语》的曾子是渺小的,小得可以忽略不计,但是没有编辑家曾子就没有《论语》,没有《论语》就没有孔子,这在我们看来却又是伟大的、崇高的。在编辑这一行业内来讲,曾子是值得后世的编辑者们像对待孔子一样顶礼膜拜的。

其实,人的尊重往往是相互的。编辑主体对编辑源体的尊重,只会赢得对方对自己的更加尊重,从而会使编辑源体更加紧密地集聚于自己的周围并为已所用。反而行之,则会使所有的作者离散而去,这对编辑主体来说就只能属于很彻底的失败,是绝对不行的。

2. 被动式利用

等待作者上门投送其作品稿件的做法,或可称之为被动式利用编辑源体的方法。这种方法虽不高明,但却是编辑活动中最常见的一种方法和现象,而且也是有效的。既然不高明为什么反而常见和有效呢?原来,在这种"不高明"的背后却隐藏着"高明",在看似"被动"的前提却是"主动"。为什么呢?因为编辑主体这种"被动"的对面即是作者即编辑源体的主动;而编辑源体的这种"主动"并非凭空便可以产生的,而是在由编辑主体此前所采取的诸如"感召"、"吸引"等主动的措施之后获得的,是那种种招数灵验的结果。点破这层秘密,除编辑学理论上的意义之外，也是为了不使那些初涉此途的编辑业者陷于五里雾中。

3. 主动式利用

编辑主体发挥自己的主观能动性，主动地采取措施，有目标、有计划、有组织地去利用自己所拥有的编辑源体，创作出自己所需要的、有一定目的指向的作品稿件，这种做法，我们称之为对编辑源体的"主动式利用"，主要的应有两种模式——

（1）编辑主体根据自己所拥有的编辑源体的数量、质量、学科类别、知识结构、水平层次、才华特征、创作能力等情况，有针对性地策划和选定一些有意义、有价值的选题，将编辑源体组织起来进行创作，从而获得自己所需要的作品稿件，然后再对这些稿件进行审理、加工、完善、优化、制作后推向社会，由此获得自己所期望的社会效益和经济效益。这种有目标、有计划、有组织、有针对性地利用编辑源体的模式，是最行之有效的。由这种途径获得作品稿件，一是具有目标性，二是具有针对性，三是具有计划性，四是稿件质量高，五是编审工作较为省力，六是几乎没有废品，七是收益率往往较高，因而是值得肯定和推广的。这种可称为从编辑源体即作者出发的模式。

（2）编辑主体根据自己对市场即编辑用体的调查、分析、研究和预测，策划制订一定的选题计划，然后根据这些选题计划去选择和组织编辑源体来进行创作，由此获得自己所需要的作品稿件。这种主动利用编辑源体的方式，因为是从市场即编辑用体的需求有针对性地出发的，所以其实际效果比上面那种模式更好、更有效。往往这样的编辑产品一上市即被销售一空，有的甚至还未上市便已有了去向了。这种则是从编辑用体即读者等出发的模式。

（3）约　稿

约稿，是指编辑主体主动约请编辑源体写某一方面、某一题目的稿件。一般的是编辑者根据自己的需要，去选择在该方面有水平、有能力、有声望的作者，指定某一方面、某种类型、某种题材、某种题目，某种篇幅的要求，请作者撰写作品拿来采用。这样主动利用编辑源体的情况，在编辑主体的编辑活动中也是常见的。这种方式往往具有方便、快捷、实用的好处。但是，有时却也会产生麻烦，那就是，即便这种约来的稿件，也是必须经过编辑审稿程序的；可是，往往有少数稿件约来后，经审稿却发现其各方面或某方面不符合要求、未达到采用标准而不能采用。这时就必须要对作者作出解释甚至道歉，产生尴尬局面。但即使如此也一定要坚持编辑主体的用稿原则和标准，这是肯定的。虽然这种方式不免有时会产生尴尬，但却不必因噎废食，编辑主体还是会常常采取这样的办法来主动利用编辑源体的。

（4）抢　稿

在编辑活动中，编辑主体不仅会采取这种种措施去主动地利用编辑源体，而且有时还会主动得过分激烈和出奇。抢稿，就是这种过分激烈与出奇的行为之一。

所谓抢稿，就是指多家编辑主体去争抢一种作品稿件的现象。因为某个编辑源体创作出了一部极有社会价值、或历史价值、或文化价值、或科学技术价值、或市场即经济效益价值等项意义中的一项或数项的作品稿件，谁夺得了这部作品的编辑传播权，谁就可以借此获得较大或极大的收益，于是乎便引起各家编辑主体群起抢争，甚至会不惜采取任何手段，以志在必得为目的。如一些名人传记、总统回忆录、文化或文学作品、工具书、医药、科技作品等，便都曾有引起数家媒体争相抢稿的记录。这种行为虽主要多为利益驱动，但却充分地显示了编辑主体在利用编辑源体这一问题上的主动性，是我们这一理论观点的极好注脚。

4. 退　稿

退稿，是编辑活动中经常发生的事件，虽不属于利用编辑源体，但却是编辑主体在利用编辑源体、与编辑源体的交往关系中不可避免的事件，所以也必须一提。不管是被动式利用也好、主动式利用也罢，都会发生因编辑源体提供的稿件不合格、不适用，因而必须退稿的情况。这是编辑活动中编辑主体与编辑源体关系中的正常现象。但是，编辑主体在遇到这种情况时，一般都会很慎重地、妥善地处理，都是要在坚持退稿原则的前提下，在退稿的同时又须对编辑源体进行安抚，一般大多是要附上退稿信，在信中大体上说明退稿的原因，用恰当的语言，向对方致以歉意，并表示感谢对方的支持，欢迎今后继续来稿和合作等等，争取抚平对方因遭遇退稿而可能产生的心理波澜与创伤，使二者之间仍然保持正常的、良好的合作关系，鼓励对方继续保有支持自己的编辑工作的热情与信心，以利于树立自己的良好形象，巩固和拓展自己的编辑源体队伍，争取做到既退了稿，又不要得罪对方。不然的话，退稿一次、得罪一个，退稿二次、得罪二个；要不了多久，自己的编辑源体就全跑光了，那还怎么开展编辑工作！

退稿，是以往的编辑活动中常见的事和常用的词，因为那时打印技术尚未普及，作者写稿多用手工抄写，每一份稿件都是辛勤劳动的结晶，所以那时稿件若不被采用，编辑者一方一般都是要将稿件退还给作者的。现在电脑打印已随处可见，甚至自家就有，已十分方便，故现在大多数媒体虽然仍经常淘汰稿件，但却大都不再退还稿件文本了；再说如果是电子版的稿件，那就更是无需退还了。现在业内仍使用的"退稿"一词，其实不再是其本意而是用的引申义，即"稿件不被采用"的含义了。这是一个历史性的发展。

第六节　编辑源体的责任、权利与义务

作为编辑活动的一个重要组成部分，编辑源体在编辑活动中应当拥有自己的责任、权利和义务。虽然编辑源体不是一个有组织的实体，不具有类似团体法人那样的法人地位，因而也不具有团体法人所拥有的法律责任、权利和义务，但是，编辑源体在群体上却是由一个个的编辑源体个体组成的，而编辑源体个体即作者本身，却无疑都是拥有单个法人地位的。这一个个单个个体的法人地位，合起来应当可以理解为形成了整体或群体的法律地位，因而也就等于拥有了群体的法律性责任、权利与义务。当然，这是严格地从法学的意义上讲的。因为我国及全世界目前都没有一部关于"编辑五体"的法律（"编辑五体"的名称即在我们这儿也才出现不久），而且可以预见，在今后相当长的时间内也不会出现什么"编辑五体法"，所以，我们这里所说的所谓"责任、权利和义务"，只能是根据编辑活动实践总结出来的常规性道理罢了，并不具有

法律上的意义的。

一、编辑源体的责任

　　编辑源体的责任就是为编辑活动提供作品稿件的来源。这个说法应当不算过分，因为这是编辑活动的客观事实。自编辑活动产生以来，编辑源体都是这么做的，不仅过去这么做，而且现在仍这么做，并且将来也还要这么做下去。如果不这么做了会怎么样呢？那就意味着五岳崩塌，四海干涸，整个人类灭亡了，所有的人类文明不存在了，整个地球毁灭了，那是整个人类的大灾难！只有到那个时候，在那样的情况下，编辑源体才会不尽自己应尽的、为编辑活动提供作品稿件的责任了。而这样的情况，目前还几乎预测不到。所以，就像泰山不会倒、江海不会干一样，编辑源体的责任也是不会改变的，整个编辑五体的关系也是不会变的。

　　编辑源体的这种责任是历史赋予的，也就是说，是天经地义的。不然你说是谁赋予他的呢？是谁下达给他这样的任务、指派他这样做的呢？没有谁。从他自远古开始创造符号并提供给编辑主体开展编辑活动以来直到今日，总体来看一直是没有人让他们一定要创作出作品稿件提供给编辑活动的，可奇怪的是他们却一直这么做。为什么呢？我们找来找去，只找到一个原因，那就是两个字："需要"。他创作作品，是需要；他不得不将作品稿件提供给编辑主体去编辑，也是需要；编辑客体不得不由编辑辅体制作成编辑产品，是需要；编辑主体必须要编辑编辑客体，是需要；编辑主体离不开编辑源体，是需要；编辑用体不得不使用编辑产品等等，都是需要……因为需要，产生了编辑活动；因为需要，产生了编辑五体；因为需要，形成了编辑五体相互之间的不变的关系，这些都是自然天成的。就像著名相声艺术大师马季先生们创作和表演的相声《五官争功》中说的一样，人的五官——鼻子居中间，眼睛在上面，嘴巴在下面，耳朵分两边："当初他就那么设计来着！"（马季相声语）

编辑源体还肩负为编辑用体创作优质作品的责任。作为人类中的优秀群体，作为人类文明的创造者，编辑源体绝对应当为编辑用体创作优质作品而不是相反。这里所谓"优质"，所指包括思想性上的优质、艺术性上的优质和科学性上的优质。这样的作品才会有益于编辑活动、有益于编辑用体、有益于人类社会。如果是劣质作品，诸如思想错误的、品位低下的、诲淫诲盗教人学坏的、艺术粗糙粗制滥造的、违背科学的等等，这都是贻害编辑用体、贻害社会的。如果去创作这样的作品，那就绝对是不负责任的。还有如时下那些为私人名利而大量制造文化垃圾、艺术垃圾、学术垃圾的不良行为，也都是十分的不负责任的。当然，出现这样的事情，编辑主体也应该承担主导错误、主控不严、主运作偏离正确轨道的失范、失职之责任。如若总是这样，那是不会有好结果的。

编辑源体往往还担负着分门别类的职业角色责任。虽说编辑源体是松散的、无组织的，但编辑源体个体却往往是有社会职业定位的。既然有社会职业就必须接受社会管理；既然有职业角色就必须接受职业规范要求，就必须有与其角色相符合的角色行为。其实，作为社会管理者的国家政府，是一直在采取种种方法措施来鼓励和规范编辑源体的创作的。如：国家对作家、艺术家、教师、科学家、医生等各类知识分子，都分别给予不同的、分门别类的职业角色要求，要求他们都要创作出与自己的职业角色相符的作品，如文艺作品、学术论文、学术著作、科研成果等等。在创作成果方面，教授有什么责任、副教授有什么责任，研究员、副研究员、主任医师、副主任医师等各种职称职位的人，每年各应完成多少成果作品，都具有相应的规定。这其实都是对上述编辑源体规定的职业责任。若没有完成起码的规定指标，就是未能履行职责，就必须承受一定的处罚。这样的责任要求，对于督促编辑源体为推进人类文明做出应有的贡献，是很有益处的。

二、编辑源体的权利

因为我们的"编辑源体"是个新词,所以还不会有人赋予过与他的名称相一致的什么权利。但是因为他的另一个名字是"作者",因此他就早已拥有了法律为他定好的许多权利。在中国内地,他的这种权利目前都在《中华人民共和国著作权法》之中。这是严格、神圣而有效的法赋权利。为了节省篇幅,我们就不必在这里背书了。我们无权为其规定法律上的权利,但作为理论研究者,我们应当可以指出他们所应有的自然权利。

我们认为,从理论上说,编辑源体应当还有一些自然权利。也就是说,作为编辑五体之一,在编辑活动中所应有的那些权利。

1. 为编辑活动创作并提供作品稿件的权利,这是编辑源体所应拥有的自然权利之一。既然有了编辑源体的身份,当然就应当拥有为编辑活动创作和提供作品稿件、成为作品稿件之源的权利。这种权利通俗地说,就是作者向编辑主体的投稿权。这一权利,是任何人都不能予以剥夺的。

2. 在媒体上发表自己的优质作品的权利。既然投了稿,就不能光投稿而不发表,必然要拥有当然的发表权。但这里必须有一个限定,那就是必须是"优质"的作品才能拥有这种权利,劣质的作品是不具有这种权利的。无论是谁,都绝对不能拥有给社会大众创作和输送劣质作品去贻害社会的权利。至于是"优质"还是"劣质"的裁定权,当然是在编辑主体的手里,因为那是编辑主体的责任。因此,所有的作品稿件在发表前,都必须经过编辑主体的审理和检验。经检验为优质作品的,那肯定就拥有了发表权。

3. 对编辑活动中的各种工作提出自己的意见和建议的权利。编辑源体既然是编辑活动的参与者,是行为共同体,是编辑事业的重大关系者,因而也是责任共同体和利益共同体,那么当然有权对编辑活动中的各项事宜提出自己的意见和建议。不仅应当提,而且还应当知无不言、言无不尽,这样才会有益于编辑活动,也有益于维护自己的正当权益。

编辑源体表达自己对编辑活动的意见和建议,既可以采取向有关当事方直接提出的方式,也可以通过进行对策研究、调查分析并形成论述性文字在媒体上发表的方式,还可以采用其他合适的方式。其实这种行为,也是"为达编辑目的而采取的行动",因而也属于编辑源体参与编辑活动的方式之一,是正当的、有益的。说这是编辑源体的权利之一,是理所当然的。

4. 从编辑活动中收获效益的权利。编辑源体既然参与了编辑活动,是编辑活动的重要组成部分,当然就有权从编辑活动中收获自己应有的效益,包括社会效益和经济效益。

编辑源体在编辑活动中的价值,主要是通过自己作品的价值来实现的。除了当事人的人品、人缘等个人因素外,应当说,编辑源体在编辑活动中的所有价值,都集中通过其作品表现出来。这个价值,包括社会价值和经济价值。所谓社会价值,就是指其作品的社会影响度、用体满意度、产生的声誉等,这些也叫做社会效益。所谓经济价值,则无疑就是指其作品推向用体市场、用于商品交换后产生的营业额、货币值,也就是利润率的高低、赚钱多少,这些又叫做经济效益。由于作品的署名权一般都是作者而非编者,故编辑产品最终产生的社会效益自然主要归于作者即编辑源体,编辑主体只获得他作为编者所应获得的那部分,这二者都是泾渭分明的,谁也无法夺走谁的,所以一般不会出现权利上的混淆和纠纷。而在经济效益上就不同了,容易产生各种各样的问题。现当代解决该问题的办法一般都是通过法律规定来给予界定,或当事者各方以合约(合同)方式协定解决。这样也就确保了各自包括编辑源体收取自己应得效益的权利。目前,在中国内地,编辑源体在编辑活动中获得自己的经济利益的方式,主要是以利用自己的作品从编辑主体那里领取稿酬为主(包括基本稿酬和印数稿酬),也有少数是通过转让自己的著作权取得经济收入的。其他国家和地区的做法则各有不同,但总体趋势是随着社会文化普及程度的提高,编辑源体的队伍越来越大,在稿源上出现供给大于需求的局面,编辑源体单靠用写作来养活家人和自己的可能性已越来越小,所以其专职化率也越来越低,基本上已变为非专职化即业余化的了。

三、编辑源体的义务

编辑源体都应有哪些应尽的义务呢？

1. 参与创建人类文明的义务

编辑源体就是作者，也就是人类所有文明成果的创作者、撰写者和记录者。他们大都知识充裕、思维活跃、思想先进、视野开阔、灵感敏锐、视角独特、精辟前卫、创造力强，是人类思维的先行者，是人类前途的探索者，是人类文明的创造者，是人类先进文化的代表者。用一句通俗的话来说，就是人类群体中的"精英"。既然如此，那么，创造与建设人类文明的义务，自然就责无旁贷地落在了他们的肩上。不然的话，除了他们还能有谁呢？所以，参与创建人类文明，是每一位编辑源体应尽的社会性义务，是给钱不给钱都应当努力去做的事情。

2. 维护人类社会精神科技文化健康发展的义务

从人类文明发展史来看，其发展总的来说是健康的，是主流，但在某些阶段、某些时候也会发生不健康的支流甚至逆流、浊流，产生精神科技文化上的污染和病态文化，对人类的精神科技文化健康造成一定的危害。不管是主流也好、逆流也好，健康也罢，病态也罢，都是有编辑源体即创作者参与其中的（当然也有编辑者即某些编辑主体）。主流一方的，代表先进精神科技文化，从事健康精神科技文化的创造，对维护人类精神科技文化的健康发展做出了贡献；而逆流一方的（虽然是少数），则代表腐朽谬误落后的文化，他们从事病态文化作品的炮制，对人类精神科技文化的健康发展造成危害。现在，站在时代的高度来历史地总结和看待过去的发展过程可以清楚地看出，那些站在主流一方，创建优秀精神科技文化，为人类文明健康发展做出贡献的，都成了人类文明发展史上的功臣；而那些汇入逆流，炮制落后病态文化，危害人类文明发展的，也已经成为遗臭万年的小丑或罪人。远的不说，近的诸如张春桥、姚文元、陈伯达、"梁效"、"罗思鼎"之流，在"文化大革命"

中写了很多颠倒黑白、诬陷他人、祸害国家人民的文章，干了许多坏事，创造的不是文化而是罪恶，便是例证。

所以，坚持从事优秀的、先进的文明创建，努力维护人类社会精神科技文化的健康，应是广大编辑源体（也包括编辑主体）义不容辞的义务，同时也是对自己、对历史的负责，是关系到将自己记录在历史的光荣榜上、还是钉在耻辱柱上的大事，是每一位认真的编辑源体都不能糊涂的。

第五章
编辑客体研究

第一节 编辑客体的概念与内涵

编辑客体,就是编辑主体编辑的对象,就是被编辑物,也就是由编辑源体创作并提供给编辑主体的作品稿件。

"编辑"这个词,既可以是名词,又可以是动词。作为名词时,一般是指人,也就是编辑者,我们称之为编辑主体;作为动词时,即是指编辑主体所作的工作行为;而工作行为一定是要有目标的,动词后面是要带宾语的,有工作行为的发出者,就一定有相应的行为领受者;编辑行为的发出者是编辑者亦即编辑主体,编辑行为的领受者就是作品稿件亦即编辑客体了。"客"与"主"是相对而言的,二者之间是一种对立统一、互为依存的密切关系。自上世纪80年代编辑学研究在中国内地兴起以来,"编辑客体"与"编辑主体"一样,就一直是编辑学研究中经常出现的与"编辑主体"相对应的一个术语。在我们所构建的编辑学理论体系中,编辑客体既是一个十分重要的研究对象,也是一个十分重要的理论组成部分,还是主要的理论术语之一。

与我们本书中所说"编辑五体"中的其他四体一样,编辑客体这一术语尽管出现稍早一些,但却一样没有被收入任何辞典。所以,关于它的既成定义现在仍然是没有的,它的定义仍然需要由我们来下。

我们仍然需要先来找一找"客体"一词。关于"客体"一词，《现代汉语词典》中为它界定了哲学与法学上的两个义项：

［客体］①哲学上指主体以外的客观事物，是主体认识和实践的对象。②法律上指主体的权利和义务所指向的对象，包括物品、行为等。

这两个义项，加入"编辑"一词，套用于"编辑客体"是十分合适的。试看：

［编辑客体］①指编辑主体以外的、与编辑主体对应的客观事物，即被编辑物，是编辑主体认识和实践的主要对象。②指编辑主体的权利和义务所指向的对象，即作品稿件。

若这样给"编辑客体"下定义，虽然并非完美，但却是基本上说得通的。为什么呢？因为：其一，从狭义编辑学的视角来看，编辑主体"认识和实践的对象"只有其编辑之物即作品稿件；其二，仍然是从狭义编辑学的视角上来看，编辑主体的"权利和义务所指向的对象，包括物品和行为"也只能是其所编辑之物即作品稿件。虽然本书是主张广义编辑学的，但我们却并不排斥狭义编辑学，即使在编辑五体中，就编辑客体和编辑主体二者之间的紧密关系来讲，却无疑也是属于狭义编辑学范畴的。其实，狭义编辑学研究者所研究的对象，也正是只有编辑主体与编辑客体及其相互关系而已，至于我们所涵盖的编辑源体、编辑用体和编辑辅体，他们是基本上不管甚至是不予承认的。不过，我们的广义编辑学或称宏观编辑学，却从来是并不排斥狭义编辑学的，编辑五体中编辑客体与编辑主体之间在狭义编辑学上的紧密关系，我们不仅从来都是承认的，而且也同样是我们一直在下大气力予以研究和探索的。

我们说直接套用上述定义并非完美，是因为人家《现代汉语词典》中对于"客体"一词所下的定义，是从哲学和法学下的，是属于哲学和法学范畴的，而我们是属于编辑学的，须从编辑学的视角和学科范畴，去更加贴近本学科客观实际地给该术语、该事物下一个更加科学的定义。我们认为，下面的界定与表述应当是符合实际的：

［编辑客体］即被编辑物，是编辑主体认识、工作行为所指向的客观对象，也就是通常所说的作品稿件。

这样的定义应当是可以成立的。

编辑客体，它包括了古今中外所有经过了编辑的作品。哲学的、自然科学的、人文社会科学的，如文学、史学、经济学、法学、教育学、心理学、社会学、政治学、语言学、符号学、文字学、文化学、艺术学、数学、物理学、化学、生物学、天文学、地理学、军事学、体育学、理学、工学、农学、医学、佛学、道学、逻辑学，等等，所有一切方面的作品，凡是经过编辑程序的，无一不包括在编辑客体之内。即使是那些由作者本人给自己的作品做编辑工作的，其作品也仍然属于编辑客体。那些藏之名山、传之其人的作品手稿，被后人发掘出来以后才经过编辑整理的，也仍然属于编辑客体。那些本来并不具有编辑主体身份的人，无论何种原因、何种场合，一旦做起或做过编辑工作，便即具有了编辑主体的身份，经过他编辑的被编辑物，也就立即成为了编辑客体。那些被编辑过的作品，有的被保存、流传下来了，有的却在历史的长河中由于种种原因毁灭消失了，尽管毁灭消失了，但它们原来是被编辑过的，却仍然都是编辑客体，是被毁灭消失了的编辑客体。那些在印刷术尚未发明、出版尚未产生以前，如抄本时代、符号编创时代，作品经过了编辑却没有被出版为印刷品的，其作品也都是编辑客体。如前所说，即使是那些经过编辑审理以后被编辑淘汰舍弃未获传播的作品稿件，它们也仍然因经历过编辑而具有编辑客体的身份。所以我们说，编辑客体这个概念的涵盖面其实是很大的，几乎包括了人类在其发展过程中所创造过的一切文明成果，是一个人倾尽毕生之力都难以研究完的。

第二节　编辑客体的产生与发展

与编辑主体和编辑源体一样，编辑客体也是于远古人类的造符运动中产生的。

我们在前面已经讲过，大约从新石器时代早期开始，远古人类因为记忆、交流等需要而开始创造符号，创造出来的符号因为混乱而必须经过编辑后方能共同使用，于是这些经过编辑的符号，就成了最早的编辑客体。编辑客体也就是这样产生的。

　　混乱、不规范、不统一、五花八门、无法为人们共同使用,这是人类最早的编辑客体的最大特点。由于当时的作者们创造符号完全是一种根据各自需要而进行的自发的、随意的、率意而为的行为,所以创造出来的符号是各种各样、形态各异的,也就是说,即使是用于表示同一个事物的符号,其形态就有许多种,有的这样写,有的那样画,是十分混乱的、既不规范也不统一的。这样的符号只能为创造者自己所各自认识、各自单独使用,而不能为大家一起共同使用。只有将其规范、规定为统一的形态,才能为大家所都能认识、共同使用,这样就必须过编辑整理。于是这些原始符号就不得不进入了编辑程序,由编辑者即编辑主体对其加以收集鉴别、择优汰劣、加工改造、整理提高、组合编次、规范定形,将其优化为统一的、为大家所共同认识、共同使用的记声、记言、记物、记事的符号,这些原始符号也就于此时、像这样、荣幸地成为了人类编辑史上最早的编辑客体。中国远古造符运动的情况,已经为中外文字学家们所证实,笔者也已在本人所著的《中国古代编辑史论稿》一书中,作了较为详尽的考证与论述[①],这里就不再赘述了。

　　在论述编辑起源的问题时,我们只选择了符号这一文字的源头进行考证,是因为关于该问题古文献资料中有相对较多的记载,尚且有迹可寻,较为便于论证。而实际上,若从原始音乐和原始历法这两个方面来考察编辑活动包括编辑客体的起源,其时间也是很早的,绝对不会晚于符号编辑。音乐方面,1987年于河南省舞阳县贾湖遗址出土的七孔骨笛,考古学家们已确定其为距今8500年前之物。这样有完备的七声音阶的乐器,不仅改写了中国音乐史,而且也可改写中国编辑史,因为这样完备有序的音阶结构,若不经过编辑性质的编辑整理活动,是决不会达到如此完美的程度的,可证原始音乐中的音律、音符也是最早的编辑客体。历法方面,史学界已证实,中国彝族的太阳历产生于距今一万年以前,至今仍在该民族中流传。众所周知历法编制的极其复杂性,没有编辑的话任何历法都是不可能产生的。所以,原始历法也是人类历史上

---

① 靳青万.《中国古代编辑史论稿》,开封:河南大学出版社1992年元月第一版。

最早产生的编辑客体之一。音乐和历法作为编辑客体产生的时间，距今都不会少于一万年。符号、音乐、历法作为编辑客体进入编辑活动，这应是编辑客体产生与发展的第一阶段。尽管在此之前可能还有人类语言编辑的存在，但却由于缺乏历史证据而实在难以考证了。

符号进入编辑活动成为编辑客体以后，经过编辑主体长时期的、反复的编辑、加工、整理，后来就逐渐优化、完善成为数量较多的、初具体系的、可以较为系统地用于记录人类语言和事物的符号体系，这样它就成为了文字。作为人类进入文明时代的主要标志的文字，就是于此时像这样地产生了。

文字的产生是编辑活动对于人类文明的伟大创造，然而却并不是它作为编辑客体的身份的结束，相反却是它作为新阶段的编辑客体的开始。文字产生以后就自然而然地进入了它的被更加频繁和经常使用的新时期，人们不停地用它来记录和交流各种各样的语言、事物和信息。可是，在对文字的使用中又自然地产生了两个问题：一个是由于生活的丰富多彩和生产的日渐发展，需要记录的事物越来越多，而原有较少的文字种类和数量就越来越不够用，就必须继续创造和补充新的、更多的文字，这就需要编辑源体继续造字并继续由编辑主体做编辑整理、规范统一定型的优化工作；另一个是文字在人们的使用中会经常发生错误和变异，经常出现错别字，就会使文字的规范统一受到影响，这也需要由编辑主体继续做维护文字健康规范统一的编辑工作。这样，文字就必须继续作为被编辑物即充当编辑主体们的编辑客体。这样的对文字的编辑活动在商、周两代都在持续进行。商代的甲骨文若没有被做过补充、完善、规范、统一的编辑工作的话，是不可能形成总数达5000字左右的规模和体系的；周宣王的太史籀不仅对文字作了一次较大规模的编辑整理，而且还将其经规范统一后的文字汇编成中国见于文献记载的第一部字书《史籀篇》。而秦始皇号令天下"书同文"，对天下文字作统一的编辑整理规范，并将其规范后的标准化字型分别汇编作《仓颉篇》、《爰历篇》、《博学篇》三部字书之中。如此等等，都说明文字仍持续不断地作为编辑客体被编辑整理和规范统一。这种工作甚至在此后的汉、晋、唐、宋、元、明、清以至今日都未曾停止。汉代扬雄的《方言》，许慎的《说文解字》,魏晋李登的《声类》、吕静的《韵集》,南朝梁顾野王的《玉篇》,隋陆法言的《切韵》,唐颜元孙的《干禄字书》,宋王洙等人的《类篇》、丁度等人的《集韵》、娄机的《汉隶字源》,辽代僧人行均的《龙龛手鉴》,元代戴侗的《六书故》,明梅膺祚的《字汇》,清陈廷敬、张玉书等人的《康熙字典》,以至今天的各种各样、层出不穷的字典、词典等等,足以充分地说明文字作为编辑客体的永恒性和持续性。我们姑且将其由符号脱胎成正式文字之时起,暂称之为编辑客体产生与发展的第二阶段。

文字产生以后,人们便开始用文字记录各种事情。由于文字的数量越来越多,体系越来越完善,记录语言的能力越来越强,于是人们记录的语言也越来越长,逐渐从开始时的片言只语发展到文章,也许是缘于经编辑规范统一定型的文字体系数量庞大、识记不易等原因,我们发现商周时识字、用字的权力却被集中在了上层统治者等少数人的手里,至今未见到有人民群众大面积使用文字的迹象。目前所已见到的我国殷以前使用文字的记录,除贾湖刻符、仰韶文化陶片刻符、红山文化刻符、龙山文化刻符、大汶口文化刻符等零星的文字性符号之外,便只有《尚书》中所收录之《尧典》、《舜典》等上古历史文件。按照后世及今人的观念,是把篇幅较长、独立成篇的文字都泛称为"文章"的,所以我们且把文字开始应用于记录语言和事物之后产生并独立成篇的文字皆以"文章"称之;对《尚书》中所收之典章文献,我们亦皆以"文章"称之,以便于在编辑客体研究中立类表述。

《尚书》产生和流传的历史情况较为复杂,学界自汉以来便存在许多争议。有记载认为是由孔子编选而成的,原书有100篇,都是上古历史文件汇编。汉代孔安国说孔子搜集到三皇五帝书3000余篇,对其"芟夷烦乱,剪截浮辞,举其宏纲、撮其机要",[①] 最后编定为100篇的《尚书》。我们知道孔子的治学态度是相当严谨的,他在编辑历史性文献时的编辑思想是"述而不作",即尽可能地忠实于原著而不妄加改变。

---

① 靳青万.《中国古代编辑史论稿》,开封:河南大学出版社1992年元月第1版,第37—45页。

依据这样的编辑原则编定的《尚书》应当是可信的。可惜此书遭散佚到汉初就仅剩下28篇，且已仅为口耳相传之物并非原著之全豹了。尽管如此，但孔子编《尚书》之事基本可以认定，在孔子以前世上流传有上古传下来的"三皇五帝之书"也是可信的。这些"三皇五帝之书"其实都是一些历史文件，也就是那时的独立成篇的文字和文章，在我们看来，却都是当时在文字应用于记录之后产生的一种新型的编辑客体。

如果说《尚书》中的历史文献还由于种种争议而不大可信的话，那么，殷墟出土的大量甲骨文献，却是一个无可争辩的事实。殷墟甲骨文于1899年发现于河南安阳殷商故都遗址，迄今共发现有15万多片，其中大多都刻写有文字。一版完整的甲骨文字就是一篇独立成篇的文章，其内容基本上都是当时卜官为王室占卜的卜辞记录，其语言属于记叙性的，其文体则属于宫廷档案性质。这15万片甲骨文，是反映从公元前13世纪商王盘庚迁殷至商纣王亡国期间十世十二王、共273年间的占卜内容记录的文章典册。这些数量庞大的甲骨文献，在当时都是经过编辑的，笔者对此已作过考论，此不赘述。我们这里要说的是在殷墟甲骨文中同时出现了3种编辑客体：文字、文章和册书。

首先，甲骨文中的文字显然是经过文字学家反复多次编辑规范统一定型的较成熟文字体系。经文字学家们辨识统计，殷墟甲骨文中共有文字近5000个，而今日现代汉语中的常用字也不过8000个左右，古代人的古汉语语言是十分精练的，字词表义的含量比现代汉语中的大白话要大许多，所以那时5000字的表意能力并不比现在的8000字小。而且其文字形体高度规范统一，刻写技术精熟得体。更为令人肃然起敬的是，这种文字体系竟然在当时情况下的273年间一直保持着高度规范统一！若没有文字编辑人员的掌控和编辑管理维护，这是根本不可能的！所以我们说，该时期的甲骨文字仍然是一种在长时期内屡经编辑整理维护的编辑客体。

其次，殷墟甲骨文是当时用龟甲、兽骨占卜后，将占卜过程和占卜结果刻写于其上的占卜记录，每一篇记录都有头有尾，记叙简练、清楚、完整，且都独立成篇，因而每一条记录都可视为一篇独立的文章。这种文章形式一直被使用了273年。这些文章，不仅每一篇都是被精心编辑过的,而且"凡卜筮既事,则系币以比其命。岁终,则计其占之中否",① 就是说在占卜完了之后,还要做上记号,对照其命辞;到了年终,还要对其卜中应验或未卜中未应验的甲骨记录分别进行统计和编册庋藏处理。这就相当于对其做编辑审理校验的工作。所以我们说,文章,是这273年中一直在被编辑审理的编辑客体,我们称其为编辑客体产生与发展史上的编创文章时代,是完全可以说得通的。以文章为标志,这是编辑客体产生与发展的第三个阶段。

其三,与此差不多同时,另一个新型编辑客体——书籍也已产生了。已经有较多的证据证明,殷墟那些刻写有占卜记录的龟甲兽骨,其中至少有一定数量的是被编联成册的。甲骨文中的"册"字,明显是一个象形字,乃双手尊捧册书置于供案上之形。甲骨文中数见"作册"一词,实为制作典册之官名。《尚书·多士》中记有周公在洛邑训诫殷商遗民时说:"唯尔知,唯殷先人,有典有册,殷革复命。"这句话后来于殷墟甲骨文献中得到了证实。"册"和"典"是什么呢?就是书!"作册"作的是什么呢?就是制作书籍。甲骨文中的这个"册"字,像是将竹简用"韦"即皮绳编联起来的简册之形。史称孔子读书"韦编三绝",将简册的皮绳都磨断了三次,读的就是这种书。可是至今并未发现殷商时已有竹制简册的证据。而司马迁的《史记》中说殷商时期有"龟策","策"与"册"相通,故学者们认为殷商时期的"册",就是用皮绳编联成册的龟甲兽骨,即"龟册",也就是"甲骨的书"。而那时的"典",则是内容更为重要的、放置于供案上祭祀祖先神灵的、祭祀之后又重点收藏起来的、有某种重要意义和价值的书册。而且,专门设立"作册"之官,也许相当于今日的国家新闻出版署,这既说明了这项工作的重要性,又说明了当时制作书册已具专业性、职业性和技术性,而且已成为国家行为。总之,这一切都充分说明,书籍至少在殷商时期就已经产生了。

书籍不仅在殷商时已产生,而且还是经过编辑的。上面所说的"作册",其实就是那时的专职编辑即专门负责管理或专门的编辑制作册书

---

① 《周礼·春官·卜法》

的人。甲骨文中有"编"字，为"册"旁加一"糸"即绳之形，明白无误地表明是用绳子编辑串联册书的；甲骨文中有"删"字，为"册"旁加"刀"之形。"册"旁加"刀"谓之"删"，可见是要将多余的、不好的部分用刀砍削删去，这当然也是编辑职责范围以内之事。这个"删"字出处的原辞是："甲戌卜，余删于□"。最后一字因甲骨字面蚀甚已无法辨认。这句话，不仅也是当时的占卜记录，而且还是商王本人的占卜记录。因为其中的那个"余"字，在殷墟甲骨文中是商王自指，是商王自己的专用词，就好像后世的"朕"一样。因而这句话就有了三种极为特别的意义：第一，根据其中的"删"字，说明是关于编辑工作的；第二，根据其中的"余"字，说明是商王亲自做编辑工作的；第三，根据其中的"卜"字，说明当时做编辑工作和做其他重大事情一样重要，也是需要占卜问神的。所以笔者一直认为：这是中国历史上最早的一条关于编辑活动的记录，具有极其重大的文献价值和历史价值，是十分值得引起充分重视的。册、典、编、删、作册，已经构成了殷商册书及其编辑活动的基本序列，不仅充分证明殷商时已有了书籍，而且还充分证明当时已经有了对这些书籍的编辑制作活动。因此，自殷商时期开始书籍已加入编辑客体的序列，成为编辑主体的编辑对象和编辑产品，是不应有疑的。书籍成为编辑客体，这是中国编辑史上一个新时代的开始，这件事不仅在编辑史上，而且在整个人类文明史上都具有十分重大的意义，它标志着人类从此步入了创造文化、学习文化、储藏文化、记忆文化、传承文化、启迪智慧的全新时代。从此，中国编辑史正式进入了编创书籍时代。以书籍为标志，我们将其称之为编辑客体产生与发展的第四阶段。

自此以后，文字、文章和书籍这三种门类作为主要编辑客体，一直在中国通行了3000多年，直到中国近代出现了新型的报纸、期刊、广播、电影，以后又出现了电视、电脑、网络，才又陆续产生了新的编辑客体门类。而在那3000年间，编辑客体在形式、内容、品种、类别、载体、学科等方面，也都不断发生巨大的变化。其内容之丰富、形式之复杂、种类之繁多、规模之庞巨、学科之林立、成就之伟大，绝难用较为简括的语言可作恰当的归纳。我们只有选择以结合其载体的物质形式为宏纲，从载体革新的视角和以上诸方面的规律性变化上去作宏观上的考察。

　　需要说明的是，虽然我们对殷墟甲骨文中的"册"字作了如上的考论，但我们对其"是用龟甲兽骨编联成的册书"的结论仍不能持完全肯定的态度。因为从"册"字在甲骨文字的字形来看，它其实更像是简册，即用竹木简做成的书册。另外，在《吕氏春秋·先识篇》中，有关于在殷将亡时，"商内史向挚载其图法奔周"的记载，"图法"就是殷商的国家地图与法律文书之类的书籍，"载"即用车装载，若说这样的书籍图册都是写、画在龟甲兽骨上的，说向挚是拉了一车龟甲兽骨去投奔西周的，这样怎么也不如说他是拉了一车竹木简册更可以令人相信！迄今为止发现的所有甲骨刻辞，全部都是殷商人的占卜记录，龟甲兽骨也是殷商人占卜所用的专用之物，除此之外并未发现别的文字书写应用实物。而甲骨文文字体系却是如此的完备，已具备了完全的、适用于各个方面的记言、记事之功能，除占卜记录以外是不可能不在其他方面被应用于书写记录的，除龟甲兽骨之外一定还会有其他的书写载体和材料，除占卜记录即甲骨文献外一定还会有其他的种种文献，只是我们迄今还没有发现、不知道罢了。可是依据考古科学的原则，没发现的是不能承认其存在的，推测是不能够成立的，所以我们干着急也没有办法，只有等待以后什么时候能够撞上考古发现的好运了！而现在我们则只能维持目前的认定其为甲骨典册的结论。也就是说，自盘庚迁殷至殷商灭亡，中国编辑客体经历了 273 年的"龟册时代"。

　　西周以后，编辑客体的发展在物质载体形式上进入了可以肯定的简册时期。简册就是用竹木简编联成册，并在上面用笔墨进行书写的册书。竹简的长短尺寸都有规定，均为自上往下书写，竖排，自右向左，边开卷边阅读。所以古代的书即使是纸发明以后，无论是写本还是印本，基本上都是自右向左、竖行、分卷，这都是从简册时代承袭下来的习惯。西周、春秋时代的简册是什么样子，迄今并无见到过实物。后人见到的竹简之书，最早的一次是于西晋武帝太康年间（公元 280 年前后），汲郡人不准盗发战国魏襄王（或说为魏安釐王）墓，得竹简之书数十车，皆为蝌蚪文书写，但这些竹书后来均已毁灭不传。解放后至今，我国考古工作者相继发掘出过战国楚简、秦简、汉简、三国之简等，从中获得了不少信息。这样的竹简之书，大约到了两晋南北朝时期才由于纸的普及而逐渐被淘汰，致隋唐已经不用了。自西周至南北朝，简册时代经历了约 1400 年。若以此划分，编辑客体又经历了大约 1400 年的简册时代或称竹书时代。

在这漫长的简册时代中，编辑客体在内容方面不断发生巨大变化，从周初周公旦的制礼作乐，到周宣王太史籀的编辑整理文字，再到孔子的编六经、曾子的编《论语》，又到战国的百家诸子，秦代的书同文，汉代的校理古籍，以及吕不韦、刘安、司马迁、班固、范晔、陈寿、裴松之、徐陵、萧统等人的编辑活动，编辑客体在内容上已广涉政治、法律、语言文字、文学、史学、哲学、理、工、农、医、天文、地理等各个方面，代表着当世先进的文明成果。其中很多书籍直至今日仍长盛不衰，具有"千古流芳"的神圣价值。

简册时代，姑且称之为编辑客体发展史上的第五阶段。

文字的载体，同时也是编辑客体，一变而为甲骨，再变而为金石，三变而为简册，四变而至缣帛，五变而至纸本，六变而至电子，这其中还有胶片、录音、影像之类，虽然有些如金石、缣帛等并非主流，但却均为不可或缺之品类。商周以至春秋战国，人们还在青铜器上铸、刻文字，记录人名和有关事件，文章的长度从几字至十几字、几十字、几百字不等，最长的是西周的毛公鼎上所铸之铭文达 500 多字，其内容均不乏多方面的意义与价值，后世人将其称为金文。自秦汉以后人们又喜在石头上刻字，缘于各种需要与创意，分别有石鼓文、石经文、石碑文、石壁文、石板文、玉版文、印章文等等。这些文字后世人将其列于青铜金文之后，合称金石文字，研究此种文字的学问被称之为"金石之学"。这些金石文献大都是经过精心编辑的，因而亦应为编辑客体之属。还有缣帛文献，长沙马王堆汉墓出土的帛书震惊世界。由于其材料贵重故使用者极少，流传于世的缣帛文献亦更少，故此略而不论。

文字的另一大主要载体——纸，是中国人于西汉时发明的，但在开头的相当长时期内尚处于探索、发展、试用状态。到东汉时宦官蔡伦将其制作工艺加以革新，使之更加适用易行。但任何新生事物从其产生至被人们普遍接受，总要经过一定的时间，这中间还必须经过一个新旧并用、逐渐更替的阶段。大概汉末三国时期仍是以竹书为主流，至两晋南北朝简册方始式微，纸本得以兴起，至隋唐方得彻底更新的。这个具体的截替时间，由于其中有一个渐变渐替的缓慢过程，因而是没办法划出一个十分明确的界限的，我们只能作粗略的上述推定而已。

纸的发明与应用，使编辑客体变得轻盈便携，写书、编书、读书都成为一种很惬意的事情，书写也随之成为赏心乐事，于是在晋代方能够产生像王羲之、王献之那样的被称之为"书圣"的大书法家。中国现存最早的一幅纸本书法名贴，便是西晋陆机的《平复帖》，极为珍贵，它不仅见证了中国早期的书法范式，而且也向今人展示了当时的笔、墨、纸的情状，更重要的则是它充分地证明了纸在西晋时的应用情况，证明了纸本编辑客体时代的来临。可以推定，两晋人已可以用纸来写书了。晋时流传至今的纸本书法，被公认为是当时真迹的，还有王珣的《伯远贴》，和陆机的《平复贴》一起，现藏北京故宫博物院。另外，东晋人王羲之写《兰亭序》的故事，在中国几乎家喻户晓。虽然《兰亭序》真迹现已不传，但从王羲之可以熟练酣畅地在纸上写出长篇文字的情况，亦可看出当时人用笔墨在纸上写字已经是熟练寻常之事了。

此后，从两晋始，经南北朝、隋、唐、宋、元、明、清以至今日，编辑客体的纸本形态已连绵延续了1800年，现在仍居主流地位。在这期间，造纸术不仅在中国被普遍应用，而且已普及至全世界，整个地球人类文明都以纸本为载体，全人类都因为纸本的轻捷便用而大获其益，加快了人类智力和能力、文化与科技的进化发展，各种新思想、新知识、新文化、新发明、新发现被不断地创造出来，并且用纸本载体广为积储和传播。编辑主体居其中精于运作，使整个编辑活动的发展史更加绚丽多彩、波澜壮阔。纸的发明和应用，还为印刷术的发明创造了条件。隋末唐初，雕版印刷术被中国人发明出来，并迅速地被应用于编辑活动；至北宋时又发明了活字印刷术。造纸术和印刷术这两项伟大发明，使编辑活动如虎添翼，使纸本载体复本的大量制作更为便捷，甚至可以工厂化地大量生产，这都为满足更多人对于编辑客体即编辑产品的使用需求提供了条件。知识的创造与传播的速度与周期大大加快，各方面、各学科、各领域文明创造的成果不断地积聚,前沿不断地推进,成果更加灿烂辉煌。西方甚至在从中国传入的造纸术与印刷术的强力助推下,产生了伟大的文艺复兴运动和工业革命,产生了许多种新型的传播媒体。中国也在新中国建立后,进入了建设现代化的新时代。

所以我们说,纸本时代,是编辑客体发展的第六阶段。

编辑客体的纸本时代到现在仍没有结束,而且看来也很难以结束。前几年有人曾预测,世界出版业很快将告别纸质媒体时代而进入电子媒体时代。但几年下来,大家才感觉到此前的这种预测过于乐观了。虽然近些年来纸质媒体的大众阅读量在下降,电子媒体的点击阅读率在很快上升,但纸质媒体的许多优势仍是不可取代的。客观地来看,电子媒体虽然是一种十分先进、快捷、灵活的新兴媒体,但电子阅读却仍有多必需的先决条件,且其可靠性与物化固态性、视力保护性等均远不如纸质媒体好,所以二者具有很强的互补性,现在言纸质媒体退出历史舞台仍为时尚早,编辑客体的纸本时代还远未结束。

但是,毕竟信息的电子载体已经产生了,其应用普及不但发展很快,而且较之纸本载体具有明显的诸多优势。任何新旧事物的交替与取代都需要一个很长的渐进阶段,在这个交替阶段往往都是新旧并用的。但若以通用的将新事物的产生作为新时代开始的标志性时段来立论的话,那么也可以说编辑客体的电子时代已经开始了!人们已经可以发现,现在编辑主体接收编辑源体的投稿,已经通行由网上发送电子版了;编辑主体编辑审理作品稿件即编辑客体,大多也已经是利用电脑网络直接进行审理修改了,也就是说,作为被编辑物的编辑客体很多已经变成电子形式的了。若以此而论,说编辑客体的发展已经进入了电子时代,则还是能够成立的。

可以肯定,电子载体时代时代,是编辑客体发展的第七阶段,这个阶段已经来临了!

在编辑客体的纸本载体时代,人类文明发生的翻天覆地的变化及无与伦比的辉煌成就,是大家已经看见的、人所共知的。而在编辑客体的电子载体时代,人类文明还会发生什么样的变化,会变化到什么程度,会取得大到什么样的成就,这些虽然我们现在还不得而知,但是几乎可以肯定，在这一个新时代，人类文明将要发生的变化和取得的成就之大，将会比上一个时代更辉煌、更惊人！尽管我们这代人已经注定不能看到它将来的最终结果了，但我们仍然期待和欢迎它的来临！毕竟人类文明创造包括整个编辑活动的发展大势是不可阻挡的，而且也是不可逆转的。

最后需要指出的是，在编辑客体产生与发展史迄今为止已经经过和将要经过的七个阶段中，前六个阶段都是由中国人率先创造而产生和发展的，中华民族率先为人类文明作出了巨大而辉煌的贡献。作为中国人，作为中国人中主导编辑活动发展的编辑主体中的一员，我们深深地为此感到无比的骄傲、光荣和自豪！这已经来临的第七个阶段虽然不是由中国人率先创造而发生的，但幸运的是中国人并未落伍太远，已经大踏步地赶了上来，不仅已积极地汇入了这个历史潮流之中，而且也必将会有自己的创造和发明产生。何况，由中国人创造的前六个时代的成果还仍在继续地起着巨大的作用！

一部编辑客体史就是一部人类文明史，对于编辑客体的产生和发展还可以从不同的视角去研究、总结和归纳。希望我们以上的简要探索能为后来者提供抛砖引玉的启发作用。

第三节　编辑客体的地位与作用

尽管编辑客体是编辑五体中唯一一个是物而非人的组体，好像是最无生命力和生命价值的，而实际上，它却是编辑五体中生命力最强、传播力最广、流传年代最久、最具有生命价值的一方。它在编辑活动及各体关系中居于各方核心交汇的中枢地位，起着纽结各方关系，实现各方利益的关键作用。因此，研究和认识辑客体在编辑活动中的地位与作用，对于做好编辑客体工作、调节各方关系、实现各方利益、科学健康地开展编辑活动，以及丰富和完善编辑学理论体系等，均具有不可忽视的重要意义。

一、编辑客体在编辑活动中的地位

在前面我们给编辑活动所下的定义是："为达编辑目的而采取的行动。"很显然，作为既是编辑活动的主要组成部分，又具备"采取行动"的能力的，在编辑五体中只有除编辑客体之外的其他四体。那么，这编辑四体在从事或参与编辑活动时，他们各自都主要采取了什么样的行动呢？答案分别如下——

1. 编辑源体的行动主要是：创作并提供编辑客体；
2. 编辑主体的行动主要是：编辑审理决定编辑客体；
3. 编辑辅体的行动主要是：协助制作和传播编辑客体；
4. 编辑用体的行动主要是：使用检验和评价编辑客体。

由此可以看出，这有行动能力的四体所采取的行动的指向或称动作的对象，分别都不约而同地指向了编辑客体。编辑客体虽然没有行动能力，但却成了大家行为动词的共同宾词，它与四体中的每一体的关系，不仅都是直接面对的密切关系，而且还都是因为有了与它的关系而得名的——

1. 因为创作并提供了编辑客体，作者成为了编辑源体；
2. 因为编辑了编辑客体，编者成为了编辑主体；
3. 因为制作或传播了编辑客体，印制和发行人员成为了编辑辅体；
4. 因为使用了编辑客体，读者、观众、听众、网民等成为了编辑用体。

更为有趣的是，这行动四体相互之间的关系，却还都是经由编辑客体发生的——

1. 编辑源体→编辑客体→编辑主体；
2. 编辑源体→编辑客体→编辑用体；
3. 编辑源体→编辑客体→编辑辅体；
4. 编辑主体→编辑客体→编辑辅体；
5. 编辑主体→编辑客体→编辑用体；

6. 编辑主体→编辑客体→编辑源体；
7. 编辑用体→编辑客体→编辑主体；
8. 编辑用体→编辑客体→编辑源体；
9. 编辑用体→编辑客体→编辑辅体；
10. 编辑辅体→编辑客体→编辑主体；
11. 编辑辅体→编辑客体→编辑源体；
12. 编辑辅体→编辑客体→编辑用体。

由上列可以看出，编辑客体全部处在各种关系的经由处和交汇点，处于编辑五体及其构成的整个编辑活动的中间枢纽地位，是各体之间关系的原因和结果，包括缘由关系、工作关系、责任关系和利益关系，其起因和结果全部是经由编辑客体而产生的。编辑客体是整个编辑活动链条中的最关键一环，若是这个环节断落了，那么整个编辑活动就瘫痪了；若是这个环节没有了，如：编辑源体不创作它了、编辑用体不使用它了、编辑主体不编辑它了、编辑辅体不制作和传播它了；那么，不管发生了其中的任何一种，整个编辑活动就都会要完结了。

所以，编辑客体居于编辑五体的中心枢纽地位，是行为各体所采取的行动的总目标，各种编辑工作都是围绕着它而运转的，尤其是编辑主体工作的重心之所在，是一切工作的关键之关键。作为负有主导、主控、主营编辑活动责任的编辑主体，对此问题一定要清楚明白、时刻关注，是绝对不可以掉以轻心的。

二、编辑客体在编辑活动中的作用

说到编辑客体在编辑活动中的地位和作用，不禁使人联想起蚂蚁王国中的蚁王来：她整天就躺在那儿一动不动，她是鲜活的、有巨大生命力的、有超强生育力的，但却是没有行动能力的，甚至连腿、脚、五官、四肢都没有，但她周围的所有蚂蚁如工蚁、兵蚁、佣蚁、侍蚁、雄蚁、卫蚁等，却全都在围着她转，各自为她而努力工作；她虽然一动不动，但却会生出许多可使整个蚁国生生不息的后代，是整个蚂蚁王国的全部利益之所在。若这个蚁王被消灭，那么这群蚂蚁便会整体地、永远地消亡了！

编辑活动就很像这个蚂蚁王国，编辑客体就很像那个一动不动的蚁王，周围的编辑主体、编辑源体、编辑辅体、编辑用体们都在围绕着她而忙碌地工作。编辑客体虽然没有行动能力一动也不动，但她却具有类似蚁王那样的巨大作用，会生出许多重要的东西来，是编辑王国中包括主体、源体、用体、辅体在内的全部效益之所系。

首先，对于编辑主体来说，整个编辑活动的社会效益必须靠编辑客体来产生。获取应有的社会效益，是编辑活动的主要预期目标之一。而这个目标，又主要是靠编辑客体来实现的。编辑产品的质量是水平如何，决定着她所能产生的社会声誉和影响。当然，这个社会声誉和影响主要是就正面的、积极的影响而言的，有了这种对社会的正面的、积极的影响，就是产生了社会效益。而那种负面的、消极的恶劣影响，是不能叫做社会效益的。为了要收获社会效益而不是恶劣影响，有关各方就必须精心策划、积极运作、努力工作。付出与收获往往是成正比例关系的，但是这最终都只能靠通过编辑客体亦即编辑产品去实现。这是编辑客体的第一作用。

其次，也是对于编辑主体而言，整个编辑活动的经济效益也正是由编辑客体亦即编辑产品来产生的。经济效益，亦即赚取营业利润的多少，是编辑业经营者即编辑主体所必须要计算的，不然的话就不能养活自己，就不能生存，也不能获取编辑再生产所必需的资金，另外还要上缴税金等。因此，获取经营所得的商业利润，是编辑传播经营者即编辑主体所不得不努力达到的主要预期目标之一。这个目标，只能通过编辑客体亦即编辑产品来完成和实现，也只有编辑客体才能够发挥这样的作用，并且是编辑五体中的其他任何一体都不能取代的。

其三，编辑客体能够为编辑源体换得其成就上、荣誉上、经济上的应有的收益。编辑源体一般都是高智商的人，是人类文明成果的主要创造者，用一句时下的话来说就是"社会精英"，但他们却和常人一样要吃饭，一样要生活，一样需要养家糊口，一样拥有成就感和荣誉感。除此之外他们比别人多出来的，还有普通人所少有的时代使命感和社会责任心。他们的这些正常的、合理的、有些甚至是崇高的需求，也都要靠编辑客体来实现，只有编辑客体才能够发挥出这样的重要作用，对于他们来说，编辑客体的这种作用同样是其他任何东西都不可取代的。

其四，作为辅助编辑主体完成其编辑活动的编辑辅体，其主要职任就是进行编辑客体的后期制作与传播（如出版印刷与销售等），他们在编辑活动中的主要甚至是唯一的利益，就是从编辑产品的市场贸易中，抽取自己所应得的经济效益份额；也就是说，他们同样也是从编辑客体的商品化效益作用中获益的。

其五，在编辑五体中，编辑客体在编辑用体那里所起的作用最为特别——其他三体都是经由编辑客体给自己收钱的，唯有编辑用体是经由编辑客体来向外付钱的，而且他们付出了钱后还是愉快的！为什么呢？就因为编辑客体能够满足他们的各种使用需要，能够使他们从中获得知识、受到教育、启发智慧、了解世界、端正思想、增长精神、得到愉悦、学到技术、提高能力等，编辑用体使用编辑客体的效益，就是这样产生和获得的。使用编辑产品，可以使编辑用体成为新型的、攀居更高文明层阶的人，由此可以丰富自己的生活，可以提高自己的地位，可以赚取巨大的财富，可以改变自己的命运，可以使自己从低层阶的人变为高层阶的人。编辑客体对于编辑用体的这种巨大作用，也是其他任何物体所不能取代的。

编辑客体的上述作用，共同汇聚成了对人类社会的巨大作用，这种作用是正面的、积极的、有益的。除此之外，编辑客体还具有对人类文明的标志作用，对人类文明成果的记录和积藏作用，对人类文化的传承与传播作用，对人类众生的教育作用等等。这些作用不仅都是巨大的，而且也同样是其他任何东西所无法取代的。正因为它的作用之大、之重要，所以它才成为了当今社会每一个成员都不可须臾离开的东西。这些作用也充分地说明，编辑活动对人类社会的贡献是伟大而不可或缺的，另外的编辑四体围绕编辑客体而忙碌是值得的。同时也说明，我们从理论上揭开编辑五体这一运行秘密，同样也是重要的。

第四节　编辑客体的共性与个性

和世间其他的事物一样，编辑客体也具有自己的共性与个性。研究和认识其共性与个性，有利于编辑主体在编辑活动中对编辑客体的策划、主导、把握与掌控。

一、编辑客体的共性

共性是指不同的事物所共同具有的特性。编辑客体既可以是个体，也可以是若干或许多个体的总称——群体。我们这里讲共性主要探讨的即是后者。不同编辑客体所共同具有的特性很多，其最主要的有：
1. 都是由编辑源体创造的；
2. 都是经编辑主体编辑的；
3. 都是供编辑用体使用的；
4. 都是通过影响人的精神世界起作用的。

以上这四种最突出的共性中，前两种虽然准确无误却因其为不言而喻的故没有什么讨论的意义与价值。第三、第四种就不同了，是值得进一步作深入探讨的。

首先，说"编辑客体都是供编辑用体使用的"，这是一句大白话，好像也没有什么微言大义可以挖掘。但是，如果将这同样的意思换句话说："编辑客体都是为编辑用体服务的"，其意义显然就又深了一步，与上一句便有所不同了。其实客观上也正是如此，所有的编辑客体的一个最大的共性，就是都是为编辑用体服务的。不然的话，编辑主体们费心费神地编辑制作它有什么用呢？可以肯定地说，给编辑用体使用，为编辑用体服务，是所有编辑主体的一切编辑活动的出发点和最终目标。编辑主体的终极利益，无论是社会效益或经济效益，也都是要从编辑客体的给编辑用体使用、为编辑用体服务中取得的。如若你辛辛苦苦地将编辑客体编辑制作成了编辑产品之后，却不给编辑用体使用，或编辑用体拒绝使用，或编辑用体不能使用，或编辑用体根本就用不上，那你的工作肯定就白干了！你的什么效益也都没有了！无论是什么再漂亮、再美好、再优质的编辑客体，也就全部失去了任何价值、任何意义了！至于怎样才能使自己所编制的编辑客体供编辑用体有效地使用，那是编辑主体们需要永远去认真研究和探索的大学问，是编辑学所应给予重点关注和研究的主要领域之一。

所以，编辑客体的这一共性，对主导编辑活动的编辑主体来说，是一定要特别予以认识和重视的。如若不予重视，就必然会在实践中遭到失败的结局。"用户就是上帝"的道理，在这里照样仍然是永恒的真理。

其次，前述编辑客体的第四种共性，"编辑客体都是通过影响人的精神世界起作用的"，这话听起来好像有点绝对，但对其作深入地、全面地检视后就会觉得确实如此。难道不是吗？文字符号，是必须融入人的头脑意识、也就是精神世界中，人方能够对其作随心随欲的运用；文章、文献、书籍，其内容无不是要进入人的精神世界才能产生作用；音乐、美术、科学、技术、农书、医书等编辑客体，全都是要通过视、听、读、写、识、记等进入人的感官意识，尔后深入人的精神世界而发挥作用的。无论是审美也好、欣赏也好、学知识也好、学技术也好、学做工也好、学种地也好，即使是人造卫星、航天飞机之类的报刊、书籍、电子网页等等，无一不是先通过人的大脑即精神世界来影响人、改变人的。一个人从幼儿园、小学开始，一直到大学、研究生毕业，从牙牙学语到博士、专家、学者、科学家、文学家、艺术家、法学家、教授，无一不是受到编辑客体对其精神世界产生影响的结果。影响得越多，就改变得越多，学问就越大，能力就越强，人的社会层阶就越高。影响越少，其知识就越少、能力也就越小，完全不受影响，那这个人就是文盲，就是一个不合格的低智性、底层性公民。当然，如果影响到负面或反面，则必然会引起如鼓动民众造反、社会动乱、迷信盛行、邪教泛滥等危害社会和人民大众的严重后果。所以，编辑客体的这一共性，不仅编辑主体务必须要充分重视，就是国家的为政者也绝对不可忽视和掉以轻心的，是应当及时采取措施，对编辑出版传播活动进行正确规范和引导，努力使其趋利避害，向着有利于国家、有利于社会、有利于人民大众的正确方向健康地发展。编辑主体更要时刻牢记编辑客体的这一共性特点，保证为广大编辑用体提供健康优质的精神食粮，而绝对不能编辑制作那些足以污染甚至毒化人的精神世界的编辑产品，保证尽到自己应有的重大社会性责任。

二、编辑客体的个性

编辑客体的个性，即指编辑客体个体所独有的特性。所谓"编辑客体个体"，即指一个个的作品稿件或编辑产品；所谓"独有"，即指自己有而别者没有；"特性"，亦可谓"特色"，亦即与众不同的特点与风格。其实，每一种编辑客体都是独具特色的和与众不同的。几乎没有一种编辑客体是重复的（抄袭剽窃者除外）。客观地来看，有多少个编辑客体就有多少个独具特色的个性。如果有重复的，就意味着后出的是剽窃和抄袭前者的，而这种剽窃和抄袭行为在编辑活动中是不允许存在的。

个性，又称特殊性。因为其独有性，所以又可以说是独创性，几乎每一种编辑客体都程度不同地存在着一定的独创性。正因为其具有某种独创性，所以这个编辑客体才能够最终从编辑主体的编审选择中脱颖而出，才能够被编辑制作成为编辑产品，才具有存在和传播使用的价值。如若没有这种鲜明的个性，就等于说没有传播和应用的价值，那就必然早就在编辑主体的审稿选择中被淘汰了！

编辑客体的个性应当说不是天然生成的，而是人为地创造出来的。它们有的是编辑源体创造出来的，也就是在作品稿件的基础中就已经生成了；有的是经编辑主体创造而成的，这可以分为两种情况：一种是作品稿件中原来没有或不大明显、突出，经编辑主体修改加工提高后优化而成的；另一种，编辑客体的形式是多个编辑客体个体的集合体，如报纸、期刊、电视栏目、作品集等等，它们由多个编辑客体个体即其中的多个作品集合而成，并共同形成一种个性特色，这种个性特色则主要地是由编辑主体在其编辑过程中经有目的的鉴审、选择、加工、优化、组合而创造出来的；当然，更多的则是由编辑源体和编辑主体共同创造而形成的。可是，由于对编辑客体的编辑选择优化审定最终是由编辑主体决定和完成的，所以总的来说，编辑客体的个性仍然主要是由编辑主体决定的。

  编辑客体的个性之多，多得使我们根本无法一一列举，只要我们每个用体稍加注意便可分辨出来。这种个性具有十分的重要性。我们说每一个编辑客体都有自己的个性，但并不是说每一个编辑客体的个性都是一样的鲜明、突出和优秀，它们的个性化程度存在着明显的差异。有的个性化程度很强、很鲜明、很突出、很优异，所以编辑用体很喜欢；有的则较弱、不鲜明、不突出，给人一种很普通的感觉，没有感觉上的冲击力，没有内容上的吸引力，没有使用上的长效力，因而编辑用体不喜欢、不欢迎。所以，一个编辑客体个性化的程度如何，对于其生命力、生存力、效益度等都极为重要，是每一位编辑主体都务必十分重视、精心策划、不可马虎的。如果不充分重视而马虎应付，那就一定会给自己带来失败之祸的！

  如何选择、创造、确立、形成、优化和强化编辑客体的个性特色，许多编辑主体都具有自己的妙招与绝技，有的甚至是独门功夫。虽然在这方面编辑主体们可以八仙过海、各显神通、百花齐放、百家争鸣，但有一个总的、根本性的、必须恪守谨记的原则：既要合乎编辑用体的需要，又必须是健康的、合法的、不损害他人的。例如曾有的所谓的"媒体"将色情、暴力、邪恶之类的内容搬上媒体封面和内容之中，或者违犯宗教、政治禁忌、引起宗教矛盾冲突等，想用这种办法来创造自己的个性特色，结果造成负面的、恶劣的、有害用体和社会的不良影响。这样却导致误入邪道，最终反而会被用体和社会所唾弃。这样的教训是务必应当记取的。

第五节　编辑客体与市场的关系

市场，是一个经济学中的术语。编辑活动中也有经济活动，所以也离不开经济学。有的学者就在专门从事对编辑经济学或出版经济学的研究，他们的研究成果，成为编辑学中的一个重要分支和组成部分。

我们说，整个编辑活动是由编辑五体共同构成的，而在编辑五体中，又主要由编辑主体和编辑用体双方构成了供求关系；那么，这里供方所供的与需方所求的，恰恰正是编辑客体亦即编辑产品。编辑客体是编辑五体中唯一一种是物而非人的物体，也是唯一一种可作为商品参与经济活动的物体。编辑活动要想自己养活自己，就必须参与经济活动，追求经济效益；而要想实现经济效益的预期目标，就不得不去研究编辑客体与市场之间的关系。

关于市场之"市"字，《说文解字》一书中的解释是："买卖所之也。"就是做买卖所去的地方，这说明中国很早就有了商品交易之市场。而"市场"一词，《现代汉语词典》中的解释是："商品交易的场所。"这是该词的狭义上的概念。"市场"还是当代经济学中的一个专业术语，它往往也泛指市场经济中的供求状况。市场经济是指由市场进行调节的国民经济，在这种国民经济体制下，社会商品供求关系中的矛盾主要由市场自动调节。当某种商品供不应求时，社会对该种商品的生产就自然增加；当某种商品供过于求时，社会对该种商品的生产就自然下降，以此来保持商品供求关系的自然平衡。我国改革开放以后所逐渐实行的社会主义市场经济体制，也就是这样的一种主要由市场自动进行调节的国民经济体制。这样的体制是符合经济活动的自然规律的，因而应当说是科学的。

编辑活动虽然主要是以精神文化生产为特征的社会活动，但这种精神文化产品最终却也是以商品形式出现的，精神文化生产者与消费者之间，其实也是一种商品交换的供求关系。这就同样需要进行商品的货币交换，同样需要做买卖，需要计算成本和利润，需要市场。

编辑活动既是一种文化活动，又是一种经济活动，这是肯定的。既然它是生产者，那就一定会有产品和产品消费者；既然它是供应方，那就一定会有需求方，就一定会形成供求关系和供求矛盾。在由计划进行调节的计划经济体制下，这种供求矛盾主要靠计划的增加或减少来予以调节，新中国开头30年中实行的就是这种调节体制；而在由市场进行调节的市场经济体制下，编辑活动中的供求矛盾也就只能主要由市场自行调节。

　　需要指出的是，中国的编辑活动产生一万年以来，其在相当长的时间内都不属于以牟利为目标的商业活动，甚至绝大多数情况下，人们从事编辑工作都只不过是一种完全义务的劳动。即使是那些有官职的专门做编辑工作的人，也只是拿其官俸而已。编辑客体在相当长的历史时期中几乎从来都不是什么商品，因而也不用以卖钱的，所以也就谈不上有什么市场的。孔子做编辑工作，费了那么大的劲，也没听说用他编的书籍去换钱；他的生活来源，大概主要就是靠开办民办学校教学，向学生收取一点儿学费——"束脩"——十条干肉而已。到西汉时据说长安有过"书肆"，有人解释为当时卖书的"书店"，但却只见到一条记载，此外再未见到别的佐证，按照史学界"孤证不能成立"的原则，这件事却还是不一定靠得住的。在中国古代的晋隋以前，编辑客体可以作为商品买卖的可靠的、明确的记载并不很多。

　　但是到了唐代，这种记载却突然多了起来。唐代诗人元稹在为其好友白居易的《长庆集》所写的序中说，白居易的诗被"缮写模勒炫卖于市井，或持之以交酒茗者，处处皆是。"这其中的一句"炫卖于市井"，将当时编辑客体的商品化市场的情况说得很清楚了。唐文宗太和九年（公元835年），冯宿在给文宗的《禁版印时宪书奏》中说道："剑南西川及淮南道皆以版印历日鬻于市。每岁司天台未奏颁下新历，其印历已满天下。"日历也是编辑客体；"日鬻于市"亦即每日在市场上叫卖；而且卖"满天下"，可见其市场化程度之高。就连佛教的经书也是可以买卖的。1953年于成都望江楼附近唐墓中出土的一幅茧纸印的《陀罗民经》，上有"成都府成都县龙池坊卞家印卖咒本"字样，说明了这种经书类的编辑客体也同样是经编辑出版印刷后卖给信众用体的。五代时达官冯道，因看到吴蜀地方人贩卖各种版印文字，但其中却没有儒家的经典，于是就发起了校刻印卖《九经》的活动，历时20多年。大概儒家经典书籍真正的市场化，就是从此开始的。此后的宋代，全国出现了汴、蜀、浙、闽四大刻书、卖书中心，相当于今天的出版社，形成了当时的四大出版集团"公司"，其编辑客体的商品化与市场化就更加普及了。以后各代以至今日的编辑出版物，都是要用货币金钱购买方得使用，则已成为大家都知道的史实了。

在新中国成立后的计划经济时代，编辑出版物即编辑客体仍是要进入市场进行买卖的，在改革开放后的市场经济时代就更是如此。随着近年来的出版体制改革，编辑客体的市场化程度更是越来越高，编辑出版产业经济的增长希望全都寄托在编辑客体的身上。编辑主体们使出浑身解数，费尽心思地策划经营编辑客体，精心制作编辑产品，一年到头在编辑出版物等各类编辑产品市场上打拼，不仅要用编辑客体来收获社会效益，更要用它来收获经济效益。而且，管理决策层也充分利用市场调节规律来规范和引导编辑活动，编辑客体与市场的关系比以往任何时候都更加紧密了！编辑主体要想赢得市场，就必须精心策划编辑制作好编辑客体。除此之外，别无他法。

市场是分类别的，编辑客体市场应是一个自成类别的、独特的市场体系。它有自己的生产者、供应者和消费者，有自成一统的物流体系，也有自己独特的市场规律。在这一市场体系内部，还具有不同的市场分支。如报纸市场、期刊市场、图书市场、电子出版物市场等，也还有如老年读物市场、少儿读物市场、教材类出版物市场、科技类读物市场等等。每个分支市场内又各自构成不同的市场规律。这些经济学、市场学上的问题，各类别的编辑主体均应分别去作深入的研究与分析探讨，及时地掌握有关的市场情况，并根据其运作规律制订自己的有针对性的营运策略，以确保自己在市场营运中获胜。总之，经常保持清醒的经济头脑与战略眼光，洞悉编辑客体市场风云，随时调整和采取恰当的措施，确保稳定高效的市场经济效益，是编辑主体不可回避的艰巨任务之一。

第六节　编辑客体的创新与变革

　　今天，每当我们走进书店就会发现，书店里的书架上整齐地排满了许许多多的书籍。如果我们稍稍留意一下就又会发现，这许许多多种类的书籍其实都是不一样的，甚至竟然没有一种是和别种相同的。无论从内容上也好，还是从形式上也好，全都是一种一个样子，就连封面也是一种一个样，绝对没有一种是和别种相重复的。如果我们再向以往的历史去追寻则又可发现，几千年来不知出了多少书，那可真叫做浩如烟海、不可胜数！然而那些书几千年中竟然也没有一种是和别种相同的！这就暴露了一个惊天的秘密：啊！原来编辑客体竟然有如此神奇莫测的变化能力！竟然能做到几千年间数十百亿种之中无一种相同或重复，如此变幻莫测，真是太奇妙得不可思议了！

　　到底是什么魔法神术造就了这样的变幻能力与结果呢？答曰：是编辑主体对编辑客体的创新与变革。

一、编辑客体在大类方面的创新与变革

　　编辑客体自其产生以后，先后经历了由符号类至文字类，由文字类至文章类，由文章类至书籍类，至报纸类，至期刊杂志类，至广播类，至音乐类、美术类，至电影类，至电视类，至戏曲类，再至磁卡类、光盘类、网页类等等大类方面的创新与变革。这些大类方面的创新变革周期，有的很长，有的较长，有的较短；长的竟达数千年之久，而短的则不过区区数年而已。这种创新与变革，有的开创了一个时代，有的则开创了一个时期，但却一个个都是伟大的里程碑。其之于人类文明化进程中的伟大意义，是给予怎么样的正面褒义评价都不过分的。

二、编辑客体在小类方面的创新与变革

在小的类别方面，编辑客体的创新与变革更是不断地有新面目的品种出现，显得更加丰富多彩。

符号方面，有图画类符号、刻画类符号、结绳类符号、编珠类符号、刻齿类符号等等。文字方面，则有原始陶文、原始石柄文（贾湖刻符）、甲骨文、金文、竹简文、缣帛文、石鼓文、籀体大篆文、秦体小篆文、隶书文、楷书文、碑版文、雕版文、彝文、藏文、蒙文、满文、维吾尔文、契丹文、东巴文、水书文，以及象形文字、楔形文字、古印度文字、阿拉伯文字、拉丁文字，还有英、法、德、日、俄、朝鲜、西班牙文字等等，可谓是琳琅满目，无奇不有！可以肯定的是，这些种种不同国家、不同民族、不同时期、不同类别的文字，它们都是由编辑源体创作、经编辑主体优化并传播、由编辑用体使用的编辑客体。它们从古到今的发展历程、各个发展阶段的历史形态，无不充满着编辑源体与编辑主体的智慧与艰辛，无不反映着编辑客体的不断变革与创新。

文章体裁方面，诗歌、散文、史籍、政论、典志、策问、占卜、易卦、语录、辞赋、小说、剧本，以及各种应用文，也都不断翻新，展现出创新与变革的强大生命力。

书籍方面，则经书、史书、诸子书、丛书、类书、字书、辞书、韵书、诗集、文集、诗文集、别集，以及编年体、纪传体、典志体、纪事本末体，还有编简装、卷轴装、册页装、蝴蝶装、线装、匣装、钉装、精装、简装、套装、礼品装，一直到今天的胶装等等。不同时期均有不同的类别样式出现，展示出创新与变革的时代风貌。

三、编辑客体在内容方面的创新与变革

在具体内容的不断改革与创新方面，仅汉文字来说，现代汉语中一

字一貌、互不相同的简体文字有50000种，加上古繁体汉字近50000种就是10万种，若再重复相加各种书体的如真、草、隶、篆、籀体、金文体、甲骨体等不同形体，那就还得要翻上几番。如此大的数量，因每个字都相貌形体各不相同，所以每个不同字体都可视为变革与创新。再就诗、词、曲、歌、赋来说，自古以来亦不知写下了多少首、多少篇，但谁曾经看到会有两首、两篇内容完全相同的呢？《全唐诗》收录保存下来的唐诗有5万多首，没有一首是重复雷同的，每一首都有自己的新境界，所以说每一首都是创新，每一种都是变革。其他各种各样的编辑客体也无不如此，每一种的内容都是不同的、创新的、变革的。奇怪的是，同一个人，或同一个时期的作品因为时间较近容易记住，故不至于重复也就罢了，而超越数千年古今、相隔时空万里的人们所创造的编辑客体，竟然也不曾有内容完全相同的。所以我们说，编辑客体在内容上的创新与变革也是极其惊人的！

四、编辑客体在形式上的创新与变革

在外观形式上，编辑客体也是不断地被创新和变革的，古今中外概莫能外。历史上编辑客体的不断创新与变革的就不必再去说，单就说现当代的吧。现在全中国、全世界、每日、每月、每年产生的编辑客体不计其数，可有一种在外观形式上是完全相同的吗？没有！注意：我们这里是就"种"来说的，同"种"的复制本并不计算在内。即便是同一个编辑部、出版社历年来所编辑制作的编辑客体，也绝对没有重复雷同的。不仅没有重复雷同的，而且各编辑主体们大家都是在挖空心思、各出奇招，不断地谋划、进行着变革与创新的。也许正是编辑源体与编辑主体们这种共同的精神意志和追求，才导致了上述编辑客体异彩纷呈的结果，创造了人世间这一出神入化的大奇迹的！

创新与变革，是编辑客体的一大特性，也是人类文明创造运动中的一大奇观。作为编辑客体的编辑制作者的编辑主体，一定要继承编辑前辈先贤圣哲们所奠定的这种行规传统，明白编辑客体的这一特性，积极地去适应、充分地去创造和发展扩大这一特性，勇于展现和发挥自己的聪明才智，并将这种聪明才智与时代精神、用体需求结合起来，积极推动编辑客体在新时代的创新与变革，不断地创造、开发出编辑客体的具有时代风貌的新品种、新形式、新内容，将自己所负责的编辑产品做得更好、更美，使之更加适宜于编辑用体的使用与审美需求。只有这样，才能永保编辑活动长盛不衰的强大活力，才能将人类文明创造活动永续不断地推向前进，才能使自己永远立于不败之地。

第七节　编辑客体的益民、益世与宜用

研究编辑客体，就不能不涉及关于编辑客体的评价问题；而要想对编辑客体进行评价，就必须先要确定评价的标准。编辑客体体态广泛博大，几乎包括所有的传播媒介，其品种类别之多，多到实在难以用一个具体的标准去对它们进行评判。所以，只能从其共性的、全面的、整体上，去确定一些宏观的、为各类别所都能够适用的评价标准。这种标准，也就是对所有编辑客体所都应有的最基本的要求，是每一种编辑客体都不可以违背的共同标准。

我们认为，所有的编辑客体，都必须符合和绝对不可以违背以下三项基本要求。

一、所有编辑客体都应当具有益民性

所有编辑客体都必须具有益民性，这是对编辑客体的宏观上的最基本要求之一。

我们之所以称之为"益民"而不称之为"益人"呢？称"益人"岂不更具体、更贴近"人"一些吗？不，"民"和"人"是有着一定区别的。"民"可指多数乃至广大多数的人，而"人"却一般指单个的人，

这个差别可就大了！这涉及到是为多数人或即最广大人民的利益，还是为少数人甚至只是单个人的利益的大问题，是一个有着巨大差别的根本性问题。举个简单的例子：如果有媒体上登载文章鼓动并教人如何去抢银行，按照其所教的方法果然一抢就成，几个人一夜之间就成了富翁，这样的媒体算不算"益人"呢？回答该是"当然要算了"！但要问算不算"益民"呢？恐怕就没有人作肯定的回答了（你还别说不信，这样的事情还真有，前些时网络上就有教人撬门开锁秘技的）。因为我们强调的是为广大人民大众的公利而不是为少数人或个别人的私利，所以就只能选择用"益民"一词了。

"益民"，就是要有益于广大人民群众，就是一定要对广大人民有好处。益民性，是自古以来、迄今为止、古今中外一切编辑客体的最大的共同特点之一。虽然不能说完全没有出现过相反的的现象（这是不可能完全避免的），但总体来看，具有很强的益民性是编辑客体发展史上的主流。我们可以看一看流传至今的那许许多多的、各种各样的编辑客体，无论是文、史、哲、政方面的，还是理、工、农、医方面的，其内容几乎全都是于民众有益的。虽然也曾经出现过诸如所谓的"反书"、"淫书"、"禁书"、"邪书"等等，但一方面是因为对其内容的评价角度、评价标准不同，另一方面有真的坏书也只是沧海中的一粟，是极少数，无碍编辑客体益民性的整体主流。还有一种情况则与一个历史阶段内的社会倾向与人们的集体认识偏差有关。如众所周知的中国的"文化大革命"，在那十年动乱期间几乎所有的编辑客体都在传播谬误，鼓动和制造动乱，在事后来看那些都根本没有什么"益民"可言，它们所起的作用现在看来只能是"害民"；可是，在当时那种全社会集体认识错误的环境中，它们及其所宣扬传播的内容却都被认为是极端正确的，是"绝对真理"。就连著名的官方巨媒中央人民广播电台、"两报一刊"，都在天天鼓吹谬误，将民众向狂热迷乱的错误方向狂引，更不用说包括铺天盖地的红卫兵小报之类的其它种种媒体了。在那样的是非颠倒、黑白混淆的年代，错误的成了正确的，害人的成了"革命"的，而正确的反而成了错误的，益人的反倒成了"反革命"的，而"反革命"是要被置于死地的！现在看来，在那期间几乎所有的编辑主体及其编辑制作的编辑客体都在干着害人民、害国家、害社会的勾当。但这只能归结为当时全社会的集体谬误所造成的。而现在，那时的那些丑恶的编辑和害民的编辑客体们，几乎全都被钉在了历史的耻辱柱上，被全部扫进了历史的垃圾堆。他们留给后人的，只剩下一些惨痛的历史教训，如此而已。

"尔曹身与名俱灭，不废江河万古流"，与上述截然不同的是，有史以来那多得数不清的、内容健康、与民有益的编辑客体或称编辑产品，如文字、文章、诗、词、歌、赋、曲、语、图书、音乐、美术、医药、技术等等，至今都还仍然在影响、愉悦、造福于人民，持续产生着百世不衰、万古流芳的社会效益，发挥着超越时空、超越生命的强大生命力。这样的历史经验，这样一份宝贵的编辑文化遗产，是非常值得我们从编辑学的角度去加以总结和予以继承弘扬的。

二、所有编辑客体都应当具有益世性

上面的"益民性"，是侧重于对人民、对公众来说的。而这里的"益世性"，我们却主要是想从其对社会、对世界来讲，是指所有的编辑客体都应当是有益于社会、有益于世界、有益于人类的。

我们这里所说的社会，依然是指"由于共同的物质文化条件而互相联系起来的人类群体"。在这样的人类群体内部，除了共同的血缘、民族和物质条件基础之外，还有大体上相同的历史文化传统，相同的精神理念，相同的理想追求，以及相同的价值观等等。这样的人类群体，在现当代世界大多是构成一个国家，亦有分为数个国家或地区的，所以有时又称其为共同的文化圈或文化区。在这样的文化圈或文化区内产生和流传下下来或正在产生和流传的编辑客体，无论其是古代的还是当代的，往往都是本文化区古今人民共同的创造，是该文化区内人类群体共有的文明成果和文化标志，当然也反映着该文化区内共同的民族文化、理想信念和精神追求，反映着他们共同的价值观。在某种意义上说，这样的一个文化区也就是一个小世界。在这个小世界里产生和流传的编辑客体，理所当然地都要有益于这个世界，都要有益于这个社会。不然的话，理所当然地就会遭到这个世界的抵制和反对。譬如你要在某宗教地区制作和传播有悖或不利于该宗教信仰的编辑客体，那你准定是个傻瓜。再譬如如若有人敢在中国编造和传播诸如台独、藏独、疆独之类的编辑客体，那他绝对是找死，也注定是要失败的，因为那些对这个地区是有害的，是必然要遭到这里人们的反对的！

当然，历史上也曾经有过不少煽动造反和动乱、破坏社会稳定、甚至鼓动打翻旧世界的舆论媒体，这些舆论媒体也是编辑产品，但发生这样的事件首先是因为那社会病了、坏了，需要医治甚至彻底推倒重建，不然的话那里老百姓就活不下去，这些属于正义的、革命的行为，应另当别论。这样的问题较为复杂，遇到类似事情时需要冷静观察、认真分析，区别其性质，正确对待。现在回过头来总结历史就会发现，那些革命的、符合广大人民要求的，其结果也都是益世的。但有一条必须永远牢记的永恒真理就是：永远站在最广大的人民群众一边，永远代表最广大人民的根本利益，永远都要得到最广大人民群众的欢迎与拥护，编辑活动永远不可以违背这一根本宗旨。这既是伟大东方文明的传统，更是伟大中华民族万年编辑活动的美德，应当永远继承与坚持。

三、必须注重编辑客体的宜用性

2003年12月，东北师范大学出版社出版了我的一本名为《编辑学基本原理》的小书。在书中我用了一章、即第三章，推导论证了编辑学的核心原理，认为：使编辑客体适宜于人们共同使用，简称"宜共用"，是编辑活动与编辑学的核心原理。编辑客体也就是编辑产品，它主要是供人们使用的，必须注重编辑客体的宜用性。

编辑活动为什么会产生？就是为了使原来不能够为大家共同使用的原始符号变得能够为大家共同使用。编辑活动为什么会发展？也正是因为那持续不断地产生的、不能够或不便于人们共同使用的各种作品，必须经过编辑制作才会变得能够和便于人们共同使用。而狭义上的编辑活动主要是在做什么呢？主要就是在编辑制作编辑客体亦即编辑产品。编辑制作的核心目标是什么呢？也正是为了使编辑客体更完善、更优化、更加适宜于人们共同使用。所以，凡是经过编辑制作的编辑客体大都具有宜用性，这是编辑客体即编辑产品的又一个鲜明的共同特性。

至于什么样的编辑产品是宜用的，什么样的编辑产品是不宜用的，宜用的标准是什么？这都是一个难以统一回答的问题。因为，在不同的国家、不同的民族、不同的地区、不同的人群那里，往往具有各不相同、甚至是完全不同或完全相反的标准。譬如说：我们经常在一些媒体上看到诸如"少儿不宜"、"18岁以下勿进"等字样，这就说明那其中的内容只适宜一部分人共同使用而不适宜另一部分人共同使用；譬如说：有神论者相信某种宗教，而无神论者不相信任何宗教；再譬如说：日本的侵华战争致使3000万中国人死于非命，中国人一致认为这是日本军国主义者不可饶恕的滔天罪行，而部分日本右派却说那是正当的，至今还要去参拜什么"靖国神社"；等等。对立的双方是无法使用统一的评判标准的，但在公正的人那里却一定会有一个公正的标准：正义，非正义。后来的东京审判依据的正是这样的标准。毛泽东讲："凡是敌人反对的，我们就要拥护；凡是敌人拥护的，我们就要反对。"说的也是一种标准。这些都是从政治上而言的。在这种情况下，"宜用"与"不宜用"，都是要根据其不同用体的不同政治立场来决定的。如果你是中国人，那就一定不能同中国的敌人站在一起，去和敌人共用一样的评价标准的。以上主要是就编辑客体内容的政治倾向而言的。

关于编辑客体的"宜用"还是"不宜用"，还有诸如文字、语言、语法、民风、民俗、文化、艺术、格式、规范、形式、审美、优劣等方面的标准，都需要编辑主体去对其加以鉴别和把握，并对其进行审视鉴别、择优汰劣、加工改造、整理提高、组合编次、规范定型等一系列优化制作，使其成为完善的、适宜于人们共同使用的编辑产品，也就是使其变成具有较强的宜用性的完美型产品。一般地来讲，凡是经过了这样一个编辑过程的编辑客体，就都被赋予或强化了不同程度的宜用性，无论在政治上还是在技术上都是如此。如果经过了这样的编辑过程之后的编辑客体还是有问题的、不宜用的，那这个编辑主体的编辑活动就肯定就是失败的了。

第八节　编辑客体的成本计算与价值实现

从经济学的视角来审视，编辑活动其实也是一种商品生产与交换的活动，它所生产的主要商品就是由编辑客体进一步制作而成并用于商品交换的编辑产品。虽然在历史上的许多时候编辑客体是不作为商品的，但也有相当多的时候是作为商品的。就现当代的、尤其是市场经济社会条件下的编辑活动实践来看，虽然也有少数的编辑客体不作为商品的情况，但其绝对多数却都是作为商品问世的，它主要也同样具有商品性。

编辑客体既然也是商品，并像其他商品一样参与商品交换（又叫做货币交换，通俗地说就是"卖钱"），那就必须也像其他商品一样要追求利润，要计算其经济价值，要对其进行成本和利润核算，并在此基础上确定其价格。

一般来讲，价格等于成本加利润之和。

一、成本，一般是指物资成本加人力成本加社会成本之和。有两种不同的核算方式。

（一）核算其广义成本或称全部成本

1. 物资成本方面。包括场地、厂房、设备、材料、工具、折旧、仓储、运输、广告、交货等各个环节的全部投资费用。其中如场地、厂房、设备、工具、折旧、广告等属于长期投资的方面可以分解在预期的较长时段内（往往采取折旧分摊法）逐渐收回；而材料、仓储、运输、交货等却必须一次性予以收回。

2. 人力成本方面。包括策划、研发、设计、制作、管理、中介、销售、物流等所有工作流程中参与人员的全部工薪报酬及办公、差旅费用等。其实也就是编辑主体、编辑源体和编辑辅体的全部工薪报酬、办公、差旅等项费用之和。

3. 社会成本方面。包括应缴纳的各种税收、租金、公共关系费用、保险费用、环境保护费用，以及应付偶发性的天灾、人祸等不测因素方面的费用，甚至还有可能的慈善捐助等等。

将以上三个方面相加之和，就等于核算出的全部成本。当然，这些成本都是要分别摊薄到每一件产品中去的。虽然总量很大，但摊薄以后就变小了。如果同一种产品的生产量、销售量大，那么摊薄以后就更小了。所以商品的产量、销售量越大，其单件的平均成本就越低；反之，同一种商品的产量、销售量越小，其单件的平均成本就越高。

（二）核算其狭义或曰部分成本

核算其部分成本，往往是在有些时候或一定的情况下，就某一种产品来说，由于某种原因，只简便核算其如直接用于该种产品的材料、工价、税费等一次性的直接成本，而忽略其如场地、厂房、设备、工具、折旧、广告社会等长期性投资的间接成本。但采用这种成本核算方式往往都必须是精确计算，而非全部成本核算中对于固定资产成本投资和社会成本投资部分的模糊计算（因这种可在长期内逐渐收回的成本难以分摊在某一种商品身上去精确计算，只能作一个大致的估算），这种核算一般要求要十分准确，不可有丝毫的马虎与差错。不然就会导致绝对的亏本和损失。

二、利　润

利润，是指商品售价扣除成本后所赚取的部分，通常分为"毛利润"和"纯利润"两种计算方式。

（一）毛利润

所谓毛利润，是指在商品销售总金额中只扣除直接成本即部分成本，而未扣除间接成本即全部成本，之后所得的盈余金额。统计毛利润只是对商品销售情况的一种较简便易行的估量方法，严格来讲它还不能够算是此种商品的真正的利润，因为这种统计方法略去了另外的很大一部分成本，如果加上那些成本之后，这点利润可能就会变为亏损而不复存在。但是因为全部成本的核算较为复杂费时，所以人们往往先用统计核算毛利润的方法较快获得对某一时段商品盈利情况的估量；对于那些有丰富经验并充分了解情况的人来说，则可能会据此获得较接近精确的估量，以便于尽快作出新的、正确的决策。所以，采取这种统计方式也是有益的。

（二）纯利润

纯利润又称净利润，是指从商品销售总金额中扣除其全部成本之后所剩余的金额，这才是真正的利润所得，也就是实际所赚取的利润金额。当然，即便是这样的实赚利润，也还要拿来用于扩大再生产，用于去进行新的投资，用于去创造新的价值，以此推动国家、社会、公司及个人的发展，去创造更多的社会财富，去帮助更多的人实现就业，并非这些赚来之钱就可以随意花掉了之的。如若不谋求新的、更大的发展，就有可能在激烈的市场竞争、行业竞争之中败下阵来，甚至一败涂地、倒闭关门都是有可能的。这是所有商品生产和交换活动中的普遍规律，编辑活动当然也不能例外，编辑主体一定要予以充分注意。

（三）价　格

价格，就是指某一种、某一件商品的销售价格。商品的价格是怎样制定出来的呢？简单地说，就是成本加利润之和除以产量再加市场预期所得出的。前三项较容易理解不必多说，而后一项"市场预期"，则是指对该产品在市场上的需求度、稀缺度及实际应用效度的估量与测算，如测算的"三度"高，便可以提高销售定价而增大利润率；如果经测算的"三度"不高，则只能降低销售定价而争取扩大市场销量，薄利多销，亦可以多获得利润收入。总之，一定要在测算准确的前提下方可准确定价。在这一问题上决不能失算，失算便会带来损失。

经济学上的价值是以货币来体现的，对编辑产品也是一样。编辑客体的经济价值的最终体现就是利润率。在市场经济社会条件下，编辑活动在重视社会效益的同时，同样也必须遵循市场经济规律，理所当然地运用编辑客体通过市场竞争去盈利赚钱。在满足编辑用体需求的同时，去恰当地追求"正义之财"（与"不义之财"相反），追求商业利润的增加，去努力地、恰当地实现编辑客体经济效益的最大化。

第六章
编辑用体研究

第一节 编辑用体的概念与内涵

编辑用体,就是使用编辑产品的人。它包括两层含义:第一层含义是编辑用体个体,即使用编辑产品的人;第二层含义是编辑用体群体,即使用编辑产品的人们。

编辑用体这一词汇,在以往的一切词典中肯定都是没有的,它是我们在自己的编辑学研究实践中,为了理论归纳和表述的需要,根据古今中外编辑活动的实际情况,从编辑活动实践中归纳提取而创设的,是编辑学理论体系中的一个术语。这个术语,首见于笔者所著的《编辑学基本原理》一书(东北师范大学出版社2003年12月版),本书中则是再次使用。

编辑活动是由作者、编者、读者、编辑产品制作传播者和编辑产品等共同组成的统一体,这是一种客观存在和不可否认的事实。编辑学研究不能不包括对作者和读者的研究,不能排除作者和读者,这已为编辑学界越来越多的研究者们所认识。目前虽然还有一些学者,坚持在仅限于编者与稿件的狭义编辑学中不懈地奋斗,但完全可以相信他们终于会从这条难以走通的胡同中转出,汇入广义编辑学的正确道路上来。因为,作者和读者都是编辑活动的重要组成部分这是一个事实,无论是谁,无论是哪一位编辑学研究者,不承认这一事实、不将他们纳入编辑活动作整体上的研究都是不行的,最终都是走不通的。关于作者,我们已将其名之为"编辑源体",并在本书的第四章中进行了探讨;本章我们着重对读者等进行较深层次的揭示与探索。由于编辑客体除了书、报、刊等主要用"读"的方式使用的媒体以外,还有如广播、电影、电视、戏剧、音乐、网页等,是供人们用以"听"和"观"的方式使用的传播媒介,所以除了读者以外还应当包括听众、观众和网民,甚至将来可能还会有另外的新媒体使用者出现,因此我们探讨的对象也理所当然地应当将他们全都包括在内。

在任何一个学科的任何一种学术理论体系的建构中,理论术语的规范、统一与便于使用都是一个必须予以解决的问题,在编辑学理论体系的建构中也不例外。鉴于读者、听众、观众、网民等处于同一理论阐述对象层阶,但却有着各不相同的名称而不便于在理论阐述中使用,我们不方便在每次论述到这一问题时,都要去罗列一长串的好几个称谓,必须将其归纳为一种统一的、规范的、宜用的理论术语;所以,我们经过审慎的研究,取其都属于"使用编辑客体"的共同点,并尽可能地与前述"编辑主体"、"编辑客体"、"编辑源体"之术语形成统一的规范性和体系性,所以我们最终将其确立为"编辑用体",使其成为我们这一理论体系中的主要专业术语之一。

"编辑用体"这一术语,可以涵盖古往今来一切使用过编辑产品的人。古代的编辑产品,无论是用眼观的、用耳听的,还是用口读、吟、咏、颂、歌、唱的,还是用手书写、刻画的,它们全都共有一个特性,那就是供人使用的。不管是以何种方式使用过任何一种编辑产品的人,也无论是皇帝还是庶民,他们全都无法甩掉"编辑用体"这一雅号。因此我们说,"编辑用体"这一术语,对于古代一切使用过编辑产品的人来说,是合适的。

"编辑用体"这一术语,可以涵盖当代一切使用过或正在使用编辑产品的人。当代的编辑产品,尽管其无论在内容品种上,还是形式上,都较之古代有了很大的发展和变化,即使在使用方式上也较之古代有了非常大的变化,但它们却仍然未能改变其共有的特性,那就是仍然是供人使用的。不管是以何种方式使用过任何一种或多种编辑产品的人，也无论是国家元首还是平民，是教授、专家还是农民工或幼儿园小朋友，他们全都仍然有缘于"编辑用体"这一光荣称号。因此我们说，"编辑用体"这一术语，对于当代一切使用过或正在使用编辑产品的人来说，和古代一样，是合适的。

"编辑用体"这一术语，可以涵盖将来一切将要使用任何编辑产品的人。可以预见，在将来的人类社会，文明仍然会高度地发展，除了今天的编辑客体之外，肯定还会有许多种类不同的新媒体、新产品出现，其内容、形式、品牌和使用方式，肯定都会发生更大、更多的发展和变化。但是我们可以肯定地说，无论它们发生什么样的变化，却有一点是绝对不会改变的，那就是它们"被人使用"的共同特性，它们仍然是要"被人使用"的。因此，凡是使用它们的人，无论其于何时、何地、何种方式，也无论其是什么身份的什么人，他们都将和过去、现在的人一样，仍然无法去掉"编辑用体"这一美称。因此我们说，"编辑用体"这一术语，对于未来将会使用编辑产品的人来说，仍然是合适的。

"编辑用体"这一术语，还可以涵盖过去、现在和未来一切因我们无法冠其名而被遗漏的已经使用过、正在使用和将要使用编辑产品的人。如古今那些吟咏诗歌、演唱戏曲、唱歌跳舞、演奏乐谱、使用历法等种种类别的人，他们既是在为别人、同时也是自己在使用编辑产品；但他们却既不是读者，也不是听众和观众，在编辑活动中，迄今无有适合他们的用语。可是他们却全都适合"编辑用体"这一名称，因为他们无一例外地都具有"使用编辑产品"这一特征。还有，如使用盲文的盲人，他们使用的方式既不是读，也不是听，亦非为观，而是独一无二地用手"摸"的，我们却不能也从未有人称其为"摸众"，也未听说有人对其取过别的什么称号；但是那盲文却毋庸置疑是经编辑人员编辑制作过的，一样地是属于编辑产品，盲人尽管是用摸认的方式使用的，但却同样可以被称之为"编辑用体"。因此，"编辑用体"这一术语完全可以涵盖一切以使用编辑产品的方式参与编辑活动的人。

"编辑用体"这一术语，与前述"编辑主体"、"编辑客体"、"编辑源体"具有一致性，因而具有规范性、统一性、体系性和宜用性，和编辑活动实践中的客观存在具有普遍的符合性和高度的可验证性。所以我们说，确立这一术语是合适的。它的全部内涵就是：无论何时、何地、以何种身份、何种方式，一切使用过和正在使用或将要使用编辑产品的人，都属于编辑用体的范畴，都应被称之为编辑用体。

第二节　编辑用体的产生与发展

如前所述，与编辑主体、编辑源体、编辑客体的产生时间相同，我们将编辑用体产生的时间也界定在新石器时代早期，即远古人类的符号文化创造时期。

其实，那时候的编辑活动之所以会产生，可以说完全是由于编辑用体对编辑客体的共同使用需求的拉动。当时，开始时人们出于自己使用的需要，各自创造自己使用的符号，但这些各自创造的为自己所使用的符号，却由于别人不认识而无法为大家所共同使用。而实际上，不仅自己未创造符号的人需要认识和使用别人创造的符号，而且就连创造符号者自己，也既需要了解、认识和使用别人创造的符号，又希望别人了解、认识和与自己一起使用自己所创造的符号，因为只有这样才能和大家一起互相表达、传递、交流信息和思想，才能更加方便于自己和大家共同的生产与生活。所以，在那时，能创造和制作出可以为大家所共同使用的符号系统，并使之规范化、系统化，应当是当时大多数人共同的需求和愿望。于是就有人出来承担了这样的责任和工作，有意无意地做起了对原始符号的收集鉴别、择优汰劣、加工改造、整理提高、补充统一、规范定型等优化工作，这工作就是最初的编辑工作。最后终于使那些原本各自创造的、杂乱无章的原始符号逐渐得以规范统一，从而能够为大家所共同使用，满足了大家共同使用符号的需求与愿望。于是，做这种工作的人就成了最初的编辑主体，他所编辑整理的符号就是最初的编辑客体，他所编辑优化制作完成的、能够为大家共同使用的符号，就是最初的编辑产品，而开始使用这些编辑产品的人和人们，就是最初的编辑用体，编辑用体也就是于这时、像这样地产生了。

接着，编辑用体的队伍不断地扩大，人们需要使用的符号的品种和数量不断地增加，编辑活动也就在编辑用体的使用需求的拉动下，不断地扩张和发展。人毕竟是有血有肉、有思想、有感情的高级动物，人需要运用符号来记忆、表达、传递和交流的事情（包括思维成果和思想感情），实在是太多了！人需要认识自然界，而自然界实在是太大，人想要认识、记忆和描述的自然界的事物实在是太丰富了！人又是社会的人，天天在社会环境中生产、生活、生存；人与人之间，人与社会之间，人与生产和生活之间，需要认识、思考、记忆、表述、抒发和交流的东西，更是多得不计其数！这些，都需要用不同的符号来表达和记录。在这种使用需求的拉动下，许许多多的符号不断地被创造出来，又不断地被编辑、整理、加工、规范、优化、定型……久而久之，就形成了一整套更高级的可以记录语言、表达更多内容的识记和书写体系。于是，文字产生了！如若从这种角度去认识，那么文字的产生当然也可以说是编辑用体的使用需求拉动的结果。

文字的形成，既逐渐满足了编辑用体记言、记事、交流、传播的需要，又使他们有了更大、更广阔的使用文字的空间。语言是由人发出的、表达人的思想感情的声音体系，它由音节到词汇、到短语、到语句、到语言片段，再到长段语篇，甚至还有歌唱语言、音乐语言、述说语言等等。在文字体系有了记录语言的功能以后，编辑源体即创作者们更可以利用它尽情地记录一切，尽情地将自己的口头语言变成书面语言。于是，长篇幅的文章产生了，美妙的诗歌产生了，动听的音乐产生了！由于用文字书写的书面语言有可以无限延长之趋势，所以再后来，大部头的书籍也产生了。使用文字的人不仅可以是普通百姓，而且更有国王、臣公以及文人雅士等等。国王诏命、国家法令、祭祀占卜、征战讨伐、封赏册命，以及个人书信、情歌雅语、政论哲思、文学历史、医药农工、自然科技等，都可以用文字尽情地创造和记录，人所认识的所有客观世界与主观世界包括情感世界，都可以运用文字体系来尽情地表达与抒发。可惜的是，由于文字的数量越来越多，体系越来越庞杂，识记成本越来越高，于是便逐渐地被集中垄断掌握到了统治阶级、少数专门业者和知识阶层的人的手里，广大普通穷苦百姓却因为付不起这样的成本，而无奈地丧失了认识和使用文字的权利和能力，使用文字成了社会中少数人的独占品和奢侈品，甚至成了统治者统治、奴役、欺骗和愚弄人民的有效工具。这种因素极大地限制了编辑用体的数量，致使在长达数千年的人类历史长河中，编辑用体的数量始终未能发展到本可应有的水平。

尽管如此，各种文体的产生与发展，以及文字功能的日益完备，还是导致了各种编辑用体的不断扩张与发展。

首先，文字的用体即使用文字这一最基本编辑产品的人，是整个编辑史上数量最多、需求最为迫切、使用最为普遍、状态最为稳固的基本面。迄今为止考古发现中国最早的文字，就是1987年于河南省舞阳县贾湖遗址出土的一件石质柄状器，上面刻有11个连续排列的文字，被科学测定为距今8500年前之物。那么这件石质柄状器为何人所用呢？当然它应当属于当时的部落首领，类似于后世的国王，这件东西应当是他所用于象征自己的权威地位并发号施令的权杖之柄。而考古工作者先后发现的仰韶文化、红山文化、龙山文化、大汶口文化中的许多刻在陶片上的陶文，则应当是当时制陶工匠所刻，可证他们也是当时文字符号的创造者和使用者之一。再以后的殷墟甲骨文、周原甲骨文，却无可置疑地是王室占卜的文字记录，其使用者是王和他周围的人，明显的是属于统治阶级了。这种"学术在官"、由王室、官方垄断文字使用权的情况，大概直至春秋的孔子时代，才由民间办学的兴起而被打破。孔子身体力行、聚众授徒，办起了民办学校，第一次提出了"有教无类"的著名教育思想，使普通人也可以读书识字而成为文字的使用者。在当时的条件下，仅收"束脩"即每人10条干肉的学费（那时候靠打猎等途径获取10条干内并不难，这比今天大学生的学费可便宜多了），孔子一个人就解决了三千多人（"弟子三千"）的读书识字问题，造就了3000多个编辑用体，实在是一种了不起的贡献！

识字是一个人成为文化人的开始，也是一个人成为编辑用体的开始。在长达数千年的时间里，读书识字一直是广大普通人民大众的一种最基本的奢望。尽管总是为穷困的生活所迫，十分的不容易，但还是有许多人克服重重困难，终于成为了识字用字的文化人，有的还成为了不起的高级文化人，使编辑用体的队伍不断地发展壮大。当然，那些出身于富裕权贵之家的人就更不必说了，他们从小就生活在优裕的环境之中，较早并持续不断地学习和使用编辑产品，受到良好的文化教育，产生了许许多多优秀的知识分子。许多人还都有所建树，成为大学问家、大文学家、大科学家，成为编辑用体中的优秀分子。

文字，自从其产生以来，过去是、现在是、将来还将永远是用体最多的编辑产品之一。现在，人类社会的文明化程度有了极大的提高，尤其是占全世界五分之一的中国人民文明化状况的根本改变，全中国人民已经几乎人人都成为了编辑用体，即使用编辑产品的人，编辑用体队伍已空前地扩大至全民化。伟大的改革开放运动带来的这一伟大变化的客观事实和旷世之功，是应当引起编辑学研究者的充分注意的。

文字学家认为，文字是用以记录语言的工具。那么接下来文字用体的进一步发展，就必须借重于两个条件：一是人类语言能力的不断丰富与发展；二是文字记录语言能力的不断拓展与优化。人类语言能力的丰富和发展，就像一个人从牙牙学语的孩童时代开始，到后来少年、青年、壮年、中年的成人时期，其语言的表达能力逐渐发展到无所不能。而文字自其产生以后，其记录语言的能力也随着人类语言能力的发展与记录语言的需要而不停地跟进，从而不断地发展、丰富。因此文字的数量也从原始的单体符号进而发展成为多体符号，又进而发展到群体符号，再进而发展成为庞大的文字体系。在中国先商时代如大汶口文化中的陶文，其文字数量都还极少；到了殷商甲骨文时期便已发展至5000来个，已基本上可以满足当时记录语言的需要；至今日则已发展到50000来个，已是殷商甲骨文字数量的10倍，其体系之完善庞大，在记录语言的能力上可说已是无所不能了！

语言分为口头语言和书面语言两种形式。运用文字将口头语言记录下来，便是书面语言。较之于口头语言，书面语言更可以精心谋篇、布局、设计，反复加工、修改、优化，因而其创造的余地更大，能力更强。于是在人们不断发展的使用需求的拉动下，更多和具有更加瑰丽丰富内容的书面语言形式先后不断地被创造出来。在内容篇幅的长度上，由原来的只能记录只言片语，发展到可容纳较多语言内容的、较长篇幅的文章。编辑活动也由此而进入了文章编辑的新阶段。上古时期的"三皇五帝之书"、"三坟、五典、八索、九丘"之书，以及殷墟甲骨文献中的长篇幅之作（大片甲骨上有长达数百字的），便都是较长篇幅的书面语言——文章。

从文章开始产生至今，人类对文章的使用已经延续了好几千年，产生和创造了不可胜数的文章成果，当然也形成了代复一代、不可胜数的文章用体（使用文章的人）。文章这种编辑产品样式，在人们的使用中又被不断地创新，各种不同形式、不同类别的文章又不断被编辑创造出来，如各种散文、议论文、策文、诔碑文，各种书信、颂词、哀册、祭文、悼文，各种各样的应用文等，纷纷出现，文章的使用者即用体也就变得日益广大。人们使用文章不仅变得更加方便，而且使人变得更加聪明睿智，人类文明被不断地推向更高阶段。

原始人类在日出而作、日入而息的同时，还用语言抒发自己内心的意志与情感。"在心为志，发言为诗"；言之不足，则长言之；长言之不足，则讴歌之；讴歌之不足，则手之、舞之、足之、蹈之。为方便使用的需要，将上述内容分别用书面语言表达和记录下来。于是，诗、辞、歌、赋等韵文样式被创造出来。由于其朗朗上口、韵律优美且还可以和乐歌唱传播，这种样式从其产生之日起，便更容易获得众多用体消费者（无论是歌者、诵者还是听者）的青睐，因而不断地博得更广大用体的欢心，不断激起众多用体乃至全社会的使用需求。人人和之而歌、随之而舞，丰富无限的情感世界随之变幻无常地跌宕起伏，从而使其在情感的抒发宣泄上得到极大的满足，将人类在情感方面特有的幸福品享消费推向极致。同时也拉动着韵文编辑活动在不断创新的大道上急奔，以至于其由诗而歌、而辞、而赋、而曲，最后又创造发展出了韵文的最高形式——戏曲。

书面语言在发展到文章阶段之后，由于对文章的使用而使人们的思维得以不断地延伸，思想得以无限地拓展，人们越来越需要想更多的事、说更多的话，有更多的事物需要记录，有更多的思想需要表达和交流，文章这种较短的编辑产品样式已经远远不能满足用体的使用需求了。于是，书籍——这种篇幅更长、功能更多、部头更大的编辑产品被创造出来，加入了编辑用体的使用序列，书籍用体也就同时产生了。此后，由于书籍对于人类社会的适用性被不断地发现，其作用被推广于越来越多的不同学科和不同应用类别，书籍的种类越来越多，其用体越来越广泛，几乎可以向全社会拓展了。用体的急剧膨胀与扩大，使用书籍的人数无限地增加，"万般皆下品，唯有读书高"，读书成了社会公认的高级追求，于是导致了读书人的增多，导致了对书籍编辑客体（亦即编辑产品）复本需求量的无限增加。由于书籍内容越来越多、篇幅越来越长、部头越来越大，导致用竹木简册这种载体编制成的书籍体量越来越重，用体阅读、搬动和携带的不便就日益成为令人头痛的问题。人们也就不断地、尽可能地努力想办法来解决这一问题，于是由竹木而缣帛、而丝麻、而纤维，造纸术被逐渐地创造出来，一种具有人类文明史上划时代意义的、轻便、经济的文字载体——纸张，在中国诞生了！纸张的诞生，使编辑客体面目一新！编辑主体、编辑源体和编辑用体都得到了极大的方便，写书、编书、读书一下子全都成为了较之以前轻松愉悦得多的赏心乐事！这样就又导致了编辑产品用量与产量需求的更加扩大。也就是说，对编辑产品——主要是书籍复本的制作急需增加，单靠原来的手工抄写制作书籍复本的方法，已经远远不能满足广大编辑用体的需要了。于是，一种破天荒式的、关于书籍复本复制技术的最新发明，一种与造纸术一样在人类文明史上具有划时代意义的重大发明——雕版印刷术，也被中国人创造出来了！从此，编辑产品的生产更加方便，产量大大地增加，人们写书、编书、读书、用书都成了日常生活中一种十分方便与惬意的事情！编辑用体规模比以前更加扩大，社会文明程度和水平更为提高。在当时居人类文明之巅的中国的唐宋文明盛世之所以形成，客观地说与此两术的发明应是具有极大关系的。中国书史上那些大部头的鸿篇巨制，如唐代的四大类书、宋代的五大部书等，都是在有了这种条件之后产生的；唐诗、宋词等编辑客体在当时社会上创作、传播、使用的大众化普及程度，以及其所导致的社会文明局面，不仅在唐以前不曾有过，而且在当时除中国以外的世界其他地方也是没有的。就连如王羲之、王献之、陆游、王询乃至颜真卿、欧阳询、柳公权、张旭、怀素，以及宋代的苏轼、黄庭坚、米芾、蔡襄等著名的大书法家，展子虔、吴道子、阎立本、韩干、顾闳中、李成、范宽、宋徽宗这样的大画家等，也无不是在有了纸张这种书画材料之后，才得以成群结队地涌现出来的，无不是人类文化、文明的阶段标志性成果。诸多艺术作品的先后涌现，又从另一个界面扩大了艺术编辑用体队伍，使编辑用体得到了别开生面的进一步的扩张式发展。

自唐代中期开始，京师以外各封地上的王侯贵族，基于及时了解京中朝廷各种消息动态的需要，纷纷在京都建置府邸（相当于今日的驻京办事处），由驻邸人员随时打探京中情报，并将打探来的消息、新闻等情况用纸张抄写编排成报告，派人快马飞递京外藩府，于是一种新的编辑客体产生了。这种形式的编辑产品便是新闻史上著名的"邸报"——被公认为"万国报纸之先辈"的世界上最早的报纸。由此，不仅报纸、新闻的编辑客体、编辑源体、编辑主体于此时产生了，而且报纸的编辑用体也与此同时产生了。直至近现代时期新的、标准化、正规化的、亦即真正现代意义上的报纸产生，后来又有广播新闻的产生，报纸、新闻编辑产品渐次向社会广泛扩散传播，报纸、广播等新闻用体也渐次普及扩张至全社会，成为所有编辑用体中规模最为庞大的类别之一。

再后来，电影、电视等影声光电一体的新的编辑产品载体出现了。这种崭新的编辑产品载体样式，给人类带来了空前的愉悦，人无分男女老幼，地无分东西南北，人人都能看得懂、听得明，即使是不识字的人也一样可以观听，从而使这一编辑用体群体得以无限制地增加。时至今日家家有电视，甚至一家有几部电视，人人看电视，电视编辑作品的使用率已空前地普及至全社会的几乎每一个人，这样的编辑用体密度已经达到了空前的、令人惊叹的程度！编辑活动不能不为自己发展至今的伟大成就而自豪！

现在，光盘、计算机网络、电子等光电编辑技术正如火如荼地发展，一种被称作"网民"的新生编辑用体又产生了，而且其群体数量每年都以惊人的速度增加。在70后、80后、90后的新生代青少年中，已经几乎无人不懂、无人不用电脑。编辑活动又一次开辟了一个新天地，创造了一个新局面，同时也不断地面临着新用体的新要求。今天的编辑用体，不仅在数量上，而且在文化水平、品质、素质、科技水平、鉴赏水平等方面也都在发生着质的变化。这些变化，同时也就对由编辑主体主导、主控、主运作的编辑活动不断地提出新要求，不断形成新的用体市场，从而不断地拉动着编辑客体的创新与变革，拉动着整个编辑活动不断地向前迅速发展。

编辑用体在不断地走向大众化的同时，也在发生着分众化和小众化的变异，这是编辑史上另一个显著的发展趋势。在文字形成初期及其以前，人们只是单一地使用文字符号，用以记忆、记录一些事物，甚至只是一个简单的标记。随着文字体量的扩大、载体样式的进步、语言载体的创新，以及生产、生活、思想、文化、艺术、科技的不断发展，编辑源体从源头上不断地进行新的创造，编辑主体敏锐地把握着时代发展的脉博，及时地进行创新变革，引领着整个编辑活动向前发展。每一种新的编辑产品的推出，就会产生和形成一类新的编辑用体；而新的编辑样式、新的编辑产品的不断推出，也就又不断地分化出新的编辑用体，从而导致编辑用体不断向分众化演进，使编辑活动不断地变得更具针对性、适用性和谐调性。譬如说，单是文学就先后发展出了诗歌、散文、辞赋、戏剧、小说、电影、电视等多种编辑产品样式，分化出了各不相同的编辑用体；哲学也分化为经学及诸子百家等各种流派；史学不断地变异为正史、野史、编年体、纪传体、纲鉴体、典志体、纪事本末体以及文学化的通俗演义体等等；理、工、农、医等科学技术方面，也在不断地发生着各自学科方面的变异与分化，同时也不断地衍生出各自的专业用体来。再后来，针对不同的人群，又再分蘖出诸如老年类、少年类、青年类、成人类、妇女类、学生类、民族类，甚至还有军迷类、球迷类、歌迷类、星迷类，以及生活型、娱乐型、趣味型、知识型、颐养型、体育型等等。这种分众化和小众化趋势，在主观和客观上满足了各类民群对编辑产品的使用需求，使各类用体都能各取其用、各得其学、各广其智、各强其能，各得其乐、各愉其情，在保证编辑活动科学发展的同时，也推进着人类和人类社会不断地从低层阶走向高层阶，从低境界进入高境界，使整个人类文明得到不断的进步与发展。分众化、小众化，合起来也就是更加广泛的大众化、普及化、全民化。编辑用体的这种发展规律与模式，是科学的、健康的、必然的和有益的，非常值得我们去认识、总结与把握。应当说，这是我们认识世界的又一条有效之途径。

编辑用体的发展还有一种趋势，就是从其体量上看，它经历了一种广泛——狭小——再广泛的发展轨迹。如前所述，在编辑活动产生的初始时期，虽然那时期编辑用体的主要特征还只是使用符号，而符号这种编辑产品的量还很小，其记录语言的功能还不够强大，甚至还不能够记录语言，但是那时候却人人可以随心所欲地创造和使用符号，人人都具有可以成为编辑用体的权利，因此编辑用体的群体量是庞大的、广泛的。后来符号创造多了，经编辑主体反复编辑优化、扩充、规范而成为文字体系，这个体系渐渐变得相当庞大，并逐渐地集中掌握在少数人、一般是部落集团和国家统治者等高阶层成员的手里。由于文字数量的庞大，学习文字不仅必须得花相当多的时间，而且还必须由专人来教，这就往往需要支付学费，而广大的穷苦百姓是花不起这样的时间也交不起学费的；加之统治者故意设置的一些禁令和障碍，于是对于社会底层的绝大多数人来说，识字自然就成了一件很困难甚至不可能的事。这样能够掌握和使用文字的人就越来越少，编辑用体的体量也就日渐萎缩以至狭小。在长达数千年的人类发展长河中，这已成为一个几乎是规律性的历史事实。然而进入现代社会亦即资本主义社会和社会主义社会以后，随着社会生产力快速发展，人们的经济收入普遍增多，生活日渐富裕，民主主义、民权主义、新民主主义和社会主义等思想逐渐成为具有普世价值的社会共识，获取文化则成为每一位社会公民所应有的平等权利。文化在社会成员中普及开来，编辑活动从此开始了几乎是空前规模的扩张发展，文化普及使编辑用体的数量大规模地增加，其对编辑活动的空前的拉动作用更加爆发式地显现出来，使编辑活动从此进入了一种几乎是全社会普及的空前的大发展阶段。包括编辑用体在内的编辑五体，在量的规模上几乎像是打着滚儿似的增加。编辑活动的整体水平不断地提高，编辑技术不断地科技化，编辑产品的种类和样式不断地丰富，内容日益更加适宜于广大用体不断高涨的知识化、科学化、文明化、现代化需求。由用体拉动的这种编辑活动的整体现代化，其在事实上便是从整体上推动着人类社会的文明化，整个人类文明因此而得以在现代化的高级阶段上更加快捷地向前发展。这正是我们所已经看到了的人类文明发展的历史事实。

编辑用体的全民化、文明化，已经成为当今人类社会发展的现实。由编辑五体构成的编辑活动对人类文明发展的推动作用及其密不可分的关系，也已是一个不可否认的历史事实与社会现实。即使是作为一个冷漠的编辑学者，在写到这里时也仍然不得不为编辑活动对人类社会的这种巨大的普世作用而感到震撼和吃惊！编辑用体永不停歇的使用需求，是整个编辑活动的永动机；人类文明永不止步的发展大势，是整个编辑活动的大型永动机，这是编辑活动与人类文明发展互动的根本性规律。我们应当更好地认识和利用这种规律，科学地组织好编辑活动，使人类文明的发展少走弯路，更加科学地、高效地、也就是又好又快地发展。

第三节 编辑用体的地位与作用

这里主要指的是编辑用体在编辑活动中的地位与作用。下面我们分别来谈。

有人可能会产生疑问：使用编辑产品的人即读者、观众、听众、网民等，他们根本不是任何出版社、期刊社、编辑部中的人，完全不做编辑工作，既未审稿，亦未编稿，更未曾改稿，根本未曾参加过半点编辑活动，他们怎么就能够成了编辑活动中的一"体"，而且还天花乱坠地花费这么多文字来讲述他们呢？这不是此地无银三百两吗？答曰：看官勿忙，此地"有银"，且听笔者慢慢分解。

一、编辑用体以编辑产品使用者的身份参与编辑活动，在宏观编辑活动中居终端地位

说编辑产品的使用者未参加过编辑活动对不对呢？对！但这样的回答是从以往的"编辑两体论"来作判断的，所以这样的回答也是正确的。"编辑两体论"即认为编辑活动只由编辑主体（即编者）和编辑客体（即被编辑物）两体构成，除此之外的其他任何人和事物都不属于编辑活动的范围。这一传统上的"编辑两体论"，我们称之"狭义编辑学"。"狭义编辑学"是上世纪 80 年代编辑学研究初兴时期的产物，那时大家的认识有限，先从狭义的、直观的编辑活动即编辑者与被编辑物两体之间的关系上来开始研究编辑学，首先产生了狭义编辑学上的认识与判断，这是正确的，是符合一般认识规律的。

然而随着研究和认识的深入，学者们越来越感到对编辑活动的旧有认识需要拓展，因为编辑活动实在是离不开作者和读者，编辑活动中的许许多多的事情与这二者实在有着太多的不可割裂、不能离开的关系。在上世纪九十年代中国编辑学会的一期简报上，就曾刊登过一次编辑学理论研讨会的发言纪要，其中一位学者就曾明确地指出了"编辑学研究决不能离开作者和读者"的问题。我于 1996 年曾在《中国人民大学学报》上发表过一篇题为《论中国高校学报的作者观与读者观》的论文，也较早地提出了关于编辑活动中作者与读者的应有地位问题。后来，越来越多的学者逐渐认识到一味地坚守编辑两体论是不行的。于是，名噪一时的批评所谓"编辑泛化"的喧嚣渐渐远去以至匿迹，编辑学研究开始向宏观编辑学或称广义编辑学迈进。我在 2003 年 12 月出版的《编辑学基本原理》一书中，首次提出并初步论证了"编辑五体"的问题。

读者、听众、观众、网民等编辑用体，以编辑产品使用者的身份，以使用编辑产品的形式在客观上参与了编辑活动，这是无可置疑的事实。编辑产品通过使用者的使用，在编辑用体这里实现了它的价值，找到了它的归宿，产生了它的效益，得到了切实的检验，达到了编辑活动

的最终目的。所以我们说，编辑用体这里，才是整个编辑活动的终端所在地。

也许有人会说，将编辑产品的使用者视为编辑活动的成员，这是否有点过分了。因为按照此理，那么一切工业产品、农业产品如电视机、电冰箱、粮食、蔬菜等都是要给人使用的，是否也都要为其找出工业产品用体和农业产品用体呢？这样的归纳行得通吗？

我们说，首先，我们这儿不是在研究工业生产活动和农业生产活动，我们也不是经济学家，他们那里怎样研究和归纳，那不关我们的事。如果他们受我们的启发，将我们作为参照系，也像我们一样如此研究和归纳，我们不仅不会表示反对而且还会坚决拥护。其次，我们研究的是编辑生产活动，它与其他一切生产活动大不相同，因为它的产品是精神文化产品，是用来影响甚至改变使用者的思维活动即精神和思想的。工业产品经其用体使用后会报废变成工业垃圾；农业产品经其用体使用后会变成粪便，进入"五谷轮回之所"；而编辑产品经其用体使用后却还是产品，用体不仅会反复使用，而且还会代代相传、千秋万代地永续使用，有的还会成为圣经宝典被万世顶礼膜拜！编辑产品的这种独特之处，是其他任何产品所不能比拟、不可同日而语的！其三，说老实话，我和我的团队最近承担了一个福建省高校服务海西建设重点项目，题目叫做"海峡西岸文化与传播产业科学发展研究"。我正准备尝试将这个"编辑五体论"改造成为"文化产业五体论"，尝试用于指导海峡西岸的文化与传播产业建设，为其找出产业发展的科学方略与路径。虽然办产业是极有难度的事，实践中有许多事情的规则和潜规则等，也不是我们这些外行的书生所能够明白的，但至少从理论层面上应当是可以讲得通的，预期是可以乐观的！

编辑活动的主要任务是编辑制作编辑产品，而编制编辑产品的最终目的则是为了给编辑用体使用。若是你的编辑产品编制出来了，但是却没有编辑用体使用，那么就只能说你的最终目标没有达到，也就只能说你的任务没有完成，这样的编辑活动只能算作中途夭亡。所以无论如何，编辑用体使用编辑产品这一重要环节是不可缺少的！也就是说，编辑用体以使用编辑产品的方式参与编辑活动，这是已为人类编辑史、文化史、文明史所证明了的历史和现实,是一个无法否认的客观存在。否认了这个存在,就不能够科学地、圆满地诠释编辑活动的产生、发展和繁荣,就不能够说明它对人类文明发展所已经起了和正在起着的重要而伟大的作用。所以,在编辑五体论中,就像编辑源体即作者一样,编辑用体虽然也从未编辑过一字一句,从未做过任何编辑,却不可或缺地成为了编辑五体中的一体,成为编辑活动的一个重要组成部分,在编辑活动中具有十分重要的地位和作用,并且成为编辑学研究所绕不开、躲不过、少不掉的重要研究对象之一。这是客观世界的必然所致。

二、编辑用体以编辑产品检验者的身份参与编辑活动,对编辑产品具有最权威的检验和评判作用

很多买书的人往往都不止一次地有过这样的经历:一打开刚买的新书,从中掉出一个小纸片来,上面印着"合格证"及检验员编号等字样,这是印刷厂内的质量检验员在新书出厂时对其检验合格的标志。但是就整个编辑活动及其产品来讲,真正的、最具权威性的检验者并不是工厂之内的检验员,而正是社会上广大的使用编辑产品的人即编辑用体。

编辑用体购买、租赁、传借使用编辑产品,在其主观上首先是为了自己的需要,为了从中获取自己的利益,为了从中得到知识或技能,为了满足自己的愉悦或其他某种兴趣,抑或是为了自己的某种好奇,如此等等。虽不一而足,但其主观上却好像都并非为了参与或者是关心编辑活动,并非为了什么编辑活动的发展。对于我们所说的什么以编辑用体的身份参与了编辑活动、已是编辑活动中的一分子之类,他们当然都一无所知。总之就他们自己的主观意识上来说,则和编辑活动没有一点关系。他们只是一如寻常地上自己的班、吃自己的饭、下自己的地、读自己的书、听自己的歌、看自己的戏、做自己的事,一如既往地日出而作,日入而息。如此怎么就成了编辑活动中的

一分子，并且还被人硬说成是什么"检验员"和什么"评判员"呢？岂不冤哉！

可以慨叹的是，编辑用体对编辑产品的使用早已成为一种铁定的事实。不仅现在如此，而且早在一万年前从编辑活动产生之日起便已开始代复一代地使用编辑产品，并一直不断地使用至今（已如前述），就连历朝历代的皇帝老儿、至圣先师也未曾例外。何况他们并不仅仅是使用，而且他们在选择编辑产品时挑挑拣拣，在阅读编辑产品时批批点点，在议论编辑产品时评评判判，在因某些产品受害时冤冤惨惨，在从某种产品受益时喜喜欢欢，在使用某些产品不如意时埋埋怨怨，在被某些编辑产品惹恼时怒发冲冠……这不是对编辑产品的检验与评判又是什么！孔子"十五而志于学"而后成圣人，那些"发悬梁、锥刺股"者因苦读书而步入仕途，许许多多的人因发奋读书而考中了举人、进士以至状元。于是人们评价使用编辑产品的好处曰"不学诗，无以言"，曰"学而优则仕"，曰"读书做官"，曰"书中自有黄金屋，书中自有千钟粟，书中自有颜如玉"；曰"吾尝终日而思矣，不如须臾之所学也"，"学也，乐在其中矣"……当今世界几乎所有家庭中的孩童，从其牙牙学语时起，父母就要教其识字、读书，教其使用编辑产品；几乎所有的国家、民族都高度重视教育，而教育就是读书识字，就是教习科学文化艺术知识，也就是使用编辑产品。中国的孔子因为读书、当编辑编书、写书而成为"圣人"，被后世奉为"至圣先师"，两千多年来人们代代使用他的编辑产品，评价说他"德配天地，道冠古今"；但是却也有人贬斥他，说"至今始觉古人书，信着全无是处"，"孔学名高实秕糠"，批孔反孔者皆代不乏人。人们使用了司马迁的《史记》之后，赞叹说它是"无韵之离骚，史家之绝唱"，但汉武帝览之却大为不悦，对其中的"今上本纪"很是恼怒。世界上一部分人读了马克思的书后将其尊奉为"放之四海而皆准的绝对真理"，振臂高呼"战无不胜的马克思主义万岁！"而另一部分人却视其为异端邪说，必欲除之而后快！有的编辑产品深受用体欢迎，出版后一版再版，畅销无数；有的编辑产品则印出后见风即死，乏人问津，堆压在库房中，最后只有运入造纸厂捣纸浆而已。有的期刊杂志发行量达百千万份,且经久不衰;而曾有一份期刊却每期只有 12 个订户!如此事例,不胜枚举,都反映了编辑用体对编辑产品的欢迎或抵制的态度,这不是编辑用体对编辑产品的检验与评判又是什么呢?这种检验与评判,正是编辑用体直接参与编辑活动的主要方式与主要表现之一,对于编辑主体的决策与运营,对于编辑源体创作、编辑客体的变革、编辑出版传播市场的风向与变幻等,无不具有至关重要的影响与作用。

三、编辑用体以编辑活动效果实验者、体现者的角色参与编辑活动,编辑活动的效果如何,在他们那里得到最为清晰直观、立竿见影的反映

编辑源体之创作编辑客体,编辑主体之编辑编辑客体,编辑辅体之制作和传播编辑产品,都是在从事编辑活动。就像其他任何人所从事的任何活动都要追求活动的良好效果一样,编辑活动当然也是要讲求其良好效果的,绝对没有人会希望自己所从事的活动收到不好的效果。

那么,编辑活动的效果在哪里、由谁来体现呢?毫无疑问只能在编辑用体那里,由编辑产品的使用者来体现。编辑产品适宜不适宜编辑用体共同使用,使用的效果如何,都要在编辑用体那里进行实验和证明,都要在编辑用体身上得到最终的、也是最有效、最权威的体现和验证。从这一角度来看,说编辑用体以编辑活动效果实验者和体现者的角色参与编辑活动,这样的认识和评判一点也不过分,也并无任何不当之处。因为编辑产品的使用者即编辑用体他们时刻都在忠实地(无论是自觉还是不自觉地)履行着自己的这种责任,他们的这种角色是实实在在的。他们对编辑产品实验和验证的结果,适时地反馈给编辑主体、编辑源体和编辑辅体,使他们对自己所从事的编辑活动的效果情况有所了解和掌握,使他们得以及时地总结、分析、检验判断自己的工作,使他们不断地肯定成绩、纠正错误,及时地调整自己的决策与方略,从而使编辑活

动更健康、更正确、更科学地运行和发展,不断取得更大的成绩。这样的运行机制,没有编辑用体的参与与作用能行吗?其中难道说没有编辑用体的功劳吗?

所以,作为编辑主体、编辑源体和编辑辅体,不仅一定要充分地认识到编辑用体是整个编辑活动的一个极其重要的组成部分,而且还必须发挥自己的主观能动性,积极主动地利用编辑用体的这种验证和体现作用,经常地、及时地去收集编辑用体的意见、建议和反映,适时地组织信息反馈,了解和掌握编辑产品的使用效果,并对这些信息进行分析、研究和总结,从而制订出正确的方略,作出符合市场实际的科学决策。我们可以肯定地说:任何忽视编辑用体的这种角色与作用的编辑活动运营者,都只能得到失败的结果!

四、编辑用体以编辑活动效益兑现者的身份参与编辑活动,是编辑活动效益的最终验收人和买单结账者

我们在前面说过,编辑用体是编辑活动的最终目标与归宿,因为整个编辑活动都是为了编辑制作编辑产品给编辑用体使用,在他们消费编辑产品并从中得到收益的同时,编辑主体、编辑源体和编辑辅体也从他们那里收获和兑现自己的社会效益和经济效益。从这一角度看,那么编辑用体就又是以一种编辑活动效益兑现者的身份参与编辑活动的,是编辑活动的最终验收人和结账者。

必须指出的是,编辑用体的这种编辑活动效益兑现者和结账者的身份,完全是在他们自己愿意的前提下才可以担当的,任何人都不能也无法以强迫的方式强制他们必须参与编辑活动。编辑活动与他们的关系实质上是一种编辑产品的供需关系,是一种商品供求的货币交换关系,或者说其实也就是一种市场关系而已。编辑用体之所以会自愿以编辑产品使用者的身份参与编辑活动,这完全是出于他们使用编辑产品的需求;他们之所以心甘情愿地为编辑活动买单付账,成为编辑

活动经济效益的兑现者，那是因为编辑活动的社会效益在他们身上得到了兑现，他们从使用编辑产品中得到了自己满意或较为满意的收益，而编辑主体和编辑源体们也正是从他们使用编辑产品的这种一点一滴但却持续不断的收益中，一点一滴、持续不断地影响着人们的心灵，提振着人们的精神，提高着人们的文化，增强着人类的科学技术，改变着整个人类社会。与这种重大的社会效益相比，编辑活动为自己所收取的那点儿经济效益实在是微不足道，小到可以忽略不计的。

由此我们也完全可以看出，若缺了编辑用体对编辑活动效益的兑现，那编辑活动根本就是百无一用，此前所做的一切都是无用功；若没有编辑用体为编辑活动付账，那编辑活动也根本就不能也无法持续进行。没有经济收益支撑，你的活动怎能够循环往复以至无穷？这点儿经济收益，较之于编辑活动对人类文明的贡献来说，是微不足道可以忽略不计的小事，而对于编辑主体用以维持自己的生计来说，却是性命攸关、生死存亡，不可不计的大事！所以在确保其巨大社会效益的前提下，编辑活动又是不能不计较自己的经济效益的。经济效益从哪儿来？正是要从编辑用体们的买单付账中来的。所以，编辑用体的这一编辑活动付账者的身份及其重要性，无论如何，都是编辑学研究所不可或缺的；此前那种仅限于"编辑两体论"的狭隘编辑学，是不完全切合编辑活动实际的。以此为切入点，我们不仅应当研究他们的付账，而且应当研究他们怎样付账，怎样才能使他们心甘情愿、快快乐乐地付账，怎样才能使编辑活动的社会与经济两个效益在他们那里都能得到最充分的兑现，怎样才能使编辑用体在编辑活动中的作用最优化、最大化，等等，这都是我们在编辑活动实践和编辑学理论研究中所必须花大功夫予以研究和解决的重要课题。这些问题是绕不开的，不好好地加以研究解决，要做好编辑工作包括出版改革等就无从谈起。

总之，整个编辑活动所追求的终极目标就是"两个效益"，即社会效益和经济效益。毫无疑问，这两个效益都必须在编辑用体身上得以兑现。若缺了编辑用体这个效益兑现者，那么编辑活动就是不完整的；若没有这个兑现者对编辑活动效益的兑现或不能兑现，那么整个编辑活动将失去其全部意义，编辑活动必将不复存在。所以，编辑用体是整个编辑活动和编辑学研究中所不可或缺的重要组成部分之一。充分认识这一点，对于我国当前在向市场经济体制转制改革以后的编辑出版经营活动来说，更加具有重大意义。任何不认识、不承认、不重视编辑用体重要地位的编辑出版传播经营者，都是注定要失败的。

第四节　编辑用体的范围与类别

在研究进行到这里的时候，新的发现使我们不由得有些吃惊了！为什么呢？因为从编辑传播史、尤其是当代编辑传播的现状来看，这种使用编辑产品的人即编辑用体，其范围大得简直是无边无沿，几乎可以覆盖到全社会所有的成员，几乎包括全人类！这个结果虽然有些令人难以置信，可它却是一个令我们所不得不承认的客观事实。

一、编辑用体的范围

我们不得不承认，当今人类在这个不算很大的地球村里，一不小心已经建立起了一个高度发达的现代文明。这个文明它叫做人类文明也好，叫做地球文明也罢，在宇宙间其他星球文明未发现以前，它都是唯一的一个宇宙文明。即使在将来其他星球文明被发现之后，那地球文明也无可置疑地属于宇宙文明的一个重要组成部分。而且还说不定，将来其他星球上的文明，如月球、火星等，还可能仍然由我们地球人去建设、来完成，仍然是地球文明的延伸与变异。

那么这个高度发达的地球文明它有什么主要特征呢？人们闭着眼睛也会不约而同地回答出两个特征来：高科技特征、高人文特征。这两个特征几乎是人人都看得见的。然而人们未必都看得见的，却是这两个特征背后的创造性、传播性；人们更视而不见、听而不闻、知而不道的，（注："道"者，说也）更是这个创造性传播性背后的人类编辑活动，是每个人都作为编辑用体，早就活动在整个编辑活动之中。

自地球人类脱离蒙昧时代以来，创造文明或曰创造知识就一直是每一个地球人的权力。尽管偶尔也出现过某些强权者强行剥夺别人创造文明的权力的事实，但总的来看，绝大多数社会成员都还是始终拥有这种自由和权力的。尽管如此，能够创造文明、有发明创新或某种建树的人却总归是少数。然而正是这些数量不是很多的人，却创造了人类所有的文明成果，创造了人类历史上所有的知识，也就是创造了地球文明。这些人，从编辑活动的角度来看，却正是我们所说的编辑源体、编辑主体，同时也包括编辑辅体（后面将详论）。由于总量偏少，所以即使这三者相加其圈子也还是不大的。

然而，自地球人脱离蒙昧时代以来，使用文明（或曰使用知识）同样成为几乎每个地球人的权力（那些历史上曾被强行剥夺过文明使用权的事件暂且忽略不计）。尤其是在现当代文明高度发达的今天，享用文明、使用知识已经成为每个人日常生活中的寻常之事；每个人都在尽情地享用着人类文明的成果，都在选择、学习、掌握和应用着自己所需要的各种知识，没有人可以剥夺或被剥夺这种权力。只要你愿意并且有这种能力，那你就可以尽自己的需求和志趣去学习和使用地球村中所有的任何对人类社会有益的知识。

从编辑活动的角度来看，由于这些知识都是编辑源体创作的，都是经编辑主体和编辑辅体制作和传播的，它们都是从编辑活动中生产出来的编辑产品，所以无论你愿意不愿意，只要你学习或使用了这些编辑产品中的任何一种，那么你便成为了编辑用体！

十分不幸的是，这些编辑产品的种类是那样地多，它们的范围是那样的广阔，甚至连文字、符号、音乐、日历、数字这些人人所不得不用的最为基本的知识，却都无不是编辑活动的产品，又都无不是被每一个都或多或少地使用过的产品，所以，当今地球村中的几乎所有的人，都无不或曰荣幸、或曰倒霉地成为了编辑活动中的编辑用体。这样的一个范围,说出来岂不吓人一跳!确实可以说是大得惊人!

编辑用体如此大的范围,我们也确实觉得它太大了,大得令人难以捉摸!可是没有办法,面对客观事实,无论你喜欢与否我们也都得承认它。可是,这样大的范围,却无疑会给我们的研究带来很大的麻烦它使我们的研究像堕入汪洋大海一样奋力挣扎和困难。我们只有通过运用将其分门别类的方法理清其头绪,方能到达认知的彼岸。

二、编辑用体的类别

现代编辑用体的分类可以有很多方法,我们只能取其一种:先根据其使用编辑产品的不同方式将其分为若干"门";每一"门"的下面再根据其使用对象即编辑产品的不同设立若干"属",每一"属"的下面根据使用主体特质的不同设立若干"种";每一"种"的下面根据学科的不同设立若干"类";"类"下面根据使用者本体特点的不同设立若干"区";"区"下根据使用者目的的不同设若干"别";"别"下根据使用者志趣的差异设若干"型"。这样便可以将看似浩如烟海、无法下手的广大编辑用体清晰地分理开来,划分为不同的门、属、种、类、区、别、型,以便我们对其进行研究、认识和把握。

我们初步试予构建的现代编辑用体分类体系如下:

门:Ⅰ.读用门;Ⅱ.听用门;Ⅲ.观用门;Ⅳ.网用门;Ⅴ.其他用门。

属:一、图书属;二、报纸属;三、期刊属;四、广播属;五、影视属;六、演艺属;七、网络属;八、电子属;九、其他属。

种:(一)学术种;(二)普及种;(三)特定种。

类:1.文科类;2.理科类;3.工科类;4.农科类;5.医科类;6.商科类;7.体育类;8.艺术类;9.教材类;10.其他类。

区:(1)老年区;(2)中年区;(3)青年区;(4)女性区;(5)儿童区;(6)其区区。

别:①学习别;②研究别;③应用别。

型：A. 职业型；B. 业余型；C. 意志型；D. 兴趣型；E. 实用型。
共计分为五门、九属、三种、十类、六区、三别、五型。

这里主要是就现代（亦称"当代"）的编辑用体状况来分的，而对于古代的某些编辑产品及其用体，则因其早已时过境迁，发生了特殊的变化，或已融入其他们类，故此暂不再为其设立分项。如最为原始的编辑产品——符号、文字及其用体，后来以至现代早已化入各种编辑产品及其用体之中，被无处不在地普遍使用，即使记录其本身的编辑产品如字典等，也已成为了书籍形式广泛流通使用，故不宜再为其单独立项。另如数字符号、音乐符号、化学符号、天文历法等，也都已融入整个文字符号体系在各类相关编辑产品载体中普遍应用，也没有必要再为其另立项目了。对它们的应用，可以在编辑史研究中单独提及。

上述分法表面上看是共分为五门、九属、三种、十类、六区、三别、五型，而事实上的类别却远不止这个数字，因为每一统项下的分项是要再用乘法计算的。如五门乘（注：不能用"乘以"）九属就等于四十五属；四十属乘三种等于一百三十五种；再乘十类等于一千三百五十类；又乘以六区，等于八千一百区；然后乘三别，等于两万四千三百别；尔后再乘五型，最终等于十二万一千五百型。这样的数字，听起来十分庞大，但却只有如此庞大的数字类别，才能够大体符合编辑用体之浩瀚广大的真实情况。

需要说明的是，上述的分法是总体上的，而在局部区分时有些统项（或称"上项"）之下的分项却不一定存在。如工科类、农科类、商科类的下面就可能不会有"儿童区"，儿童区的下面也不会有"研究别"，更不会有"职业型"和"业余型"；还有"教材类下面的有些"区、"别"、"型"也是不存在的"等等。在具体区分时应视实际情况而定，如遇客观上并不存在的分项，则应实事求是地将其去掉即可。"有则立之，无则去之"，应是实际运用上述分类法时的总体原则，决不可死板教条地盲目运用。这样实际上的数字就没有上面所得出的那么多了。

编辑用体分类法在编辑学理论的研究与实践中，都具有十分重要的实际意义。编辑用体在体量上实在是太庞大了，若不将其进行科学的分类是难以对其进行认知、研究和把握的，在编辑活动的具体实践中也就必然会是盲目的和难以确保有效的。只有在对其分门别类之后，编辑学的研究和编辑活动的进行才有可能更加准确、更加有针对性，因而也就可能更加有效。30年来我们的编辑学研究之所以各唱各调、异端百出、难以统一认识，恐怕正是由于我们犯了"盲人摸象"的错误。所以我们想，可能还不仅仅是分类法，甚至可能有必要单独构建编辑用体分类学，作为编辑学学科的一个分支。事实上，这个编辑用体分类学，可要比诸如图书分类学、期刊分类学，甚至比迄今为止的其他一切文献目录分类学，其内涵外延，都要广大、复杂、有趣得多了！有志于此者不妨趋而行之。

至于我们上述的编辑用体分类法，只不过一个初步的设想，还缺乏深入细致的研究与推敲，里面的问题肯定还不少。但我们希望它可以作为一个开端、一个基础、一块引玉之砖、一个引凤之巢。我们有充分的理由相信，编辑用体分类学今后可能终将会建立起来的，因为它是有用的，是一座尚未被人发现的稀有贵金属之矿山，必将大大地有利于编辑学理论与实践的进一步发展。

三、编辑用体范围与类别的理论性和实践性意义

研究编辑用体的范围与类别，可以进一步构建为编辑用体分类学，具有突出的理论性与实践性意义。

（一）编辑用体分类学及基理论性意义

编辑用体范围与类别研究在达到一定的程度与阶段的时候，可以构建为编辑用体分类学而作为编辑学的一个分支，这几乎是可以肯定的。因为，编辑用体的体量与其所涉及的范围实在是太大了，关于对它的范围与分类的研究也是一桩十分复杂的系统工程，远非我们从其字面意义上想象的那样简单，会牵涉到十分缤纷错杂的理论与实际问题，这些都远非很容易解决的问题，需要下很多工夫去深入研究，而不同人的研究又可能产生各不相同的认识与结果，产生各种各样的观点与争论，产生

不同的方法与体系，这就必然会产生出很多的理论。理论积累多了，编辑用体分类学就可以产生了。

编辑用体分类学虽然是以研究编辑用体的分类为主旨，但却并非仅仅是研究其分类问题。为了分类的科学、准确，在研究过程中就不得不同时对编辑用体各个类别的性质、内涵等进行深入研究，不对它们进行这样的研究又怎么能够搞清楚它们呢？不搞清楚它们又怎能为它们准确地分类呢？于是，这就不是一般的字面意义上的分类研究了，而是必须深入到各个类别主体内部的实质上去进行研究了，这种研究就深刻得多了！拔出萝卜还必然会带出泥，编辑用体分类学研究的最终理论成果可能会远远超出我们的想象，会产生远远超出其本身的理论价值与意义。这样的总体价值与意义，正是编辑用体分类学之所以能够为"学"的原因之所在。

（二）编辑用体分类学及其实践意义

理论的意义全在于应用，只会纸上谈兵而不能够在实践中应用的理论是没有价值的，编辑用体分类学也是如此。

虽然对编辑用体分类的研究才刚刚开始，编辑用体分类学还远未能够建立，我们此时还不可以奢谈它的应用，但我们仍然能够从它的一些基本方面，来举例探讨它在编辑活动实践中所能够用得上的一些地方。

1. 有助于编辑主体对编辑用体从宏观上的了解与把握，从而进行宏观决策。

编辑主体要想开展编辑活动，就必须对自己的编辑用体情况进行全面的、全局性的、充分的了解，了解他们的过去、现状与未来，了解他们的范围、分布与趋势，了解他们对编辑产品的消费取向，"收视反听，耽思傍讯；精骛八极，心游万仞"，"观古今于须臾，抚四海于一瞬"，①思接千载，视通万里，统观全局，成竹在胸，方能够做出正确的、科学的宏观决策，正确无误地选择自己编辑活动的战略方向。编辑用体分类学正是从该方面为编辑主体提供帮助的。

2. 有助于编辑主体对编辑用体从微观上的了解与把握，从而进行微观决策。

编辑主体要想开展编辑活动，还必须对自己的服务对象即编辑用体进行分众化的、具体的了解，必须根据自己的工作分工，有针对性地具体了解几类，甚至只是一个类别的编辑用体，了解他们的过去、现状与未来，了解他们的个性与共性，了解他们在当前与未来对编辑产品的消费与取向，了解市场发展趋势，方能够为自己的编辑活动作出正确无误的微观战术性决策，以此确保自己的编辑经营不会失败而只会成功。而编辑用体分类学，又正是可从该方面为编辑主体们提供帮助的。

3. 编辑用体的范围浩如烟海，编辑主体在面对他们时往往茫然不知从何处着眼、从何处下手，利用编辑用体分类学可以使这个问题迎刃而解。

4. 不同门类的编辑用体往往分别对应使用不同门类的编辑产品，而不同门类的编辑产品则又对应着相应的编辑主体分工，即担负着相应编辑责任的编辑主体。所以，编辑用体分类学可以使那些不清楚的编辑主体变得方向明确，因为利用编辑用体分类学可以使他们自己清楚方便直观地对号入座。

5. 社会效益是任何编辑主体所必须追求的编辑活动主要效益目标之一，而编辑用体是一切编辑活动社会效益的兑现之所。不同类别的编辑主体，只能到与自己相应类别的编辑用体那里去寻求自己的社会效益，必须去研究他们、充分了解他们。编辑用体分类学，可以为编辑主体实现自己的社会效益提供帮助。

6. 经济效益是一切编辑主体所必须追求的编辑活动主要效益目标之一，编辑用体是任何编辑活动经济效益的兑现之所。不同类别的编辑主体，只能到与自己相应类别的编辑用体那里去寻求自己的经济效益，必须去研究他们，深入了解他们对编辑产品的消费需求，也就是编辑产品的市场需求。编辑用体分类学，可以满足编辑主体的这种需要，能够帮助他们获得自己的经济效益。

7. 编辑用体分类研究的方法，还可用以研究编辑用体发展史，从其产生与发展的历史轨迹来探索总结其发展规律，从而为时下及今后编辑活动的科学发展服务。

第五节　编辑用体的个性与共性

编辑用体的范围几乎涵盖了当今世界的一切人，这就使他们的体量规模看起来十分的浩瀚庞大，其内部结构也的确是十分的纷繁复杂，但他们却都有着自己不同的属性，通过研究其属性则不难将其头绪理清。他们既有着缤纷繁杂、人各相异的个性，也有着百川归海、万法归一的共性。深入研究、分析、归纳和认识其个性与共性，毋庸置疑地会有助于我们对编辑用体的了解与把握。

编辑用体是人，既可以视其为一个整体（群体），也可以区分其为不同类别的类整体（分群体），又可以视其为一个一个单个的个体。具体怎样选择，研究者应根据自己的研究目标与范围来确定。

编辑用体是人，有着自然人与社会人所具有的应有属性。我们这里虽然也需要研究其属于自然人和社会人的相关方面，但我们却主要是研究其属于编辑活动中的人的属性。

一、编辑用体个性研究

编辑用体的个性，自然就是指其在编辑活动中的个性。编辑用体在编辑活动中所扮演的角色主要就是使用编辑产品，所以我们主要是研究其在使用编辑产品中的个性。

个性，应当是只有在和其他个体相比较时才能产生和存在，如果没有或失去了比较物，那么所谓的个性将无法产生也无法存在。这就意味着，只有同时有两种或两种以上的个体存在时，这些个体才会显示出自己的个性；如果只是唯一的一个个体存在，那么我们将无法区别其有什么个性。这样我们可以认为，因为编辑用体个体和编辑用体分类群体都是有两个以上的单个个体存在，所以它们都具有自己的个性。而编辑用体整体（群体）在作编辑用体概念时，只是一个唯一的存在，所以无法区别其有什么个性。它的个性只能在整个编辑活动中，在和其他相类整体（如其他四体）相比较时才能产生和存在（那时它却又以个体身份参与了）。所以，我们这里主要研究的是编辑用体个体和编辑用体分类群体的个性。

（一）编辑用体个体之个性

编辑用体个体，即每一个使用编辑产品的人，他们在使用编辑产品时具有个性特点，这是真实的，是一个客观存在。这种个性是千差万别的，甚至可以说有多少个编辑用体就有多少种编辑用体个性。当然，这种评价要与对这种个性分类的细化程度有关。分得越细，种数就越多；分得粗一些，种数就会变少。

这里我们首先必须探索一个根本上的问题——人们为什么会去使用编辑产品呢？答案只有两个字：需要。那么他们为什么会有此需要呢？是什么力量在驱动这种需要呢？从一定角度来讲答案也只有两个字：个性。可以说，正是人们个性的需要驱动了他们对编辑产品使用的需要。个性，并非仅仅是一种性格，而是由诸多因素所综合而成的，有别于他人的一种特征、特性。这个"诸多因素"，既包括一个人的性格、好恶、兴趣、情感、道德、品格、意志等精神因素，也包括一个人的出身、经历、穷富、贵贱、天资、性别、年龄、体魄、交游等自然因素，甚至还包括立志、谋生、外力强加等实用因素，这些因素都可以造就一个人不同于他人的使用编辑产品的个性。如古时一个人立志要考状元，那么他就要读科举方面的书，他就拥有了自己使用编辑产品的个性；一个人胸怀深仇大恨，苦练武功，决心报仇，于是他就要千方百计地寻找和阅读武术秘籍，他也就拥有了自己使用编辑产品的个性；一个人喜欢风花雪月，另一个人则爱好山川形胜；一个人喜欢小桥流水，另一个则喜欢大江奔东；一个人喜欢闺房情思，另一个则喜欢列国相争；一个人喜读史，另一个喜读经；一个喜修道，另一人将儒崇；如此等等，不一而足。毫无疑问，这些都自然而然地形成了不同的人使用不同编辑产品的需求个性。甚至即使是许许多多的人共读一本书，也会因其不同的个性而产生不同的使用结果。有人说在"一千个读者眼里会产生一千个哈姆雷特"，指的其实就是编辑用体个体在使用编辑产品时的不同个性。

（二）编辑用体类群体之个性

类群体，是指以类相从的分类群体。所谓"物以类聚，人以群分"，说的就是这个意思。

编辑用体范围规模过于广大，他们不仅区分为一个一个的单个个体形态存在，而且还以同类相从的一个一个的分群体亦称类群体形态存在。我们研究编辑用体，虽然不可避免地必须去关注编辑用体个体，但是应当尽最大精力去关注的，却应是这种编辑用体类群体。因为我们的编辑传播活动是不可能去针对一个人的，而只能是针对一群人的；针对一个人是绝无可能产生效益的，产生不了效益的编辑活动是不可能存续的；只有针对一群人即一个或多个群体，才有可能产生规模效益，才有可能使自己生存下去。而事实上的编辑活动也不可能针对整个编辑用体，那样就会因大而无当而无从下手，就会因失去具体的目标而无法运作。事实上的编辑活动是分类进行，也就是针对编辑用体分类群体去有目标地进行的。所以，研究编辑用体类群体就显得特别重要。

既然是群体，就应该谈论其共性，那么我们这里为什么还要谈论编辑群体的个性呢？其实，世界上绝大部分事物都不是孤立地存在的，而是和其他事物以共生的形态共同存在的。既然是共生的、非孤立的，那自然就有了不同事物之间的比较；一比较，各自的个性也就显现出来了。编辑用体个体之所以有个性，是因为不同个体之间相比较的结果。但这样广大的个体中却有着不同的类别，也就是说若干或许多个体之间具有某种共同的属性，这种共同的属性就形成了他们的共性；以一种最为突出的类同的共性归为一类，于是就形成了我们所说的类群体。可是在广大的、整个的编辑用体中，这样的类群体绝不仅仅只有一个，而是以类相从地存在着许多个不同类的类群体，如报纸用体类群体、杂志用体类群体、图书用体类群体、电影用体类群体、电视用体类群体、音乐用体类群体，以及文史类、科技类、教育类、体育类、军事类、青年类、老年类、女性类，等等。我们在上一节中所区分的编辑用体五门、九属、三种、十类、六区、三别、五型，都可以分别构成自己的编辑用体类群体。那么，相对于多种不同的类群体，他们却都又成了各自独立存在的个体，各自呈现着不同的个性。正是这种不同的个性，构成了对编辑产品的种种需求，拉动着编辑活动的发展，形成了对编辑活动的拉动力。而这种需求与拉动，却正是我们必须对它进行研究和探索、用以指导编辑活动运行的秘要与宝贵价值所在。

那么，编辑用体类群体到底都有哪些个性呢？哎呀，那可真是太多了！如：

类别性。我们既然称其为"类群体"，显然是首先以类别分的，那么这种类别性就是他们的第一种个性。没有类别性这种个性的话，那还怎么能分出类群体来呢？每一个类群体都必须会有自己的类个性。尽管分类的原则与方法可以不同，分类的结果也可能不同，但无论怎样分，其最后区分出来的类别都是有其明显的类个性特色的。

行业性。身处不同行业的编辑用体类群体，往往具有明显的行业性特色。不同的行业战线自然会有不同的行业特征、行业原则、行业要求、行业业务、行业规范、行业需求，这样也就必然会形成该类群体使用编辑产品的行业性需求和行业性特点。这个特点就是类个性。如教师行业一般会读《中国教育报》，文物考古行业一般会读《中国文物报》，新闻出版行业一般会关注《新闻出版报》，军队一般要订阅《解放军报》等等。并且，他们还会就该类编辑产品表达更加专业的意见和要求。也正是他们的这种类群体个性特点，大力地支持和拉动着各行业性编辑产品的繁荣与发展。

职别性。以职业为特点的编辑用体的类群体个性是较为明显的，这首先是出于职业的需要，因为职业也就是工作的需要而不得不去使用某些编辑产品，这是人所共知的事。如学生不得不使用课本，教师不得不使用教材，以音乐为业者不得不使用乐谱，以美术为业者不得不使用绘画，地理工作者不得不使用地图等等。你是干什么的，当然就必须阅读和关注什么书、或报、或刊或其他什么类型的编辑产品，不然你能干好工作吗？不能的！其次是由于职业的养成。不同的职业往往会养成人的职业习惯、职业素质、职业兴趣、职业敏感、职业倾向等等。反映在对编辑产品的使用上，就会形成对该类编辑用体的职业性倾向与特点。人们常说的"职业病"，从另一角度来讲其实也就是由于长期从事某种职业而养成的职业习惯。这种"职业病"，也无可避免地会反映在他们对编辑产品的使用方面，从而形成该类群体对某些编辑产品的职业性偏好与需求，形成不同职业群体在该方面的类群体个性特点。

性别性。人类的性别虽然只有男、女两种，但由此却带来了在许多方面的很大不同，在使用编辑产品方面也同样表现出互不相同的类群体个性。在读书方面，男性往往喜欢那些豪情万丈的阳刚之作，如战争、征服、侠义、英雄、豪杰、竞争、胜利、成功等；而女性则多会钟情于那种柔情绵绵的婉约、秀媚、缠绵、美丽、悲情等。尤其是女性，其在使用编辑产品方面的性别特点尤为突出，与之相关的情感、学习、生活、化妆、育儿甚至购物、烹调、裁缝、编织、刺绣、歌舞、音乐、戏剧等，都会是她们喜爱的对象。

龄别性。处于不同年龄阶段的人类具有不同的个性特点，这是一种普遍规律，在他们对编辑产品的使用上依然如此。除了在母腹中接受胎教时，对编辑产品如音乐等的使用不得不依照妈妈的选择之外，其出生后成长中的每一个年龄阶段对编辑产品的使用，都会表现不同的自选取向。从处于相同年龄段的编辑用体来看，又基本上表现为大体相同的选择取向。如喜欢听讲故事，喜欢花花绿绿阿猫阿狗，这往往是少年儿童的特征；喜欢新奇、幻想、冒险、异想天开、男女爱情、却是青年时期的共有特点；喜关注创业、经营、取胜、业绩、成就、出人头地，则是壮年时期的必须追求；而休闲、养生、锻炼、健康、长寿、祛病等，当然又是老年人的共性。编辑用体的龄别性特点，是人类在其不同生理阶段的心理性规律，也是其在不同年龄阶段面对人生问题时对编辑活动的求助。尤其是在高度文明化了的现代社会里，人在实现每一个年龄阶段的跨越时，都不得不借重于编辑产品的帮助。无论是其面对困惑与不解，还是其渴求知识与技术；无论是在年龄转段时的知识准备、能力准备，还是其处于年龄阶段中的工作、学习与生活，人们都需要与编辑产品结伴同行。可以毫不夸张地说，在现代人的人生历程中，如若离开了编辑产品的帮助，那他的人生之路就是很难行得通的，甚至在其每一个年龄阶段都是如此。所以，就面临各种竞争的当今及今后的人类来说，从其一出生开始，就不得不随着其年龄阶段的转换，在不同的年龄阶段中使用不同的编辑产品，不然就无法较好地生存发展下去。所以，不同年龄阶段的编辑用体在对编辑产品的使用上，具有不同的类群体个性，是我们应予关注与研究的一种客观现象。

域别性。编辑用体的域别性不仅是存在的，而且在有些地域还是显著的。所谓"域别性"，即不同地域的人们使用编辑产品的区别性或不同性。如中原文化地域的人，往往对与自身文化有关的编辑产品感兴趣；吴越文化地域的人，往往更加关注吴越文化；海岱文化、岭南文化、楚文化、蜀文化、闽南文化、客家文化、蒙文化、藏文化等不同文化地域的人们，也都往往更加注重使用与自己文化地域有关的编辑产品，这与不同地域的文化、习俗、语言、传统、宗教等长期以来形成的历史认同等因素有关。

族别性。不同民族的人类群体具有自己独特的民族语言、宗教信仰、文化传统及民族心理，这些因素反映在其对编辑产品的使用上，也就形成了互为不同的个性特征，而且往往区别较大。中国是一个由56个民族聚合而成的多民族国家，若以族别分，自然就形成了56种不同个性特征的编辑用体。在对编辑产品的使用上，不仅有着不同的爱好与兴趣，而且还往往具有各种禁忌，有些禁忌还是不可触犯的。这些都是我们所必须予以重视的。

教别性。不同的宗教不仅具有教别性，而且往往在同一种宗教中还有派别性，即拥有不同的教派；不同的宗教及派别之间往往不具有互融性，而且有的相互之间还有排斥性甚至对立性、对抗性。由不同的信仰而产生了不同的文化与心理，也产生了对编辑产品的不同偏好与需求。所以就形成了编辑用体的族别性。这种个性特征往往至为明显，但却不易把握，因而编辑主体务必要给予极大的重视，要进行专门的研究，形成合乎实际的认识，切忌因编辑产品不当而引起宗教矛盾与冲突。

编辑用体的类群体及其个性还可以分出许多，但这里毋须一一列出，编辑主体在自己的编辑活动运作实践中应当根据实际情况去具体对待与把握。只有认真地、充分地研究和认识了这种类群体个性，才有利于编辑主体根据这些个性有针对性地策划和编辑制作编辑产品，才能较好地实现自己的效益目标。因此是必须予以认真对待的。

这是需要说明的是，这种编辑用体类群体特征，虽然我们是将其作为个性来论述的，是就其在整个编辑用体群体中的区别而言的；但专就一个类群体本身或其内部而言，这种特征却无疑又是一种共性，即该类群体成员之间所共有的特性。这是由其范围的界定的不同而形成的差异。不过，说实话，其实我们对编辑用体的研究应主要是找共性，针对共性去探索怎样策划编辑产品，而不必将精力过多地浪费在单个用体的个性上（当然不可完全地放弃），因为我们绝不可能针对单个人、为单个的编辑用体出书或制作其他产品，编辑产品必须是为多数人所共同使用的，这样才可以生产、才有效益。但是一般又很少有天下所有的编辑用体无论男女老幼都来使用同一种编辑产品，读同一本书。（即使有，也不多)，而一般只有具有相同或相近特征的人才会共同使用同一种产品，编辑活动必须针对这种有类同特征的类群体来进行。这就使对编辑用体类群体个性（或曰类共性）的研究显得特别重要。编辑活动最大的效益潜力就在这些不同个性的类群体之间，编辑主体应当下大工夫去挖掘。

二、编辑用体共性研究

这里所要研究和归纳的，是多数或绝大多数编辑用体在整体上所共同具有的特性。大体上，编辑用体具有以下几种主要的共性。

（一）趋知识性

趋知识性，即指对知识性编辑产品的倾向性。世界上几乎所有的人，他们对编辑产品的使用都是为了从编辑产品中获取知识，无论是读书也好，还是读报、读刊、阅读网页、看电影电视、看戏、听歌曲等等，其中一个最主要的目的，就是为了从中获取知识，为了得到自己想要得到的、原来所不懂得、不知道、不熟悉的知识和道理。小学生入学念书、研究生查阅资料、大学教授进图书馆阅览室，都是要使用编辑产品，都是要从中得到知识（道理、真理也是知识）。尤其是在当今的高度现代化、知识化社会里，几乎每一个社会成员都必须通过各种途径和方式大量地使用编辑产品，经常地、不停地学习，由此而使自己成为一个有知识的人,只有这样才能够使自己成为一个合格的、具有基本生存条件的社会成员,不然就很难在竞争中生存下去。所以,趋知识性,成了几乎所有编辑用体的共同特性。

需要注意的是,不同的人群对知识的需求是不同的。我们应当有针对性地根据编辑用体对知识的不同需求,不断策划、生产出各种知识性编辑产品,来适应各种编辑用体对知识的不同需求,从而使编辑产品市场不断扩大,实现编辑活动的效益与发展。

(二)趋兴趣性

兴趣,是人类对于某种事物在精神上、意识上、心理上的一种积极反应,往往使人由此产生对该种事物的趋向性动能。编辑用体对编辑产品的使用也是如此,他们往往会选择那些自己感兴趣的编辑产品来使用,而对于那些自己不感兴趣的编辑产品,除了特殊的必需之外,他们一般是不会去使用的。这种现象,我们将其归纳为"趋兴趣性",是几乎所有编辑用体所共同具有的特性之一。

兴趣是人体在多种因素共同作用下所合成的一种功能性情绪,不同的人往往有共同的或不同的兴趣。兴趣会转化成为使用编辑产品的动力,这是我们所应给予重视的。有关策划者应当去发现、培养、激发、造就、扩大编辑用体的种种兴趣,强化他们由此所产生的使用编辑产品的动能,以达拉动编辑活动繁荣发展之目的。或者主动调查摸清并且适应他们的各种兴趣,从而策划生产与他们的兴趣需求相适应的编辑产品,都是促进编辑活动发展的有效途径。

(三)趋实用性

编辑用体之所以叫编辑"用"体,正是得名于他们对编辑产品的使用;而这个"使用"的内涵中却往往无处不渗透着"实用"。

人们学习是为了获取知识技能以谋生,娱乐是为了使自己兴奋以愉悦,消遣是为了排解无聊以自适,研究是为了得到某种符合实际的结果……人们无论以何种方式使用何种编辑产品,其实其最本质的一种取向就是实用。谁愿意去做那些无用的事呢?所以,实用,是广大编辑用体使用编辑产品时的最具本质性的选择。我们将这种特性归纳为"趋实用性",是编辑用体在使用编辑产品方面的又一共性。

在现代科学技术高度发达的今天及以后，人们对自然界即客观世界的认识越来越清晰，整个宇宙和地球核心都不再神秘，旧有的迷信必将被逐一破除，人们将越来越多地、比以往任何时候都更笃信唯物主义；谋生即生存与发展将成为摆在每一个人面前的第一要务；因此人们必将越来越倾向于实用主义，在使用编辑产品方面也必将如此。我们应当清楚地把握这一趋势，在策划和生产编辑产品时着重考虑编辑用体的这种趋实用性态势，积极有效地开展各种编辑活动，以适应用体市场发展的实用性需要。

（四）趋新奇性

趋新性与趋奇性，合起来称作"趋新奇性"，是人类特有和永恒的一种心理取向，在对编辑产品的使用上也是如此。

人类自其诞生以来，总是在不停地探寻未知世界，包括自然世界和精神世界，对一切被从未知世界揭示或展现出来的新的事物、信息等无不怀有新奇感，并同时带有一种本能的趋新奇性冲动，进而在这种动能的推动下，设法去对新奇的事物与信息予以了解和探知。人类在求知的旅程中虽然并不见得会"厌旧"，但"喜新"却几乎是一条不变的定律。"新"和"奇"往往是共生的，凡是"新"的东西也往往给人以"奇"的期待；而新奇的东西则往往更加激发和增强人们的求知欲。编辑活动其实就是不停地传播新知识、新信息的活动，编辑产品其实也就是新知识、新信息的承载物。人们之所以永不停息、趋之若鹜地选择使用编辑产品，除了其他重要因素外，其中一个很大的原因就是由于这种趋新奇性。

趋新奇性特征在编辑用体的各种类群体中都共同存在，无论男女老幼、各色人等无不如此。编辑主体必须不断地创新，采取一切可能的手段持续不停地推出新产品，植入新内容，传播新知识，输送新信息，创造新形式，满足新需求，力争最大限度地去适应编辑用体的这种趋新奇性的共性特征，以此促进编辑活动的蓬勃发展。

（五）择优性

就像人们在使用其他商品时的情况一样，编辑用体对编辑产品的择优使用无疑也是一种普遍的共同特征。

优质的产品能够给使用它的人带来优质的收益，具有优质的性价关系，这在编辑产品及其使用者方面表现得尤其突出。因为编辑产品主要是通过人的大脑中枢亦即神经系统对使用者起作用的，它是使用者的精神和知识食粮。如果是优质产品，那么它所给予使用者的收益往往比其他任何产品都大、都直接、都有效、都显著、都更持久，因而使人感受更深。这种收益的有效性，甚至可以改变整个人的素质与品质，改变整个人在人群社会中的能力水平、收益大小与身份地位；这种收益的持久性，可以影响一个人的一生。试想：爱因斯坦若不使用优质编辑产品，是决不会成为巨人爱因斯坦的，毛泽东若不使用优质编辑产品，也是决不会成为伟人毛泽东的，莎士比亚、巴尔扎克等所有的编辑用体无不如此。

由于编辑产品是直接作用于人的大脑神经的，所以它给人的感受就特别直接和明显。是优质产品还是劣质产品，使用者很容易从自己的感受中辨别出来。加之编辑产品影响人的精神品质的根本性，影响人的能力素质的实用性，影响人的思想情感、喜怒哀乐的直觉性等等，编辑用体在使用编辑产品时的择优性是肯定的和普遍的。所以编辑主体及编辑辅体一定要确立编辑产品生产上的精品意识，一定要确保为广大编辑用体提供优质产品，这样才能确保不损害编辑用体的利益，才能确保编辑用体择优使用，也才能确保编辑产品生产者自己的收益。因此，编辑用体所共有的择优性，必须受到编辑产品生产者的足够重视。

（六）厌劣性

编辑用体在使用编辑产品时的厌劣性，是和其择优性相对应的一种特征。由于他们的这种共性一般都表现得较为强烈和明显，对编辑活动影响甚大，所以还是应当予以列举和论述。

如上所述，由于编辑产品是直接通过用体的大脑神经起作用的，所以对人的感官刺激和影响甚为显著。在这样的情况下，劣质编辑产品给用体的脑神经带来的厌恶感就特别显著和强烈。往往一本书中的一个错别字、一首乐曲中的一处不谐和音、一段唱腔中的一处走调、一个电视节目中的一点瘕疵，都会使用体产生极大的厌恶感，这种厌恶感有时甚至是零容忍的，会使其因此而否定整部作品，对该项产品弃而不用。那些错误频出、质量低劣的产品就不用说了，它们肯定要被使用者唾弃而遭受无情淘汰之命运的。君不见时下许许多多的书籍等编辑产品刚出生就死掉，被用体抛弃，被称作是"见光死"的垃圾品，就是因广大编辑用体所共有的厌劣性所造成的结果。这种结果带来了严重的社会影响，造成一系列生产活动及生产成本的失效，使生产者血本无归，造成一系列社会资源和社会投入的巨大浪费，为各有关方面带来损失。更有甚者，如果广大编辑用体集中于某一点上的厌劣性持续发酵和扩大，还会导致对某一编辑主体单位的厌恶放大甚至唾弃，导致该编辑主体"其命休矣"！面临的只能是关门与倒闭，包括编辑主体个人的声名扫地等严重后果。因此，对于编辑用体的这种厌劣性共性特征，是绝对不可小视的。

编辑用体的共性还有很多，我们这里只是择其大要总结归纳出以上六种，仅可为广大研究者和编辑活动实践者提供一些启发，开启一扇门户，大家还可以在各自的研究与实践中继续进行探索与争鸣，以共同推动编辑学研究与编辑活动实践的科学繁荣与发展。

第六节　编辑用体的需求与市场

编辑用体的需求与市场问题，是一个编辑学研究者与编辑活动实践者都必须关注与研究的大课题。在市场经济社会条件下，它更是一个关乎编辑生产活动生死存亡的大问题。它既是一个理论问题，更是一个实践问题；既是一个宏观趋势问题，也是一个个N多的微观具体问题；是一门永远都做不完的永续性学问。对于这样一门大学问，本节限于篇幅，只能就一些原理性问题进行纲领性的论述，后来论者可以承续探讨之。

一、编辑用体需求与市场理论研究的理论与实践意义

编辑用体的需求与市场研究及其理论，与编辑活动的科学发展紧密

相关，与编辑活动的效益实现紧密相关。它是编辑用体研究的最核心与最精彩的部分；是对编辑生产活动最有用、最有效、最直观、最务实的部分；但同时也是在研究中最漂动游移、最难测定、最难计算、最不容易获得准确结果的部分。凡是干这一行的人，没有人不想在这一点上找到关键的钥匙、即找到好方法并得到好结果的。遗憾的是，这种钥匙很难找。但作为研究者，我们却不能因为困难就退却，我们必须知难而进，力争在这方面有所突破。

（一）理论意义

编辑用体理论是编辑五体理论中的重要组成部分，是编辑学理论体系中的关键性理论之一。而编辑用体需求与市场理论，直接关系着编辑活动、尤其是编辑生产活动的科学发展，因而它更是编辑用体理论关键中的关键。若没有这一部分理论，那么编辑用体理论便会失去其关键的意义，便会黯然失色，其对编辑活动实践的指导性意义也会因此大打折扣而很不好"玩"了！所以我们认为，编辑用体需求与市场理论，应是编辑用体理论中的点睛之笔，必须认真对待。

（二）实践意义

一切理论都是从实践中来、到实践中去的，理论研究的最终目的，还是为了指导实践，编辑学理论当然也是如此。编辑用体是对整个编辑活动起终端决定作用的群体，他们对编辑产品的使用与否，使用的情况如何，直接反映和决定着编辑产品市场的晴雨兴衰，直接决定着编辑产品和编辑活动的效益，决定着编辑活动的命运。所以，一切编辑活动工作者、无论是理论研究者还是活动实践者，都决不能不关注、不研究编辑用体需求与市场，不能不从中找出自己工作的目标与方向，从而作出科学的、符合市场实际的正确决策。若不这样做，必将有很大可能会在实践中失败。

二、编辑用体需求与市场研究的方法

进行编辑用体需求与市场研究，必须采取一定的方法。方法固然会有很多，研究者均可以探索和归纳总结自己的方法，但一般来讲行之有效的方法无非有以下几种。

1. 需求调研法

调查研究，是许多社会科学学科都普遍采用的一种行之有效的方法，在编辑用体需求与市场研究中也同样适用。

所谓调查研究，就是将调查与研究结合进行的研究模式。这种研究模式往往是研究的开端与基础，因为这种研究模式可以深入实际，取得大量的、客观的第一手资料，可以直接地、身临其境地感受和感知实际的环境、实际的人物、实际的事件、实际的案例、实际的局面等，能够获得实际的数据，便于据以做定量分析研究等，所以这种研究结论具有较大的可信性、可靠性与科学性。以往的许多研究者都因应用这种研究方法获得了成功。马克思写《资本论》，列宁研究俄国工人阶级状况，毛泽东研究中国农民运动，费孝通研究中国社会等，无不采用了调查研究法。

对编辑用体需求与市场的调研，可以到编辑用体中去，也可以到诸如书店、学校、图书馆、发行部等编辑产品流通传播的关键节点部位去，因为这些地方的信息更集中，反映更明显，得到的数据更准确切实。至于那种靠发问卷的"问卷调查法"，近年来早已流于形式，被问即填写问卷者大都不负责任，虚意应付，随意填写，根本是不可靠的，实际上成了一种"伪方法"，所得到的数据是一种"伪数据"，除调研者对问卷过程严格可控、可靠者外，一般不宜用或应慎用。

2. 换位感受法

换位感受法，即研究者将自己置身于编辑产品应用者群体亦即市场之中，将自己置换为需方，直接感受编辑用体需求，从而得出结论的一种方法。这种方法看似无奇，甚至有些愚笨，但却切实可行可靠。这里所说的"市场"，不仅指进行编辑产品买卖交易的场所，而且也应指编辑产品实际使用的地方和人群中间。从我们的视角看来，当今世界人人都是编辑用体，那么调研者本身及其家人、亲友、同事等，一切自身所处周围的人们也当然都是各种编辑用体；置身于各种编辑用体之中并换位思考，当然时时刻刻都可以看到他们对编辑产品的使用情况，听到他们的各种议论，理解他们的各种心情，了解他们的需求趋势，把握他们的需求欲望与异动，从而感同身受地获知他们对编辑产品的需求状况与信息。

用这种换位感受法获取的编辑用体需求信息是直观的、切实的和可靠的。这种方法无需下特别的功夫，只需研究者在自己的日常生活中多一份关注、多一份心思即可。这种方法貌似简单，但往往世界上最简单的东西才是最接近真理的。

3. 信息推延法

在具体实践中，在大多数情况下，研究者所获得的信息往往是点式的、零星的、单个的或局部的，往往是不可能也没办法得到全面的、整体的、全部的信息的。那么在这时候，一种信息推延的方法就可以派上用场。

何谓"信息推延法"？就是由此及彼、由表及里、由点到面、由个及群地将"小信息"推延为"大信息"的方法。人云"见微知著"、"一滴水可以见太阳"、"解剖麻雀"等等，其实运用的都是信息推延法。在大多数情况下，一个单个人的欲望与爱好却往往是许多人所共有的，为某个人所厌恶的事物也往往是大伙儿都共同讨厌的。一个儿童喜欢《黑猫警长》，那么大多数儿童可能会都喜欢；你家的孩子喜爱一休哥，那么另外的孩子一定也会喜欢他；《哈里·波特》畅销，《亮剑》热播，重庆的严明善从策划《小学生1角丛书》发家等等，这些在其开始时其实都是因为应用了信息推延法的结果。所谓"人同此心，心同此理"，就是我们作信息推延的理论依据。我们在了解到一点重要的、有价值的信息时，就要对其加以分析、鉴别、判断、推延，对其作推延的尝试与检验，如若发觉其可行，就应将其推延开去，将其延伸、拓展、扩张、尔后再作结论和决策。许多实践证明这一方法是管用的。

4. 信息捕捉法

研究编辑用体需求与市场，毋庸置疑需要大量的信息。这些信息越多、越广泛为、越全面越好。如前所述，获取这些信息需要通过调查研究的途径。然而就其实际价值来讲，信息又并非越多越好，没用的信息再多也是没用的，只有那些有用的信息才是有价值的；而其中只有极少数和编辑用体需求与市场紧密相关，能对其点中死穴、切中要害的最为关键的信息，才是最有价值、最为有用的。这样的信息往往价值千金、万金！可是，这样贵重的信息在哪里？就隐藏在那浩如烟海的全面信息之中，就隐藏在你周围的社会、人群之中。怎样才能够找到它们呢？答曰：需要运用信息捕捉法。

这个信息捕捉法是否是什么神乎其"捕"，仙乎其"捉"、玄乎其法的"秘籍"，有什么一用即灵的灵丹妙药呢？不是秘籍，也无妙方可言，有的只是需要仁厚的胸怀、勤思的头脑、犀利的眼光、敏锐的感觉。第一，所谓仁厚的胸怀，就是指编辑主体对广大编辑产品使用者的仁爱之心、宽厚之情，就是要尽其所能为编辑用体着想、为编辑用体打算的服务理念，就是"用体为本、用体至上"的编辑精神，至少、最低也必须秉持"己所不欲、勿施于人"的经营理念。须知，这是运用用体信息、尤其是有价值信息捕捉法的前提条件。若没有这样的仁厚胸怀，一心只想着算计别人，甚至做一个奸商坑蒙拐骗，那肯定是做不下去的。第二，所谓勤思的头脑，就是要有敬业的精神，时时刻刻关注自身周围各类编辑用体的情况，关注社会政治、经济、文化、教育、生产、生活等方面的社会气象的变化，对于观察所得到的广泛、全面的信息，要勤于思考，在思考中审问之、明辨之，对这些信息加以由表及里为、由浅入深、去粗取精、去伪存真的筛查审选，最后从中选定最有用、最有价值的信息，取而用之。若缺乏敬业精神，处事马马虎虎，对周围的事情视而不见，充耳不闻，或对所见所闻不细加思考，粗枝大叶，听之任之，那么再有价值的信息也都会统统从你的身边溜走。第三，所谓犀利的眼光，是指那种为编辑主体所独有的、与众不同的编辑眼光，是指那种在长期实践中练就的、洞察秋毫的专业能力，眼睛谁没有？每个人都长着一双呢！可是编辑的眼光却与别人不同，他比任何人的目光都来得犀利，除对那些劣文、病句、错字、别字一眼即可看穿外，他对于编辑用体需求与市场的脉搏与信息的辨别与捕捉的眼光，也是惊人的一望即准。为什么？因为这是长期练就的。别人不经意的一件事，茶余饭后的一句话，一则可有可无的新闻，一张被人丢弃的字纸，贩夫走卒的某种表示，老叟的一次跌倒，童子的一声啼哭，妈妈的一句呼喊，父老的一次痛苦等等，在编辑主体的眼里都可能成为有用的市场需求信息。第四，所谓敏锐的感觉，其实和上述"犀利的目光"有些相似。所不同的是，捕捉有价值的信息不仅要靠目光，而且要靠感觉。感觉，其实就是对自身以外的信息的感知和反应。感觉敏锐的人，会立即对所感知到的信息有所反应，有所思考和辨析，甚至立即做出判断和结论，也就是立即捕捉到了有用的信息，这样的快速反应就叫做"敏锐"。而有人则相反，感而不觉，麻木不仁，启而不发，击而不振，珍贵的市场信息或信号一个个地从他身边溜走。这样的感觉和反应就只能叫做"迟钝"，这样的迟钝不可能及时捕捉到什么有用信息，会误大事，是要不得的！

捕捉编辑用体需求与市场信息有许多具体方法，这里不能一一阐述，只能是从前提、基础上原则地提一提，给人一些启发而已。在实践中会产生出许许多多的具体方法，却是毋庸置疑的。

5. 需求测算与数学建模法

需求测算与数学建模是一种科学、有效的方法，但却是一种很专业的方法，需要运用专业的数理统计知识。尤其是建立编辑用体需求与市场的数学模型，都必须做大量、充分、准确的科学调查与统计，需要充分而准确的科学数据，这样才能得出准确无误的科学结论。由于这种方法过于专业与复杂，做起来绝非简单易行，需要做更多的科学研究，可以说尚是一个未来力争达到的目标，只能寄希望于有志者去奋力攀登并达到科学的高峰。这里暂且列而不论了。

三、编辑用体需求的几种因子

1. 需求类型

编辑用体对编辑产品的使用需求是分类型的。不仅不同的人和人群有不同的需求类型，而且即便是相同的人和人群也会有不同类型的需求。这个问题其实和我们前面已论述过的编辑用体的类别在实质上相同，读者可参考前述，作归并思考，此不赘复。

2. 需求层次

编辑用体对编辑产品的使用需求是分层次的。这个层次，既可以按年龄层面分，也可以按知识层面分，还可以按政治主张、学术流派、意识形态、性别爱好、地域风俗、教育差别、生活兴趣等不同层面来分。如拿教育用体来说，学校中的一个年级就是一个层次，甚至一门课程就可以形成一个层次，是最明显的。编辑用体人数之广大虽然浩如烟海，但只要按需求层次去分别，一下子便可以条理清楚，清晰明瞭。

3. 需求背景

编辑用体对编辑产品的使用需求往往是有背景的。这种需求背景可以分时代性、时段性、政治性、社会性、偶发性等等。如"文化大革命"时期学毛著，就是在特定的时代背景和政治背景下出现的产物，《毛泽东选集》这一种编辑产品印发了几亿部，这是人类编辑活动史上绝无仅有的事例。再如五四新文化运动时期及其随之而来的思想解放，社会上各种思想、各种主义、各种思潮等各种新生事物不断涌现，激发了广大编辑用体对各种编辑产品的种种需求，造就了一个用体需求五彩缤纷的新时代。这也是一个在特定时代和政治背景下产生的典型案例。"文化大革命"结束后，十年内乱给全中国人民的心灵上带来了巨大的创伤，由于人们各自的遭遇不同，事情的结局却是无论整人的人还是被整的人还是无缘无故的人，全都不同程度地受到了伤害，且其心灵上的伤痕之深，使大多数人久久难以治愈和平复。于是，伤痕文学作品这种编辑产品一时深受广大编辑用体的喜爱。笔者自己那时读了那篇《伤痕》后也曾多次掉下泪来。伤痕文学作品一时洛阳纸贵，这种编辑用体的需求冲动也是那种典型时代背景下的典型产物。同时，由于十年文革在文化上扫荡一切，到文革后期只剩下了"十亿民众一部书"即《毛泽东著作选集》，造成了空前的文化荒漠，以至于在粉碎"四人帮"后恢复高考制度，重新开始文化建设时人们无书可读。所以至今一些老出版人都还记得，那时候出版社随便一种书刊印数成千百万册者并不鲜见。似这种编辑用体需求高涨的情况，也都是在特定时代与社会背景下所形成的特殊现象。另外，在那后来曾有过的高考辅导用书、英语日语学习用书等大行其道且经久不衰的美好时光，还有通俗文学、流行歌曲风靡全国的热烈景象，都使编辑活动展现了空前热络的繁荣局面，许多出版人都在那时大发其财。现在回过头去回顾总结那一段段历史真使人有不胜感慨之叹！所以，关注、研究、预测与把握编辑用体对编辑产品需求的背景，或预研某种社会、政治、文化、教育背景可能会激发、兴起、形成某种编辑用体需求冲动和高潮，应当是编辑人与编辑学人都不可忽视的重要任务。

4. 需求基础

需求基础，是编辑用体需要使用编辑产品的基本出发点。所谓需求，即一是需要，二是寻求，有了需要才会去寻求，二者之间需要才是基本的原点。

那么，编辑用体对编辑产品的需求基础，也就是最根本的原因是什么呢？他们为什么需要使用编辑产品呢？我们认为主要有两条：一是生存的需要，二是发展的需要，合为一条那就是生存与发展的需要。

从编辑的产生来看，人们开始时使用自然符号，运用自然符号来辨别方向不致迷路；运用鸟兽蹄远之迹来分辨益兽与害兽；观察星空以识天文，勘察山川以识地理，观测日影以分四季与时分及农时等等。后来又发展到自己创造符号，这些符号再后来又经编辑发展成为文字……人们为什么要这样做？一句话，为了生存的需要。再后来，在使用过程中文字符号的使用功能大为扩张，人们运用文学记忆、记录语言和各种事物，而且越来越长以至于变成了文章、文献、典册、图书以至大部头的图书以及各种编辑产品。人们辛辛苦苦地创造和使用这些，为什么呢？一句话：为了发展。直至人类社会已经高度现代化了的今天，人们使用书报刊等各种各样的编辑产品，为什么？还是为了自己的发展！在今天，作为一个社会成员，若不识字，你肯定很难生存；若不读书，你肯定没办法发展。之所以任何一位家长父母都要千方百计地一定要让自己的孩子去上学念书，去学习使用编辑产品，成为一个编辑用体，为什么呢？就是为了使自己的孩子能够在这个社会上成为一个合格的、优秀的人，使他能够在这个社会中生存和发展下去让他的生活过得好一点。为了生存和发展，这样一个编辑用体最根本的需求基础始终未变，我们对其应该有一个最基本的认识和理解，因为这也应该是我们研究编辑用体、认识编辑用体的一个最基本的原点。

生存与发展，是世界上每个人的最基本的愿望与需要，也是使社会的每一个人都不得不使自己成为编辑用体的最基本的原因。这种个人的最基本愿望，合成了人们使用编辑产品的强大需求，构成了全社会编辑用体需求的牢固基础。而且，每一位编辑用体对编辑产品的使用都是终身的，从孩童时起直至终老。因此，天不变道亦不变，道不变编辑用体的需求基础不变，这个基础是牢固的、永恒的；由此决定了编辑生产活动是稳固的、永恒的。

5. 需求心理

人的心理是人的精神加生理融合生成的一种意识生理活动。反映在编辑用体对编辑产品的需求方面，就会生成编辑用体需求心理，这种心理会对用体需求与市场产生重大影响。

编辑用体对编辑产品的需求心理是一种动态过程，既可以由一些原因、受一些影响而形成，又可以由另一些原因、受另一些影响而消失。但在一些共有的基本心理方面，却表现为一种相对的恒定性。如——

（1）求知心理

探求未知世界、追求应有的知识，是人类自脱离动物界成为人类以来所一直普遍具有的一种欲望和心理。人类之所以能够从动物界中的弱者，持续一直进化发展到地球食物链的顶端，将一切动物都远远地踩在了悬殊极大的底部，其中最大的原因之一就是，人类具有不断地探索和求取知识的欲望和能力。这求知欲望和能力，导致人类持续不断地探求世界上的一切知识，并由此进而制造和使用工具，不断发展的知识和工具又持续地放大人类的能力，从而使人类由弱变强，强者更强，终于成为主宰整个地球的统治者。

求知心理，是编辑用体使用编辑产品的最基本和最普遍的心理。人们从小学、中学一直念到大学，这还不够，还要攻读硕士、博士，这个漫长而艰苦的过程其实就是求知的过程。读取硕士、博士后还要去做工程师、教授、科学家、院士，这些职业都是在干什么的？说穿了其实还是探求知识的。相对论、量子力学、生命科学、空间科学，以及哲学、人文社会科学等等，都是人类不断探求知识的过程与结果。不仅探求地球上的一切知识，而且还要去月球、去火星、去外太空，去探求那里的未知世界。这一些都证明，人类永不止步的求知欲望已经成为一种永恒的心理，只要人类不消亡，这种心理就不会消亡。而另一个巨大的事实就是，人类的这种求知心理是一直和使用编辑产品相终始的。使用编辑产品是人类求取知识的一种最主要的手段和途径，从儿童到科学家、从小学生到大学教授、从庶民到伟人领袖，无不如此。而且这种心理是终生拥有、至死不泯的。毛泽东一生读书，到最后患眼疾动手术失明时，还要请人读书报给他，用耳朵读书，就是一个很好的例证。编辑用体的求知心理，是他们人生生存和发展的必然需要所致，在许多情况下也是不得已的。在当今世界，任何人没有知识都不能很好地生存和发展，这已经成为一个巨大的现实。

（2）求技心理

技术虽然也是知识，但却与人们通常所理解的"知识"有所不同，因为它较之于通常的"知识"则更偏重于"术"和"技"，更偏重于"工"和"匠"，大抵如此。由于技术较之于通常那些空泛的知识更实用，更有利于谋生，更能够产生具体的效益，所以往往成为人们向往和追求的一种目标。古来学习技术一般不外乎两种途径：一是拜师学艺，二是读书学艺。而随着古时那种师徒相传的学艺方式成为历史，入技工学校、进技术学院、读工程技术大学——通过读书加训练学习技术，已经成为当代人们传艺、学艺的一种现代化途径。在科学技术高度发达、市场经济普行天下、经济效益成为社会发展之重要指标的当今世界，想要学得某种技能、掌握某种技巧或技术，以此获得一种谋生或实现自己某种愿望的基本条件，则成为许多编辑用体使用编辑产品的普遍心理之一。

总的来看，具有求技心理的编辑用体，在整个编辑用体中所占比重是不小的，人数是比较多的。这种态势不仅过去如此、现在如此，而且在未来仍将如此，因为这是人类现代文明发展的总体趋势所致，是生产力发展的总体趋势所致。科学技术是第一生产力，科学在大多数人的眼中那是高不可攀的。但人们却普遍认为技能、技术是可以学习和掌握的。"一招鲜，吃遍天"，希望靠掌握一门技术谋生吃饭，是许多人。尤其是年轻人的人生选择。那么，这种选择在当今世界只能从学习、读书，亦即从使用编辑产品、成为编辑用体这条通道中实现。所以，作为编辑活动主导、主营、主运作的编辑主体，认识、了解、研究、测评编辑用体的求技心理，将其恰当地应用于自己的编辑策划和生产活动中去，生产出切合市场需要的编辑产品，从而更好地为编辑用体服务，并从良好有效的服务中获取更好的社会效益和经济效益，将是一种不错的选择。

（3）求理心理

理者，道也。"道可道，非常道"，老子的这句话反映了古人的真理观。道有大道，有小道。大道即宏观真理，即可以匡世、救国、治国、益民的大道理；小道即微观真理，泛指那些正确的而非错误的、真正的而非伪歪的普通道理。所谓的"凡事都有个理"，"说话要站在理上"，"有理、没理"等，指的就是社会日常生活中的普通道理。以上指的都是哲学、人文社会科学中的道理。而自然科学中的真理，也有大道与小道。大道如达尔文的进化论、哥白尼的太阳说、爱因斯坦的相对论，还有高斯定律、量子力学、万有引力等等，这些都是自然科学中的宏观真理。而那些如一个公式、一则定律、一个解题方法、一个正确答案等等，则堪称"小道"，是自然科学中的微观真理。

古往今来，人类在哲学、人文、社会科学三大领域持续不懈地追求真理，无论是大道理还是小道理，是客观真理还是微观真理，是用以救国救民的还是评理说事的，人们都一直在不停地追求、探索和寻找，各种主义、思想、理论、观点、学派、思潮数不胜数。求理，即追求真理，包括追求宏观真理和微观真理，早就成为全世界读书之人即编辑用体的普遍心理之一。

无论是为追求真理而读书，还是为明白事理而读书，都是人们求理心理的一种外化反映。大学文化的第一要义，就是追求真理。科学家、大学教授、各学科专家、各类研究人员，他们终其一生的工作目标，可以说都是在不停地追求真理。包括我们辛辛苦苦、绞尽脑汁地研究与写作本书，当然也是在追求真理。家长、父母含辛茹苦地供孩子去上学念书，其信念之一就是想让自己的孩子读书明理。这些也都是人类求理心理的外化表现。追求真理也好,明白事理也好,最便捷的途径便是读书,便是使用编辑产品,便是使自己成为编辑用体。编辑用体之普遍而广泛的求理心理是一个普遍存在的事实,研究者和实践者都应当给予充分的注意。

(4) 求愉心理

寻找乐趣,寻求精神、文化、情感方面的愉悦、消遣、享受或排解,可以称之为"求愉心理",是许多编辑用体使用编辑产品的普遍心理之一。

人类之所以为人类,之所以远远抛离了动物界,其根本性特征之一就是人类具有了高等智能,拥有了丰富的精神、文化、情感世界。人有喜怒哀乐、七情六欲、悲欢离合,而动物没有,或曰虽有而却简单得多。七情之中,喜列第一。喜即愉悦,愉悦为人类在精神情感方面的最惬意的享受。所谓的"高兴、不高兴"、"开心、不开心",常被作为人类之第一幸福指数。因此,追求愉悦就等于追求幸福,求愉心理是人类所普遍具有的心理。这种心理也普遍反映在对编辑产品的使用上,通过使用报刊、图书、音乐、书法、美术、戏曲、曲艺、广播、电影、电视等编辑产品,从中寻求愉悦、慰藉、寄托与排解,早已成为进入文明社会以来人类的一种精神消费需求,人类的昨天如此,今天如此,明天后天还仍将如此。满足编辑用体的这一普遍需求,是编辑活动的一项持久以至永恒的任务。

(5) 求新心理

人生有代谢,往来成古今。新陈代谢,新的代替旧的,是自然界和人类社会的普遍规律,这在编辑活动中也不例外。新人、新作、新事、新策划、新创意、新产品等新生事物的不断涌现,是编辑活动中一道道亮丽的风景线。由于新生事物的新鲜、亮丽、甚至还蕴涵着一种诱人的难以抗拒的吸引力。于是乎,求新,便成为广大编辑用体选择和使用编辑产品时的一种普遍心理。

其实,从中外编辑史上来看,编辑主体们早已洞察广大编辑用体的求新心理,所以总是用不断的创新,以及对编辑客体进行五彩缤纷的变革,来适应编辑用体的求新需求。这个原理已形成编辑活动的两条基本规律——编辑主体创新律和编辑客体变革律,并与编辑源体推进律、编辑用体拉动律共同合成"推拉创变律",是编辑活动的最基本的规律。这点笔者已在拙著《编辑学基本原理》一书中进行了论述,此不复赘。也就是说,正是广大编辑用体的这种求新心理,拉动了编辑主体的编辑创新与编辑客体的不断变革,成为编辑活动的动力之一。

(6) 求奇心理

"奇"与"新"往往是共生的,"新"中多包含着"奇",所谓"新奇"一词,大概就是这样产生的。但"奇"有时又是独立的,并不单是靠"新"而存在。不同一般的、超乎想象的、脱离普遍规律的、曲折复杂的、怪诞的、妙不可言的、异乎寻常的事物,在人们的认知中就以其谓"奇"。所谓的"奇异"、"奇怪"、"奇妙"、"奇思妙想"、"曲折离奇"等,都是人们认识感受中的"奇"。

无论是"奇异"、"奇妙"、"奇怪",还是"新奇"、"奇思妙想"、"曲折离奇",这样的事物、事件、故事情节、奇闻轶事等等,总会对人类的感知产生一种巨大的、莫名其妙的诱惑力。这种诱惑往往还是那样的引人入胜,那样的不可抗拒,总是会诱发人们不断加强的求知欲,使人们总想一探究竟而后快。这就构成了人们的求奇心理。这种求奇心理同样反映在广大编辑用体对编辑产品的选择使用上,是编辑用体的普遍性消费心理之一。

求奇,也是全人类的普遍心理,但在编辑活动中,在编辑用体的身上却反应得特别突出。因为编辑活动是一种大众、小众、分众传播活动,无论是什么样的信息,无论是平淡的还是奇异的,都需经过传播来达至受众,受众就是编辑用体。而编辑活动是靠自己的编辑产品来实现传播的,一切信息都是集中于编辑产品中的。无论是新闻、报刊、书籍,还是广播、影视、包括音乐、戏曲等文化艺术,也无论是纸质的、平面的传统媒体,还是电子的、立体的、全方位的、在时间和空间中无时无处不在的新型媒体,它们都是由编辑活动所生产、制作的编辑产品。编辑用体即一切使用这些产品的人,他们主要是靠通过使用这些编辑产品来获取信息,获得知识、技能和精神文化消费。在求奇心理的支配下,他们会特别关注编辑产品中那些新鲜、奇异、奇妙、奇怪、曲折离奇、有奇思妙想和奇异功能的新信息，他们总想对这些东西探个明白。所以越是"奇"的编辑产品使用的人就越多，信息传播得就越广越快，其销售率、使用率就越高，市场效益就越好。因此，研究和关注编辑用体的求奇心理，生产含奇的编辑产品，去满足他们的这种心理需求，是编辑主体不可不重视的任务之一。

当然，对于"奇"的把握要有度，一定要站在"真实"的基础上，绝不能人为地去制造那些假的、骗人、蒙人、坑人的、甚至引起相反效果的、对社会有害的"奇闻轶事"，那样的后果将会适得其反，导致广大编辑用体的厌恶与反对。

（7）温故心理

"温故而知新"，是中国读书人的至理名言，也是自古以来读书的一种方法论，在广大编辑用体中间有着很大的影响。久而久之，竟然成为了人们的一种心理习惯。所谓"温故而知新"，自然是要先从"温故"开始的，是起点。所以，虽然中国数千年来积累的旧书很多，但却总是有很多人读的。甚至其中的大部分如唐代敦煌的经卷、宋、元、明、清版的古书，甚至更早的贾湖文化刻符、仰韶文化、龙山文化陶文、殷墟甲骨文、商、周金文、周秦简牍、汉晋帛书等等，都成了价值连城的国宝。著名的四大名著如《水浒传》、《三国演义》、《西游记》、《红楼梦》，历代以来反复再版，不知出了多少种版本，印了上千上万次；《诗》、《书》、《易》、《春秋》、《左传》、二十五史等，自问世以后多次抄写印刷，不知复制了多少版次，时至今日仍不断有新版本重现，论其读者何止亿万！一首乐曲、一出京剧、一段弹词等，总是在那里反复的老调重弹，但却总是听众、观众不断。有的人一辈子都听一出戏，但却仍然韵味无穷……这些都正是编辑用体的温故心理所致。也正因为如此，那些许许多多的旧的编辑产品，是仍然可以重新策划出版传播的，不管到什么时候都还是有很大市场的。

当然，这种温故之心，并不仅仅是为同一个编辑用体所拥有，或同一代编辑用体所拥有，而是为一代一代新生的编辑用体所共有。新人还喜"温"旧人之"故"，还需买古人之书、听古人之曲。这种温故心理，是人类所共有的一种特殊心理现象，应当为所有编辑活动策划者们所关注和策划利用。

编辑用体的需求心理还有很多,我们这里暂列论上述这些,聊作引玉之砖而已。但仅仅这些,已足可以为编辑主体作编辑产品市场策划营运所用。若用得好,则足可以产生巨大的市场效益了!

6. 需求动力

还有一个我们不能不予以深入研究并求得答案的重要问题——需求动力问题,因为它是决定需求的产生与发展的根本性问题,也是编辑活动中的一个关键问题。求得了这一答案,那么很多问题就都有了答案。

要问编辑用体使用编辑产品的动力是什么,可能很多人都会回答:这有什么神秘?需要呗!是的,没错,的确是"需要"。可是为什么会"需要"呢?这个"需要"是怎么产生的呢?为什么有人需要这些、有人需要那些呢?为什么有时会产生需要高峰或需求热潮,而有时又会跌入需求低谷,形成需求冷淡呢?等等。这背后的动力到底是什么在起作用呢?这样问起来,问题就不那么简单了!研究需要产生和形成的原因,才是需求动力学的根本性课题。

关于编辑用体需求动力的问题,要分个体的和类群体的。如果去研究个体需求的动力,那么一千个人就会有一千种。编辑生产活动并非针对单个用体个体去制作和生产编辑产品的,所以研究个体的需求并无必要;必要的是研究类群体的需求及其动力。找到了这种动力,就会不失时机地准确把握用体需求的动向与变化,就会预知需求的峰谷与冷热,就会掌握需求运动的原理与规律,从而科学地运筹编辑生产活动,更好地为广大编辑用体服务,并在服务中收获自己的编辑效益。

明白了这样的道理,大概很多的编辑活动策划者也就是编辑主体,就可以不很困难地找到自己的药方了。所以,我们这里并无必要为大家——地开出种种药方来。要知道医家用方,随病情而变化,所谓"医无定方"也就是这个道理,我们只能点到为止。

关于编辑用体市场,还有更多的问题可以研究。问题之多,对市场经济条件下的编辑活动意义之大,是可以另外构建一门编辑经济学的分支——编辑用体市场学,可以形成很专门的相对独立的学问。期望有志之士投入此道努力研索,以早日形成有系统科学价值的科研成果,来指导和推动编辑活动的科学发展。本书不可以拉得太长,关于市场,这里暂且就此打住了。

第七节　编辑用体的利益与分割

我们说编辑用体是整个编辑活动的一个重要组成部分,也就是说编辑用体以自己的行动参与了编辑活动。那么,既然是编辑活动的参与者,就必然有资格、有权力从编辑活动中分获自己的应得的利益。可是,有人会说:我们看到的实际情况却是——编辑用体从未曾从编辑活动中分到过什么钱财,反而却是编辑活动的买单人,把自己口袋中的钱掏给了编辑活动,这哪里会有什么利益可言呢?将编辑用体列为编辑活动的组成部分,岂不是很荒谬吗?我们答曰:非也!编辑用体不仅在编辑活动有着巨大的利益,而且还是编辑活动的最大受益者,整个编辑活动的终极目的,就是为编辑用体服务的。

说编辑用体把自己口袋中的钱掏给了编辑活动,是编辑活动的付账人,这不假。然而,他们以自己的小小的钱,换取了自己在精神、文化、知识、技能等方面的大大的收益,使自己的人生不断地升华,使自己的境界不断地提高,使自己的社会地位不断地超越,使自己的金钱财富收益不断地扩大。这难道不是编辑用体的最大的收益吗?古人所云之"学而优则仕"、"书中自有黄金屋,书中自有颜如玉,书中自有千钟粟",在长时期内曾是社会讥讽和批判的对象,但现在看其实应当正面地颠倒过来。读书之人也就是编辑用体,他们确实能从对编辑产品的使用中换取那几种东西,难道不是有很多很多的人已经换到了吗?所以这是一个事实,是不可否认的,那几句话也大可不必批判的。这就是编辑用体作为编辑活动的参与者,从整个编辑活动中分割到的最大利益!

没错,在整个编辑活动的利益分割中,编辑源体分到了稿费,编辑主体分到了利润,编辑辅体分到了工钱,但这些与他们的付出与贡献相比,却是小小的,只不过得到了一些能够使自己能够活下去、生儿育女、养家糊口,从而具有可持续扩大再生产的条件与能力而已。从人类历史上看,有几个编辑人发了大财的?寥寥无几。倒是编辑用体中做大官、发大财的,不可胜数!中国历代中状元、举进士的均为编辑用体而并非编辑主体,美国华尔街的金融大亨们都是编辑用体。所以,从整体上看,从编辑活动中受益最大的非编辑用体莫属,在今天及未来都仍将如此。

那么有没有编辑用体从编辑活动中受害呢?有的。有时候、有的人,因使用了某种编辑产品,如读了某种报刊、图书,听了某种广播宣传,看到某种虚假广告,误信了其中的歪理邪说和蛊惑宣传,于是误入歧途,成为了这些编辑产品的受害者,这也是历史上曾经有过的事实。但就像走路会撞死、吃饭会噎死一样,任何事物都有另一面,是编辑活动有时也会为坏人或某些别有用心的人所操纵、所利用的恶果。在这种情况下,编辑用体的利益受到了损害。众所周知,在中国20世纪六七十年代的"文化大革命"中,编辑活动被某种非正常力量所控制、所操纵,各种宣传品铺天盖地,人们被煽动、误导到非正常的狂热程度,几乎是全社会误入歧途。不仅是编辑用体,而且全国家、全社会都成了那些编辑产品的受害者。出现了那样的情况,造成了那么大的恶果,谁之罪?这些历史经验与教训应当给予认真的总结与研究!当然,需要指出的是,这些都是整个编辑活动史上的个案与特例,是人类社会运动与发展阶段中的产物,是支流而非主流,是健康肌体上的毒瘤,是不足为怪的。

为了保障广大编辑用体的正当利益,编辑活动必须健康地运行和发展。必须有一种合理的社会机制对编辑活动进行科学、有效的调节与控制。这样的调控机制主要有两种:一种是体内调控机制,主要依靠编辑活动内部编辑五体机制之间的自然调控与制衡;另一种是体外调控机制,主要应依靠社会法律的约束与调控。应制定与完善相应的法律,在法制框架内约束编辑活动的健康运行。这两种机制互为补充,就会达到对编辑活动的自然的、有效的调控,使编辑活动健康运行,从而确保各方利益有序合理的分割,以收趋利避害、造福人类社会之效应。

第八节　对编辑用体信息的了解与把握

我们对编辑用体进行研究，是为了了解他们、把握他们，以便更好地为他们服务。而我们对他们的了解与把握，其实都是通过对编辑用体信息情报的了解与把握来实现的。所以，编辑用体信息情报学的构建与应用，就显得十分重要与紧迫。在编辑活动市场化的条件下更是如此。

没有编辑用体对编辑产品的使用，也就不会有编辑活动。若编辑用体终止使用编辑产品，编辑活动的一切也将寿终正寝。没有编辑用体的拉动作用，编辑活动也就不会发展与繁荣。这个道理，我已在拙著《编辑学基本原理》一书中，将其总结为"用体拉动律"，列为编辑活动与编辑学的四大主要规律之一，并与其他三大主要规律——源体推进律、主体创新律、客体变革律组合而成编辑活动与编辑学的基本规律"推拉创变律"。读者可以参阅，此不宜赘复。我们这里主要想要说的是，作为编辑活动主导、主营、主运作者的编辑主体，要想搞好编辑活动，就必须具有编辑用体观念，脑子里必须时刻装着编辑用体，想编辑用体所想，急编辑用体所急，以编辑用体为本，全心全意地为他们服务，在编辑用体满意的同时实现自己的利益目标。此其一。其二，仅有为编辑用体服务的主观愿望还远远不够，还必须做到有针对性地、恰到好处地、科学地为编辑用体服务。只有这样才能使自己复杂的工作紊而不乱、实而不空、浪而不费，每一项策划都恰在点子上，这样才能收最佳之效，实现自己利益的最大化。而要实现这样的愿望，就必须经常地而非偶然地、认真地而非漫不经心地、实在地而非虚与应付地、深入地而非流于表面地关注编辑用体，科学地做好对编辑用体信息的了解与把握，尔后再据此去组织、策划和实施自己的编辑生产活动。只有这样，编辑主体的编辑活动才能是科学的、有效的。

科学地了解与把握编辑用体信息，是一项看似简单实则复杂、说起来容易做起来难、了解容易把握难、深入分析容易准确判断难、产生意向容易科学决策难的实践活动。要想做好这项工作，必须要有科学的态度与科学的方法。

什么是科学？遍观各种定义，唯有达尔文的表述最为直观和易于理解，我们还是应采取他的说法："科学就是整理事实，以便从中得出普遍的规律和结论。"这句话中有两个关键词：一是"整理事实"，二是"普遍的规律和结论"。把它们应用于对编辑用体信息的了解与把握，则即为"整理编辑用体信息的事实"，"从中得出关于编辑用体市场的普遍性规律和结论"，尔后用之于编辑活动的策划与决策。这样以来就找到了开启编辑用体市场信息科学奥秘的金钥匙，要解决问题就不成问题了。

"整理事实"的前提是搜集事实，而搜集事实的前提则是进行调查。于是，对编辑用体市场信息进行有针对性的调查，在调查的同时搜集有关的信息情报，便成为我们工作的第一步。这种调查法其实并不神秘，也不一定要派专人进行专职的调查，其实只需对编辑用体随时随地予以充分地关注和了解即可。因为我们就生活在编辑用体当中，编辑用体就在我们周围，我们的家人、亲戚、朋友、同事、街坊邻居，甚至包括我们自己，就无不都是使用编辑产品的人，就在一定程度上构成并反映着编辑用体市场，就无不有着对编辑产品的切身感受，无不每日每时在生发着对编辑产品使用及需求的大量信息。只要我们用眼去观察，用耳去聆听，用心去体味，用力去搜集，便无时不有可观的收获。若再到诸如书店之类的销售专营场所去走走，到诸如学校之类的产品专用场所去看看，到诸如剧场、影院、歌厅、网吧等用体消费集中的场所去听听，收集一些反映，统计一些数据，如此等等，那么各类编辑用体信息无疑便会滚滚而来，"搜集事实"的任务便可大功告成了。这是我们工作的第一部曲。

我们工作的第二部曲，便是对搜集来的大量编辑用体信息进行认真细致的分析研究，就是达尔文所说的"整理事实"。"整理"就是分析研究，就是分类归纳，就是去伪存真，就是由此及彼、由表及里、由近及远、由前及后、由点及面，就是庖丁解牛、抽丝剥茧，就是由细胞至肌肉、由毛细血管至支脉血管及主脉血管直至心脏核心部位，便是编辑用体市场信息所共同指向的那个原点。

工作的第三部曲，便是"得出普遍的规律和结论"。有了前两部曲的谱写与演奏，这第三部曲便可顺理成章、水到渠成，不是什么难事了，编辑用体市场需求的规律与结论便可以顺利地得出了。这里要做的，只需对得出的结论加以仔细的审视与推敲，然后将其准确无误地界定与表述出来，如此而已。

接下来还有第四部曲，那就是将上述所得出的结论付诸策划决策的应用与实践。应先将其用于小批量、小规模的试水，拿到用体市场上去作实践上的检验。这里必须注意：凡是科学的、真理性的东西都应是具有可验证性的，凡是验证结果与所表述内容一致的，便是正确无误的，是可以肯定和大面积推广的；凡是验证结果与其所表述内容不一致、与预期目标有明显差距的，便是错误的、应予修正甚至否定的——这种情况虽然较少却也不是没有，一旦遇到便应及时刹车，以免造成更大损失。但若是正确与成功（大多如此），便可以付诸实施并坐等收获与分红了！

对编辑用体信息的了解与把握！看起来貌似一个极其平常的命题，其实里面却包藏着大智慧与大学问，编辑活动的成败从某一角度来讲便在此一举。正确的市场需求信息结论会导致成功，甚至是巨大的成功；错误的市场需求信息结论会导致失败，甚至惨重的失败与灭亡！因此，在该问题上必须予以极大的重视，并且必须采取科学的态度去认真地操作，千万不可为它的貌似平常而迷惑。"亡羊补牢未为晚，船到江心补漏迟"，编辑史上已经有过太多的经验与教训！至于具体的运作方法，许多编辑主体各有绝招，不必拘泥于一种模式（如有条件的编辑主体单位能设立专门的编辑用体信息情报机构则可能效果更好）这里也不必做过多的展开与论述了。

第七章
编辑辅体研究

第一节 编辑辅体的概念与内涵

如前所述,在编辑五体的概念术语中,编辑主体和编辑客体是早已为学界所共同接受的,乃因其创立较早之故;关于编辑源体和编辑用体,在大家明白了它们原来就是指作者和读者、观众、听众、网民一类之后,应当也是可以接受的,毕竟是为了概念术语的统一和研究论述的需要嘛!可是,至于说到又冒出来一个"编辑辅体",多数人就会感到别扭了!因为这一位实在是从未听说过,生疏得很呐!一下子突然间冒出来,一时实在难以入耳呢!

没有办法,我们也实在是不得不隆重推出这么一个编辑辅体来。因为我们发现,在认认真真地研究和论述了编辑主体、客体、源体、用体之后,编辑活动中却还有一些重要的活动未能包括进来,还有一支较大的方面军仍遗漏在外。而这些重要活动、这支重要方面军,无论如何也是不应也不能被遗漏的!他们就是编辑活动中的那些诸如排版、制版、印刷、装订、物流、发行、征订、销售、贸易、广告、传播、财务、会计等编辑活动环节中的人员。这些人员,若从过去的狭义编辑学——也就是仅指编辑主体和编辑客体的"编辑两体论"来看,他们绝对不是编辑,当然他们所从事的工作也绝无可能被算作编辑活动。如此一来不仅他们不是，而且作者、读者等"编辑两体"（主体，客体）之外的一切都不能算作编辑活动了，庞大的编辑活动被掐头、去尾、净身，只剩下一个形单影只的孤零零的自己！这样行吗？不行的。这样子符合编辑活动的实际吗？不符合的。上述这部分人员，他们就紧密地附着和活动在编辑主体的周围，他们担负着编辑客体的后期制作和销售传播，其实就是将编辑客体制作成为编辑产品，并把编辑产品输送给它的使用者即编辑用体，完成编辑产品的资金回笼和利润目标的实现，最终完成编辑活动两个重大效益即社会效益和经济效益的兑现。他们所做的这些工作，虽然不是狭义上的编辑活动，但无疑却是编辑活动的延伸，是整个编辑活动的重要组成部分。没有他们，编辑客体就会仅停留在稿纸阶段，永远成不了编辑产品；没有他们，即使将编辑客体制成了编辑产品，也会永远积压在仓库里，永远不能达到使用者手中，也永远不会产生效益，没有收益的编辑主体们就只能永远喝西北风，其编辑活动也就只能成为无效劳动了！这样瘸了腿的、被净了身的、连活命钱都还没有收回来的、没有产生任何效益的"编辑活动"，你还能认为它是完整意义上的编辑活动吗？任何人的回答都绝对不是！上述那些人员们的工作应不应该算做编辑活动的组成部分呢？任何人的回答都绝对应该！那么，上述那些人员能否算作编辑人员即编辑主体呢？恐怕任何人的回答也只会是绝对不能！

　　这就出了问题、成了麻烦了！总得给人家一个身份吧。既然承认人家是编辑活动的组成部分，他们的工作是重要和不可或缺的，他们是具有重要地位和起重大作用的，那么，他们在整个编辑活动中难道就没有或不应该有一个合适的名分？话说到这种程度时，肯定也人人都认为应该有的。可是，他们从事的是编辑活动的一部分却又不能被叫做编辑主体，那他们应该叫做什么人呢？

　　只需稍加研究我们便会发现，上述的这些人，他们就活动在编辑主体的周围，他们帮编辑主体将定好稿的编辑客体制作成编辑产品，其工作是编辑主体工作的自然延伸，和编辑主体紧密相连；他们"帮"编辑主体将其产品通过各种手段输送至用体手中，传扬于社会，流播于人间，并收回产品成本与利润，完成编辑产品社会效益与经济效益的兑现,"帮"编辑主体实现了其编辑活动的最终目标与最大心愿。这时我们注意到:在叙述他们的工作的语言中总离不开一个"帮"字。"帮"者,"助"也;助者,"辅"也。他们所做的一切工作,所从事的一切活动,其实都是在辅助编辑主体完成其整个编辑活动的终极目标,他们的一切活动都有着明显的辅助性质。尽管他们的活动也一样有自己的主体性、独立性、专业性、创造性,但是就其在整个编辑活动链条中来看,就其相对于编辑主体在整个编辑活动中的主导、主营、主运作的主体地位来看,他们的分工都处于明显的辅助性地位,属于编辑辅助性工作,他们也只能以被称之为"编辑辅助"人员最为恰当和适宜。那么这种名称有没有、会不会贬低了他们的工作、地位与重要贡献呢?没有的,不会的,因为连被称之为"高等学府"的大学里面也都这样类似的群体和叫法——大学中把教师以外的、对教学工作起辅助作用的、虽然也同样十分重要的、如高级实验师、图书馆馆员,以及其他非教学岗位专业人员等,统称"教辅"即教学辅助人员,然而却并未贬低他们的重要地位,他们也和教师一样评定自己应有的高级职称,与教授同级别的高级职称人员也一样享有相同等级的待遇,他们在工作中的创造发明、科研成果也一样受到承认与尊重。编辑活动中的"编辑"人员及其工作,亦理当如此,并无二致。如果有人因此称谓而贬损他人,那只能视其为一种误会或无知。

那么,这一概念术语的最后定名应是什么呢?

前面我们已经分别对编辑活动中的编辑主体、编辑客体、编辑源体和编辑用体四种概念术语作了论述与界定,既然编辑辅助人员是编辑活动中的一个重要方面军,是编辑主体活动的自然延伸,那么他们自然同样也堪称编辑活动中的一体。为了统一术语体系,自然应当以称其为"编辑辅体"为最佳选择。于是,编辑活动中的第五体——编辑辅体产生了。

编辑辅体是一个崭新的编辑学概念和理论术语,在以往所有的辞书中均没有,自然也不会有现成的定义。这个定义,也只好由我们来下。在理解了上面的一系列论述之后,给"编辑辅体"下一个定义就既不困难,也不复杂。我们已知"编辑辅体"的本质性内涵就是:在编辑活动中对编辑主体起辅助性作用的群体,是编辑主体活动的自然延伸,主要负责编辑产品的制作、销售、传播等项工作。鉴于此,"编辑辅体"即可作如下定义:

〔编辑辅体〕编辑学理论术语之一。指在编辑活动中对编辑主体起辅助性作用的群体,是编辑主体活动的自然延伸,主要负责编辑产品的制作、销售、传播等项工作。

如若还嫌定义过长,那么仅选用其中的一句即可,即:

〔编辑辅体〕在编辑活动中对编辑主体起辅助性作用的工作群体。

世界上并非一切事情都是越简单越好。为了便于专业以外的人的理解,似乎还是以采用前面作适当展开的较为适宜。

编辑辅体是编辑活动中起重要作用的群体之一。他们与其他编辑四体,尤其与编辑主体是互为依存的紧密关系,是谁也离不开谁的分工合作的关系。编辑主体虽然在整个编辑活动中起主导、主营、主运作的作用,主要负责对编辑活动及编辑客体的策划、组织、鉴审、编定等工作,但却不能包办一切,不能也无须亲自再去做如编辑产品的制作、销售、传播之类的工作。尽管这些后期工作仍然是编辑活动的组成部分,这些工作没做完一个编辑活动过程就不算完成,编辑主体对这些后期工作仍然有督促、指导、规划等总体策划上的责任,但具体工作却应交付于编辑辅体来做,由编辑辅体具体来完成这些编辑活动过程的后半段流程。这样的分工合作更有利于搞好编辑活动。况且,这些后半段的工作往往均具有高度的技术性和专业性,必须由专营此类技术的人员来操作,与编辑主体的编辑工作具有较明显的区别,是编辑主体所包办不了的,必须分解出另一种分工来运营。一般地、狭义地来讲,除总体上的战略规划、策划外,编辑主体的直接的、具体的、亲手的工作从到编辑客体即稿件的编定即为截止,以下的工作主要由编辑辅体来继续完成。

编辑辅体工作的专业性、技术性以及对编辑主体的依赖性都是十分明显的。

就历史上的情况来看,殷商甲骨文献的契刻者、商周金文文献的刻铸者、竹简帛书材料的制作者、造纸术和印刷术的发明及应用操作者等等,他们都正是属于编辑辅体的范畴。他们的这些工作包括伟大的创造发明，其专业性、技术性甚至科学性很高，有的甚至极高。造纸术和印刷术不仅居中国古代的四大发明之半数，而且还都是影响整个地球人类文明进程的伟大发明，中国编辑活动与编辑辅体在人类文明进程中的贡献于此可见一斑。

就现实的情况来看，现当代科学技术更是发生了翻天覆地的变化。排版印刷业早已甩掉铅活字而进入了无须铅与火的"冷排"时代，激光照排、电脑录排已全面普及；高科技的印刷机器可印制人们所能够想到的各种缤纷色彩；一切编辑产品的营销与传播也越来越多地通过电脑互联网络来实施交易；编辑工作也都通过运用键盘鼠标来轻松惬意地、像变戏法一样方便好玩地进行。文字载体也正在由全面依赖纸张向光盘、电子纸、网盘存储迅速发展。而这些在我们看来都主要是由编辑辅体们创造的。编辑辅体正在向着一个高科学、高技术的专业群体持续演进，正在由一个辅助人的群体，向着一个新的、在科技上引领人的先进群体演进。但是，尽管如此，无论是从历史还是从现实来看，编辑辅体在编辑活动中的分工仍没有改变，其担当编辑产品后期制作与营销传播的工作性质仍没有改变，其在编辑主体的主导、主营、主运作的宏观策划营运之下，对编辑主体起辅助性作用的角色定位仍没有改变。因此，其编辑辅体的地位仍然是牢固的、适得其所的。由于编辑辅体主要是负责编辑产品的后期制作，是编辑活动前段工作的后期延伸，因此也就自然而然地、不可避免地对前段工作具有一定的接续性和依赖性；而因为前段工作主要是由编辑主体负责策划和完成的，因此就等于说对编辑主体具有依赖性。同时由于后期工作是前期工作的自然延伸，后期工作是建立在前期工作的基础上的，若前期编辑主体的工作做得好，那么包括后期编辑辅体工作在内的整个编辑活动才会可能有成效；若前期编辑主体的工作没有做好，策划不当或失误，那么后期编辑辅体的工作再怎么做好也没有多大意义了，因为编辑客体亦即编辑产品的内容好坏、市场接受度等已经定型了，编辑辅体们即使把它制作得再美好也无法从根本上改变它了。我们所说的"依赖性"的实质性内涵，其实也主要就在这里。

但这却并不否认编辑辅体的工作具有相对的主体性，编辑辅体完全可以在自己的分工范围内有主体性地开展自己的工作，充分发挥自己的主观能动性和创造性,用自己出色的工作效果来升华编辑活动,凸显编辑活动的亮点,弥补编辑主体的不足,以自己的卓越与创造来为编辑活动增色。事实上,以往的编辑辅体们正是这样做的,他们的卓越贡献,应当作为人类文明群体中的一个光荣群体而彪炳于史册。当然,他们的这些贡献和历史地位,还需要我们包括编辑史研究在内的编辑学研究者来给予总结与弘扬。不然的话,其他学科的人因受专业局限,是不会这样去想问题的,此前的人们就从未这样想过。整个编辑活动对人类文明的巨大的、卓越的贡献,在此前全被湮没无闻了。

关于编辑辅体的内涵或者说涵盖范围,我们只说了编辑产品制作者、销售者和传播者,那么其外延是否仅止于此呢?编辑活动中还有一些分别承担着其他各种工作、都是在对编辑主体起辅助作用、都应归属于编辑活动的人们,他们应不应该也归类于编辑辅体呢?笔者认为是应该的。我们应当从客观存在的实际出发,该是什么就是什么。实事求是,这是科学的根本原则,只要是符合客观实际的就都应是正确的。用编辑辅体这一概念来归类收纳那些在编辑活动中起辅助作用却又无所归依的人员,是合适的。

第二节 编辑辅体的历史作用与贡献

为了正确地认识和了解编辑辅体,应当从以下几个方面,来阐述编辑辅体的历史作用与贡献。

一、编辑辅体的产生

虽然编辑辅体是刚刚诞生的一个名词术语,但其真实的本体产生的时间与发展历史,却是和整个编辑活动及其他四体一样悠久。

尽管我们今天已不大可能找到人类编辑史上第一位编辑辅体产生时

的实物证据,但我们确信,在编辑史上第一位编辑主体开始做编辑工作的时候,至迟是在此后不久他接下来的工作中,他一定是需要有人帮忙的,那时候至少出现了一位甚至是几位为他帮忙,也就是对他的编辑活动起辅助作用的人,那么这个或这些帮忙的人,便是人类编辑活动史上最早的编辑辅体,编辑辅体就是这样简单地、并不怎么复杂地产生了。至于其产生的时间,很清楚,和前面已论述过的编辑主体等四体的产生时间一样早,最多也晚不了多少天。所以,和编辑主体一样,编辑辅体也是在原始人类创造符号的运动中产生的,他以帮忙的方式一开始就对编辑主体起辅助性作用。那位最早为编辑工作帮忙的人,就是人类编辑史上第一位编辑辅体,距今已约有近万年历史。

二、符号文字编创时期编辑辅体的作用

编辑辅体自从其极具历史性地为编辑主体的编辑工作帮了第一次忙以后,编辑活动继续发展,编辑主体们的工作继续进行。他们不仅需要人继续帮忙,而且这个"忙"还会更多,工作量还会更大,编辑辅体的这个"忙"越帮越忙地还得继续地帮下去。

那时编辑主体们的编辑活动主要是收集、鉴别、选择、加工、整理、优化补充和规范统一记事(或记音)符号,不仅其在这个过程中需要有人帮忙,而且在符号整理多了、优化完了之后,还需要有人帮助抄录出范本,将编定的符号记忆和保存下来。这种帮助抄录范本的人,就是那时对编辑主体起辅助作用的编辑辅体。编辑主体们编辑、优化、规范、统一符号的目的,决不仅仅是为了对其抄录保存,而更重要的是为了使人们能够在生产、生活中共同使用这些符号,因此推广和传播这些符号便成为需要有人帮助去做的事情。对于其他人来说,要使用这些符号那么首先就必须学习认识这些符号,而要学习就必须要有读本;底本是不能拿来随便使用的,那样会使底本损坏,因此就必须从底本抄写复本作为读本来供人们学习之用。于是抄录复本的事情就需要人来帮助。这自然又成为了编辑辅体们的一项重要工作内容。并且,要抄录就必须

有载体，将这些符号写在什么东西上呢？树叶呢，还是兽皮呢，抑或是其他什么东西呢？于是，寻找和制备这些载体便成了编辑辅体们不得不去动脑筋和承担的另一项重要工作内容。

编辑辅体在符号编创阶段对编辑主体的辅助作用是多种多样的。除了上述的抄录以外，如结绳记事符号中对绳子的制备（搓绳），刻齿符号中对竹板的制备，还有音乐符号、美术符号、历法符号等等，在这些我们已知编制较早的种种符号体系中，全都有编辑辅体辅助的功劳。可以肯定地说，在长达数千年的原始人类创造符号及其演化阶段，编辑辅体们对编辑主体的辅助作用是一直存在的。他们的这种"帮忙"，一直"帮"到了原始造符阶段的终结，"帮"到了成熟文字体系的最终形成。研究人类文明的最主要标志即文字之所以得以产生，绝对不可否认编辑辅体在这个漫长而艰巨过程中所起的重要作用。他们的这种历史性贡献，中外编辑史是均不应予以漏载的。有人不愿意承认编辑活动的这一段历史，是不对的。因为，如若否认造符阶段编辑活动的存在，那就无法解释文字和产生，就无法解释人类成熟文字体系的最终形成。难道具有近5000文字个体的、相当成熟的中国殷墟甲骨文字体系，会不经过相当长时期的发展演化，而在一个夜晚突然从天而降吗？如果承认它必须经过长期发展演化，那么又是什么人在这个过程起了作用的呢？担当这种长期的、复杂的工作的，若不是编辑主体和编辑辅体，那么又会是谁呢？我们的研究结论是：是编辑活动导致了人类文字的产生，这是不可否定的。

三、甲骨、青铜、简册时期编辑辅体的历史作用与贡献

原始符号编创时期结束之后，人类的编辑活动进入了运用文字这一工具进行更多、更新、更大规模的文明编创阶段。文字记录语言、记录事件等功能不断强化与拓展，编辑创造的空间越来越大，编辑活动施展自己神奇潜能的平台越来越宽。在编辑主体的主导、主营、主运作活动

引领下，诸如文章、文献、书籍、图册等编辑客体样式都被创造出来。不断拓展壮大的编辑活动，也不断地召唤着编辑辅体帮更多的忙、做更多的事、起更大的辅助作用。于是，编辑辅体们不辱使命，用自己的聪明、智慧和勤劳，为编辑活动不断进行包括材料创新和形式创新在内的编辑载体创新，文字符号载体由原始阶段的莎草、泥板、石片、兽皮、绳索等，进而新创出了龟甲、兽骨、青铜、竹木简册等等，使编辑载体进入了具有伟大历史意义的甲骨简册时代。

编辑载体即承载编辑成果的物质性形体，它们看似处于编辑五体之外，而其实又在编辑五体之中，是编辑活动中不可或缺的重要物质组成部分。编辑活动中的编辑客体、编辑成果、编辑产品要靠它来承载流播。若没有它，整个编辑活动就会悬于空中而无法落在实处。找到方便、实用、适宜的编辑载体，是编辑主体、包括编辑源体都一直在不断努力的目标。然而这目标的实现，虽然有可能是编辑主体发现的，也有可能是编辑源体或编辑用体找到的，但是最终应予认定的，却应当是被编辑辅体实现的。因为无论是谁，是什么人发现（或曰发明）了适用的编辑载体，那么他的作为都是对编辑活动起了很大的辅助作用，因而属于辅助行为，因而应定其属性为编辑辅体。编辑客体被编定为编辑成果之后，其后期被制作成编辑产品的任务，被延伸给编辑辅体来承担。编辑主体因其主要、繁重的策划、主导、主编创的责任，已无可能再来亲自承担编辑产品后期制作的任务，这一忙不过来的任务只能转移、分工给能够帮忙的人即编辑辅体来负责完成。于是，编辑辅体便从此历史性地承担起了这项重任。于是，诸如寻找编辑载体、承载编辑成果这样的事情，自然便成了编辑辅体分内的职责，他昼思夜想、挖空心思，也要找到合适的承载材料。于是，经过多方的寻找与多次的实验，一种又一种可以承载编辑成果的材料被找了出来，一次又一次的编辑载体创新被先后创造出来。而这些创新，在当时世界堪称历史性的科学技术发明成果。原始符号编创时期的那些编辑载体材料与形式因现已找不到实物而难以说明，而结绳则应另属别类，中国的仰韶、龙山、大汶口文化中的陶文载体——陶器，却并非专用的文字符号载体；然而进入文字时代之后的那些著名的编辑载体，如古埃及纸草文献中的载体——莎草，古巴比伦泥板文献中的载体——泥板,古中国甲骨文献中的载体——甲骨,以及殷周金文中的载体——青铜,等等,却都是人们所不得不予以承认的编辑成果承载物即编辑载体。这些编辑载体,它们都是这些编辑产品的制作者——编辑辅体所制造的,因此我们也有理由认为它们就是由编辑辅体创造的,是编辑辅体们对编辑活动和人类文明的重大贡献。

我们之所以作这样的判定,是因为有历史考古学界的成果证明,古埃及纸草文献的载体——纸草,是采集埃及尼罗河边的一种茎体粗壮、名为莎草的水草茎体制作而成的;负责采集和制作这种材料的人,虽然其目的是为了用其承载编辑成果,但却不应被视为编辑主体本身,而应被视为为编辑主体的编辑工作帮忙的、亦即起辅助作用的人。笔者从一则电视节目中看到,制作这种纸草的过程十分复杂、十分具有技术性、因而是十分专业的,必须由专业的专业分工来完成。完成这项工作,不大可能是那些身为文弱书生的编辑文人们所能够在做好编辑工作的同时做到的。古巴比伦泥板文献中的泥板、古印度哈拉巴印章文献中的印章,都是如此。至于古中国甲骨文献中的甲骨,这种材料的制备则更为复杂。以龟甲为例,必须从最初的选龟、养龟开始,不仅需要挑选专门的龟种,而且还要由专门的龟人来饲养、宰杀、晒储,然后还要对其进行极为专业的钻、凿制备,尔后才能供占卜和刻写卜辞使用。这些工作显然都不是编辑人员即编辑主体做的。《周礼》中列有"龟人"一职,应当就是负责做这项工的专职人员。他们不是编辑人员,但却在事实上为编辑工作提供了帮助,成为事实上的编辑辅体。这些情况,在《周礼》、《礼记》中均有记载。"周因于殷礼",《周礼》、《礼记》中虽然记载的是周代的礼仪制度,但周代的礼仪制度在很大程度上承继了殷商的礼仪制度,又因商人比周人更重占卜,所以殷商时的状况应比周礼规定更要复杂、严重得多。但仅从殷、周两代的官制中均有"作册"一职,便可知至少在关于编辑活动的规制上二者是有明显的共同之处的,因而从《周礼》、《礼记》中的记载去推知商代的编辑活动是有一定可信性的。同样,青铜金文的制作,除文字内容之外,也应是专门铸造青铜器的工匠们完成的,他们也应被视为编辑辅体。正是由于他们的创造,才为我们留下了震惊世界的、能够足以证明人类文明辉煌历史的甲骨文、金文。

再接下来，中国的编辑活动史以编辑载体分则进入了竹木简册时代。关于这个时代开始的时间，不少学者推测应在商代。因为其一，迄今为止发现的殷墟甲骨文献其内容全都是占卜的卜辞，而更广泛的朝廷政治、军事、礼制、财经、文教、农工、外交、书信等方面的应该有的文字记录或反映却全然不见，而以当时甲骨文字体系的记录应用功能来看，这些内容都是不应当没有文字记录的；既然甲骨中没有，那么就可能是用竹木简册记录的；至今未见，可能是都已朽毁无存了。其二，甲骨文中已有"册"、"典"等象形字，以其字形来看正是用竹木简编成的书册之状，说明那时已有竹木简载体的典、册之书。其三，古代文献《尚书·多士》篇中，记载有周公旦训诫殷商遗民的一段话："咨，唯尔知，唯殷先人，有册有典。"这句话中也说明殷商时代确是已有典册的，这些典册应当就是用竹术简编制而成的。虽然有这种种根据，但考古学上没有实物证据的结论是不能成立的。所以，关于殷商是否真有竹木简册的问题，目前仍只能停留在推测阶段，只能等以后某日考古发掘出实物证据后才能真正成立。而目前公认无疑的，只能从周代开始。

采用竹木材料制备成竹木简，将其编联成册，然后再在上面书写文字以记录有关编辑成果，这是编辑辅体们的又一重大发明。特别值得我们重视的是，这一发明作为书籍载体形式竟然被一直沿用了一千多年，直到公元100年东汉蔡伦发明了可以普及使用的造纸术之后，这竹木简册的编辑载体才被停止使用。而在这一千多年间，除极少数另类载体形式外，几乎所有的编辑成果都是用这种竹木简册材料的载体承载和流通传播的，几乎所有的文明成果都是用这种载体记录的，几乎所有的文化人才都是用这种书籍教育培养的。这个贡献是如此之大，该是多么的了不起呀！如若那时即有诺贝尔奖的话，竹木简册这项发明真应该当之无愧地获此殊荣！

编辑辅体在此时期不仅实现了编辑载体及形式的重大超越，而且在编辑产品的制作与传播上也有了快速的发展。首先是表现在书册复本的制作上。由于竹简材料来源丰富、遍地皆是、成本低廉、制备容易，得以使编辑用体使用编辑产品变得较为容易，因而也使天下读书人日渐增多。官、私营学校教育也开始发展起来。殷墟的甲骨文中便有"教"字,被郭沫若先生释为老师手持教鞭棍教童子之形。这说明商代已设学校并有教师来教育学生。那么既有了学校,就必需教材和读本;学校中的学生也绝不会只一个,这就需要许多教材和读本,当然还有教科书。这就必须制作书籍的复本,而这项工作在编辑活动中一般则是分工由编辑辅体来完成。西周时期兴庠序、办学校,已于史有载。至春秋战国时期更是打破了学术在官的旧制,私人办学几乎遍地开花,孔子便是开办私立学校的大师。由于天下秩序大乱,诸侯纷争迭起,争霸天下成燎原之势,所以对人才的需求大增,"学而优则仕",读书人好就业,成了此时天下之大势。社会人才需求旺盛导致办学、读书蔚成风气。著名的诸子百家争鸣,就是这一时期中的产物。那么,不仅书籍成了抢手之物,而且书籍复本的制作也肯定成了最火旺的好生意。专营书籍复本制作的编辑辅体此时步入了全盛时期。因为那时制作书籍复本主要是靠手工抄录,于是,"佣书"即受雇于人,替人抄书,便成了一些识字人的就业去处。这些"佣书"者就在不知不觉间成了编辑活动中的编辑辅体。

上述这种情况一直持续到两汉。当然并非简单重复的延续,这中间发生了太多太多的事,包括"六国毕、四海一"的秦对天下的统一,也包括秦始皇的"焚书坑儒"。焚书政策加之战火,使天下书籍亡绝短缺。汉武帝时大兴编辑活动,诏天下献书,于是书籍又以秦时的不祥之体变成了人所争贵的宠物。由编辑五体构成的编辑活动又开始全速发展。甚至在此时的京都长安中还出现了营售书籍的"书肆",相当于现在的新华书店。编辑产品可以堂而皇之地作为商品公开销售了,这说明书籍的市场贸易业即通过货币交换途径传播编辑产品的行业开始产生了。而在我们看来,从事编辑产品销售与传播的人同样是对编辑活动起辅助作用的,同样也是编辑辅体的一部分。书肆即书店的出现,说明书籍营销类编辑辅体于此时也开始正式出现了,这同样是编辑史上一件有历史意义的大事。其实,按照我们的推测,书籍的货币交换,应当在春秋战国各诸候国货币产生并普遍使用的时候,便应已经开始了。尤其是在百家争鸣、私学兴盛的时期,如果没有书籍的货币交换是说不通的,但是只因没有证据,所以难成定论。正确的有记载的能从西汉算起。也就是说,从此时起，编辑活动中又多了一类肩负另类责任、即编辑产品营销传播责任的编辑辅体。

从西周至东汉，其间历时千余年，编辑活动跌宕起伏，其间著名的大型编辑活动就有过许多次。例如：西周时周公旦主持的制礼作乐的大型编辑活动，周大史籀主持的文字编辑活动，春秋时包括孔子编六经、曾子编《论语》在内的诸子百家的较大规模的编辑活动，战国群雄并起，争相逐鹿、各自根据需要进行文化建设时期的编辑活动，秦统一天下初期的编辑活动，西汉初期的编辑活动，西汉以刘向父子牵头的大规模编辑活动，司马迁、班固、扬雄、许慎、郑玄、马融等人的个人编辑活动等等。这些编辑活动带动了大量的编辑主体参加，同时当然也还有人数更多的编辑辅体参加并在其中起了很大的作用。这些编辑活动所产生的诸多历史性编辑成果，既是编辑主体、编辑源体的巨大贡献，同时也渗透着众多编辑辅体的巨大贡献，在人类文明史、编辑史上都是不应被忘记的。

四、造纸术的发明与编辑辅体的历史性贡献

造纸术的发明与随之而来的纸张的普及应用，带来了编辑载体史上的又一次革命。它的应用使整个编辑活动获得了前所未有的容易与轻松，从而开始了人类文明史上大规模的文化创造与传播，大大加速了人类社会的文明化进程。

关于造纸术发明的时间与发明人，一般公认为是于中国东汉和帝元兴元年（公元 105 年），由宦官蔡伦正式研制成功的。这件事在《后汉书·蔡伦传》中有明确的记载与说明，因而确凿无疑。然而又有许多古文献记载，纸的发明时间比蔡伦还要早得多，蔡伦只是总结了前人的造纸技术与经验，对其作了更适宜的改进而已。当然，改进也属于重要的创造和发明，蔡伦对于造纸术的作用与贡献仍是应予肯定的。

"纸"字为"糸"旁，可知其从丝，最早是从丝物而来。《辞源·纸》中说：

本指漂洗蚕茧时附着于筐之絮渣。后指以丝为原料之缣帛。自发明梼布而成之纸后,别造"帋"字,从巾,后成为书写用纸的通称。公元1957年陕西灞桥汉墓曾发现西汉早期纸张,为迄今发现的世界最早的植物纤维纸。①

纸虽由丝絮缣帛而来,人们亦曾以帛为纸作为书写载体,这从长沙马王堆汉墓中发现的帛书可以证明。然而丝绸材料的帛书价格较贵,并非一般人可以用得起的,大面积普及更无可能。而灞桥纸已为普通的植物纤维材料,说明已经脱离了丝绸价贵材料阶段,应视为较具真正意义的纸。但这种纸张仍为织物,呈麻布状,后来蔡伦所造之纸及造纸方法与此有根本上的不同,堪称真正意义上的造纸术,后世皆宗此术,故那才应是真正的纸。所以,只有蔡伦的造纸术才应视为真正划时代意义的造纸术的开端,才开辟了后世至今近二千年用纸造福于人类文明的新纪元。

造纸术与纸的发明,标志着新的编辑载体的产生,标志着编辑载体新时代的来临,它开启了近两千年的纸世界,带来了人类文明史和编辑史上一场空前意义的大革命,从此使人类文化平民化成为可能。从编辑活动的意义上来说,它使编辑源体、编辑主体、编辑客体和编辑用体从此开始了成倍翻番式的大面积普及和大规模扩张。人们创造、编辑和使用编辑产品一下子因编辑载体的制作便利、使用方便和价格低廉而变得容易起来,从此才真正使"人皆可以为尧舜"成为可能,使编辑活动与人类在文明演进方面的更大规模的创造成为可能。如就在蔡伦造纸术发明后不久的西晋,便出现了现仍有实物流传的大书法家陆机、大画家顾恺之;到了东晋,更出现被称为"书圣"的大书法家王羲之及王献之;到了隋代,则出现了中国山水画之祖展子虔等等。这都是由于纸张的使用,使人们得以方便地在纸张上随意挥洒书画丹青艺术的结果。此后,中国的造纸术经由两条通道——一条向东经朝鲜传向了日本,另一条向西经丝绸之路传向了西亚和欧洲;最终传遍了全世界,促进了整个人类文明又好又快地科学发展。

---

① 《辞源》北京商务印书馆1981年12月修订版,第2410页。

纸张是用来写字绘画的，是文字、图画的承载物，文章、书籍、诗赋、图籍等都是由文字符号构成的，而这些又都是编辑活动的成果，所以，我们说纸张就是编辑载体即承载编辑成果的物体，属于编辑活动的组成部分之一，是正确的。那么，发明纸张的是什么人呢？是编辑主体吗？不是。以蔡伦为代表的造纸专家与工匠，没听说他们当过编辑，因而不能是编辑主体；是编辑源体吗？他们也不具备作家的身份；是编辑用体吗？也许是，但是制造纸张和使用编辑产品并非同一回事。没有写上字的空白纸张它也还不属于编辑产品，和编辑产品的特征八杆子也搭不着！如此说来，那造纸者属于什么人呢？既然纸张是编辑活动中的必需品，它的用途主要是承载编辑产品的，为编辑活动提供了极大的便利，给予了极大的帮助，那么，也就等于说造纸者为编辑活动提供了极大的帮助，起了巨大的辅助作用。这样，造纸者应当属于编辑辅体，他所做的工作应属于编辑辅助性质的工作，就应当是确定无疑的。换回来讲，造纸术的发明与应用，是中国编辑活动中的编辑辅体对编辑活动和人类文明做出的伟大历史性贡献，这个结论也应是确定无疑的。

造纸术的发明与应用对中国以及整个人类文明的作用与贡献之大，是怎么评价都不算过分的。它使编辑载体及编辑产品变得方便易用且成本低廉，易于大面积推广与普及，从而更使编辑用体急剧增多，人类的文化素质和文明创新大面积提升，文明化程度全面加速。而且更重要的还有，它为此后印刷术的发明和应用做好了条件上的铺垫和准备，因为纸张的使用使印刷术的发明与应用成为了可能——这是后话。所以我们说，编辑辅体的作用与贡献，不仅仅是对于编辑活动，而且对于整个人类文明的发展来说，都是不可低估的，是应当被载入史册的。作为中国古代四大发明之一的造纸术，其发明权应当归功于编辑活动中的编辑辅体，是应予肯定的。

五、印刷术的发明与编辑辅体的历史性贡献

由于纸质载体的方便易用，不仅天下的写书人多了起来，而更重要

的是天下的读书人即编辑用体越来越多。读书人的增多，使同一种书的复本的市场需求量大量增加。大量制作复本，于是就成了编辑活动中的一项必需而艰巨的任务。由于录制复本在那时还主要是靠手抄来进行，而以这种手工抄录的原始方式来制作复本，无疑是又笨、又慢、又艰苦的苦差事。不仅艰苦，而且效率极低、产量很小，很难满足广大编辑用体的需要，社会和市场需求急切地呼唤、期盼着新的编辑产品复本制作方式的产生。于是，一种后来与造纸术一样称之为中国古代四大发明之一的重大大发明——印刷术，终于被创造出来了。

印刷术的发明，作为中国古代四大发明之一，已是许多人都耳熟能详的史实。但是，这个发明产生于什么行业领域？发明权应当归属于谁？却是一件谁也说不清楚，也从来没有人说清楚的事。我们认为，这件事有必要说清楚，是能够说清楚的。要想说清楚中国古代的印刷术是何行业、何许人发明的，必须从以下三个方面入手。

（一）印刷术的产生是出于编辑活动中制作编辑产品复本的需要

是什么原因催生了印刷术，印刷术产生的动力是什么呢？答案其实并不复杂：是由于天下读书人的增多，对书籍需求量的增大催生了印刷术，印刷术产生的动力是广大编辑用体对编辑产品的使用需求。

我们在上面说过，造纸术的发明与应用使编辑产品变得廉价、方便、易用，因此而使编辑产品的创造与使用有了大面积普及的条件与可能。由于编辑产品的使用人数的大量增加，就使编辑产品复本的需求量大增，于是便亟须提高产量，要提高产量就必须提高生产力，要提高生产力就必须使用新手段、发明新技术。于是乎，在这种需求动力的拉动下，果然，有一种崭新的编辑产品复本大量制作的技术被创造和发明出来了。这个崭新的编辑产品制作技术就是著名的、后被称为中国古代四大发明之一的印刷术。

（二）印刷术是发明和应用于编辑活动领域

印刷术是发明和应用于编辑活动领域，这是不应该有疑义的。因为——

1. 印刷术是应编辑用体之需、编辑主体和编辑辅体制作编辑产品复本之要而产生的，当然是属于编辑活动领域中的事情。没有编辑活动的需求能会产生印刷术吗？当然不会的。

2. 印刷术是一种主要在编辑活动领域中应用的技术，这也是人所共知的。从它被发明之后1300多年来的应用实践和辉煌历史已充分地证明了这一点。

所以我们说，印刷术是发明和应用于编辑活动领域的技术，是没错的。

（三）印刷术的发明、应用和操作者，都是编辑活动中的编辑辅体。

印刷术主要应用于印制编辑产品复本，应用于编辑产品的量化生产。自编辑活动产生以来，一直都有编辑产品复本的制作工作。直至印刷术诞生前夕的隋代，还有隋炀帝命将某编辑成果"抄写五十副本"的记载。在前面的论述中，我们已经论证了这种制作编辑产品复本的工作是编辑活动中对编辑主体起辅助性作用的工作、从事这种工作的人属于编辑辅体的观点。那么，印刷术正是用于印制编辑产品复本的，是为编辑主体活动帮忙、亦即起辅助作用的；发明印刷术、解决了编辑产品复本量产这一重大难题的人，他无疑给编辑主体和编辑活动帮了最大的忙，起了无与伦比的、至关重要的辅助作用，因而他就是编辑辅体，是编辑辅体中贡献最大、最优秀、最伟大的代表之一！更何况，这个最初的发明者，极有可能就是那些旧有的编辑辅体——不堪重负、艰苦备尝的抄书者，是他们为了改变自己的命运、减轻自己的负担，才苦思冥想地发明了印刷术。

印刷术的应用和具体操作者，相当于后世印刷厂中的技师和工人，他们的工作就是印制编辑产品，担负着对编辑主体编定的稿件亦即编辑成果进行后期制作的任务。他们不能被称为编辑但却是专职的帮助编辑的人，是对编辑主体活动起主要辅助作用的人，因而是编辑辅体中最主要的方面军，为编辑活动的繁荣与发展起了至关重要的作用。像造纸术和印刷术这样的人类文明史、人类科技史、人类编辑史上的最伟大的发明，就都是由编辑活动中的编辑辅体们创造出来的，为人类文明的发展作用起了重大贡献，他们是人类文明创造史上伟大的类群体之一。

印刷术被发明出来以后，又由初始的雕版印刷术进而发明了泥活字、木活字、铜活字、铅活字印刷术，后来又发明了机器印刷术和高速机器印刷术。这些印刷术的不断发展与完善，使编辑产品的量化生产技术与能力得到了不断的提高与扩大，使编辑产品的传播面积和传播速度得到了大幅度的不断提升，整个人类文明进步和创造的潜能得到了极大的开发与释放，全人类的文化素质和文明水平得到了极大的提高，人类社会才得以向着其前所未有的高度迅速提升和发展，直至达到今天这样的现代化文明层面。虽然我们不应片面夸大某一事物的作用的外延，但包括编辑辅体在内的编辑活动的历史作用与贡献，的确是一个历史事实，其中有着大量的、对人类有益的奥秘、规律、原理和经验教训，是应该好好予以研究和总结的，是不应该被忘却和抹杀的。

六、编辑辅体的其他作用与贡献

除了编辑产品的制作之外，编辑辅体还担负着诸如编辑产品的营销与传播等其他重要任务。

人类社会的物质生产先后经历了自用品生产和他用品即商品生产两大阶段。在自用品生产阶段，所有生产出来的物品主要都是供自己使用，只将自己用不完或用不着的赠与他人使用。而在商品生产阶段，则其产品除少数自用外，其余的都用以与他人进行交换，即以己之所有，换回已之所无。有了交换就有了市场，也就有了商品。开始时只是进行以物易物的物物交换，后来发展到了货币交换。中国是世界上最早进入货币交换亦即商品经济社会的国家，在殷商的考古发现中已发现了海贝币与铜贝币。商朝的"商"字，甲骨文中作二人在屋内相对协商之状，有人认为此即为商量商品交换之事。契约的"契"字，在甲骨文中为刻成多齿状的两片竹（木）板，亦即为契约刻齿之符，以两契相合来验证使用，而这已是标准的商业契约性质的行为，足可证中国商代的商品经济已有相当规模。

关于编辑产品交换始于何时的问题，现已无考。编辑人员的生活来源是靠俸禄还是靠商品交换——拿编辑产品去交换生活用品，现在尚不清楚，也许二种形式都曾经存在。但在有了官方设置的专职编辑之后，如商代的史官、贞人、卜人、作册等，他们这样的专职编辑为官方所专设,为官方服务,拿朝廷俸禄靠工资吃饭,则是史实。这种主流形式一直贯穿于整个中国封建社会。但在春秋战国时代,编辑者则又是通过办教育的途径来推广和传播自己的编辑产品的,连著名的孔圣人都是如此。孔子编六经作教材,收"束脩"作学费,而这"束脩"看来也是包括了教材费的,作教材的六经就是他的编辑产品。束脩就是10条干肉,史载孔子那时有3000名学生,每年的学费收入为30000条干肉,以每条在湿肉时为5斤计,就是15万斤肉,若以今天猪肉每斤10元计,就是150万元(若以牛、羊肉计则更多),平均每月收入12万多元;而我们今天的大学教授大多每月工资(包括其他收入)8000元左右,年薪10万元左右,孔子的月收入是我们今天大学教授的15倍,已经相当可观了!不过,孔子的收入中是同时包括了教师和编辑两种身份、两种劳动的收入的,因为未听说他所编写的教材还要向学生另加收费,应当还是合理的。若要再算他一个人连校长、副校长、教务处长、财务处长、学生处长、班主任、辅导员,还有党委书记等都兼职在身的话,那他的收入就很低了!若再算上他还要盖校舍、学生宿舍、食堂、桌椅、征地搞基建、买教学仪器(教具)设备等方面的开销的话,那他的收入可能就所剩无几了!这样说看似笑话,但那时候一些编辑工作者通过办教育来营销和传播自己的编辑产品,却也是客观存在的历史事实。这种情况大概一直持续贯穿于春秋战国时代。

秦代建国时间很短,仅有区区的15年时间。在编辑活动与文化建设方面,除了"书同文"即统一天下文字和进行"秦律"等规章制度的编辑工作以外,其余不仅无所造就,而且由于错误地进行焚书坑儒,营造了文化肃杀气氛,使人人噤声、文化萧条,不仅无多新的建树,而且还对长期积累起来的文化基础进行了较为全面彻底的破坏。绝大多数方面的编辑活动都停止了,编辑五体们大多没了踪影。但在由李斯、赵高、胡毋敬牵头进行的统一文字的编辑活动中,应当也还有一些编辑辅体在帮忙做事,对中华文字的规范统一做出了一定的贡献。吕韦召集大量门客编《吕氏春秋》,也是费了很大的功夫的。但至于这些编辑产品如字书之类当时是怎样推广和传播的,有没有作为商品流通,目前则因史料无载而难以查考了。

汉朝建立以后不久,即开始进行文化建设。像萧何、韩信、张良、张苍、刘安这样位极人臣的高官，都带头投入编辑工作。再后来，甚至连汉武帝这样雄才大略的皇帝，也亲自做起编辑工作来。由于秦代的文化大破坏导致的文化大毁灭，致使汉初时文化仍一片萧条，"书缺简脱，礼坏乐崩"，重建文化的任务十分艰巨。到了汉武帝时，不得不将大兴编辑活动、振兴文化事业纳入国家决策，由朝廷出台一系列政策，且由皇帝亲自带头掀起了开展编辑活动的高潮。《汉书·艺文志》中说：

迄孝武世，书缺简脱，礼坏乐崩，圣上喟然而称曰："朕甚闵焉！"于是建藏书之策，置写书之官，下及诸子传说，皆充秘府。①

并且"诏求天下遗书"，下令在全国广开献书之路，鼓励天下人献书，大量征集书籍。《北堂书铺》卷102及《太平御览》卷88同引汉武故事云："上少好学，诏求天下遗书，亲自省校，使庄助、司马相如等以类分别之。""省校"分类即亦为编辑工作之属。"诏求天下遗书"并"亲自省校"，可见这位皇帝对编辑工作的重视程度。

在皇帝、大臣等的积极鼓励和共同炒作下，"书籍热"在汉代兴盛起来。求书（搜罗书籍）、写书、编书、献书、读书甚至包括对书籍的学术研究，形成了前所未有的社会热潮，使书籍成为了全社会的集体"宠物"。于是，书籍开始作为商品正式进入市场，公开售书的书店（书肆）产生了；也就是说，以营销编辑产品为业的编辑辅体产生了。

中国历史上最早的关于"书肆"（即书店）的记载，迄今能看到的是出自西汉扬雄的《法言》一书。该书中有"好书而不要诸仲尼，书肆也"一句，旧注其义为"卖书市肆，不能释义"；而《辞源》释该句中的"书肆"为"售书的店铺"，② 可证西汉时公开售书的书店已经出现，说明书籍已作为正式的商品进入市场，编辑者已可以通过营销自己的编辑产品来获得收入，实现自己的经济效益了。所以，书肆的出现以及扬雄对此事的记载，在编辑史上有着十分重要的历史意义，值得研究者予以高度重视。从那时至今，以产品营销者身份出现的编辑辅体，活跃在

---

① 班固《汉书·艺文志》。
② 《辞源·书肆》条，北京，商务印书馆1980年8月修订第1版，第1463页。

编辑产品营销市场上，为编辑产品的推广传播而奋斗，为编辑活动经济效益目标的实现而奋斗，为把编辑产品向编辑用体手中输送而努力，为编辑活动的繁荣与发展做出了独特的、不可替代的巨大贡献。

编辑辅体在编辑产品营销、开拓编辑产品市场、大面积推广和传播编辑产品方面的作用与贡献是不可小看的。他们是编辑成果的传播者，没有他们，编辑产品就较难以顺畅地到达编辑用体之手，也就难以进行大面积的大众传播；他们是编辑效益的实现者，没有他们，编辑活动的社会效益和经济效益都难以最终兑现，编辑活动的运作就会出现困难，甚至会难以为继。尤其是在市场经济体制下，在市场化运作、需求拉动的机制条件下，编辑辅体的市场运作功能更加显得尤为重要，有时在一定条件下甚至会起到决定性的作用。

在科技文明高度发达的现代化社会中，编辑活动与传播也较之以前发生了巨大的变化。其中一个重大的变化就是高科技引领下的编辑观念与编辑手段的变化。编辑工具由过去的笔和稿纸变为鼠标、键盘和电子屏幕；出版印刷术由过去的铅活字、铜锌版变为电活字和数字出版。这些变化在行业中简直是天翻地覆的。可是有谁知道，这些正是从事编辑产品制作的编辑辅体们的创造发明，是他们在人类编辑活动史上堪与造纸术、印刷术并列的又一大贡献。

可能有人会说，这样将电脑、数字等技术归入编辑活动，且将其发明者列为编辑辅体有些牵强。我们说：不，一点也不牵强，因为客观事实就是如此！我们应当高度重视编辑史上这又一个里程碑式的重大发明与转折，重视由这一重大发明而带来的编辑历史新阶段，以及在该阶段中已经出现和将要出现的新事物。

第三节　编辑辅体的地位及其强化性趋势

在编辑活动中，编辑辅体始终居于不可或缺的重要地位。

编辑辅体是与其他编辑四体一起同时产生的，开始时只不过出于为编辑主体帮忙，但后来这个忙却越帮越大、越帮越有成效，甚至于帮出了许多了不起的创造发明，在有些方面异军突起，至今已简直可以形成自己的学科了。这些情况，使编辑辅体在整个编辑活动中的地位呈现出逐渐强化的历史性趋势。这种趋势，是我们编辑学研究者应当予以关注和重视的。

一、编辑辅体在整个编辑活动中的地位

编辑辅体，是在编辑活动中对编辑活动起辅助性作用的个体与群体。那么，反过来讲，凡是对编辑活动中做辅助性工作、起辅助性作用的人，都可归类于编辑辅体。但是，由于在编辑活动中做辅助性工作的人很多、很杂、也很散，而那些过于分散、不同类别的种种工作往往是缺乏鲜明特色与个性的，是过于处于边缘地带的，也是过于缺乏独立意义的，因而我们对于这种辅助性个体或群体可以不用也不必做过多的理论性关注与探究。

我们这里应当重点予以关注和探究的，是编辑辅体中的两大类相对集中、相对有群体个性、相对具有群体独立意义、相对具有鲜明特色、居于整个编辑活动链条中的关键环节的编辑辅体。因为，我们所概括的整个编辑活动就像一根硕大无比的运行链条，我们所归纳的编辑五体都分别居于这根链条的不同链段，居于其中的关键环节，他们对于这根链条无不具有重要的关节型意义。也就是说，无论哪一链段，哪一链环都绝对是既不能断链也不能脱节的，如果一旦断链或脱节，整个编辑活动就不能运行的。包括编辑辅体在内的编辑五体中的每一体都是如此。而在编辑辅体中，只有担负着编辑成果的后期制作亦即编辑产品制作、和编辑产品的营销与传播重任的两大群体，才是最具备和符合上述特性的，他们正是编辑辅体中的主体和核心。所以，尽管编辑辅体还可涵盖许多散、杂、边的人，但我们的编辑辅体研究所针对的主要对象，却始终多是其中的这两大群体。这是应特别予以说明白的。

编辑活动的核心是编辑产品，整个编辑活动说穿了其实都是围绕着

这个东西而忙碌的。就狭义编辑学的视角来看，编辑主体在完成了对编辑客体的策划与编辑之后，其工作任务或使命就算完成了。我们认为这种观点是不对的，所以我们主张广义编辑学。在广义编辑学看来，编辑主编定稿件即编辑客体，只是完成了阶段性的编辑成果，对于这个被编定的编辑成果接下来还必须进行进一步的后期制作，即制成编辑产品。而进行并完成编辑产品制作的人，我们将其归类于编辑辅体。可是，在编辑成果被制作成编辑产品之后，编辑活动仍未完成，因为编辑产品还必须进入市场、进行传播，还必须到达编辑用体手中，由编辑用体进行使用，并在此阶段产生和兑现编辑活动的最终目标——社会效益和经济效益。那么，就还必须有人去担当和完成将编辑产品输送至编辑用体手中、并兑现两个效益的任务。这种工作现在人们称其为营销和传播。从事编辑产品营销与传播的人，他们的工作也同样是编辑主体所策划和主导、主营、主运作的编辑活动之继续，他们的工作性质仍然是对编辑主体的辅助，因而也应当名正言顺地归类于编辑辅体。

编辑产品的制作、营销与传播，都是整个编辑活动链条中的重要组成部分，是编辑活动链条上的链段和环节，因而在整个编辑活动中居于不可或缺的重要地位。这个重要地位，已经为中外编辑历史所证明。换句话说，这个重要地位，其实也就是编辑辅体的重要地位；这类工作上的一切作用和贡献，其实也就是编辑辅体的作用与贡献。这种重要作用与贡献，也已为中外编辑历史所证明（如前述）。因此，编辑辅体在整个编辑活动中的重要、不可或缺的地位是不可动摇的，是牢不可破的。

二、编辑辅体的不断强化之趋势

编辑辅体在编辑史上不断强化的趋势是明显的。如前所述，本来，编辑辅体最初只不过是诞生于为编辑主体的帮忙而已。可是，后来这个"忙"却越帮越大，越帮越强。由于编辑辅体长期担负编辑产品制作的具体任务，而这项任务的技术性越来越强化，因而在实用科技的道路上越走越远、越走越广阔。特别是他们在对新的编辑载体和编辑产品复本制作技术的持续探索上，竟发展以至先后导致了造纸术、印刷术、现代机械印刷工业，以及当代电子排版印刷技术等重大科学发明之后，便正式形成了一门自我独立的术科——出版学，成就了许多人类编辑活动史、乃至人类文明史上了不起的大事件，成就了编辑活动可以引以为自豪的，对人类文明的一个又一个重大贡献，在日益重视科学技术发明的当今社会就更是如此。

由于编辑辅体经过长期的、持续不断的自我努力，终于成为新的科学技术的发明者和掌握者，成为一个方面的新的生产力的主体代表，因此也奠定了自己不可为人小视的重要地位。编辑活动中虽然也包括自然科学技术编辑活动，应是文理工等无所不包的，但就其总的学科特性来看主要还应属于文科或社会科学。而现在却由于编辑辅体的努力及其地位的强化，由于他们在出版科学技术方面的重大突破与贡献，致使编辑活动也进一步增强了新的科技成分，变得更加兼容和辉煌起来。这完全可以视作整个编辑活动的骄傲与自豪。

今天，编辑活动中的数字出版、电子出版、网络出版等正在形成产业。编辑辅体在出版科学与技术上的重大发明与贡献，为编辑活动也就是人类文明包括精神文明和物质文明的生产活动，给予了极其关键的技术支持，极大地加快了人类文明创造与生产的速度，极大地提高了编辑生产亦即人类文明的生产力，使人类文明得以具有了今天的这样高度的发展与辉煌，这是一种无可争辩的历史事实。

然而，尽管编辑辅体的卓越贡献及其地位的强化都是事实，尽管其主导与主营的业务已发展成为一门相对独立的专业技术甚至可以自成一门学科——出版学；书刊营销、媒体营销等也都正在形成独立的学问；但是宏观地审视起来，其在整个编辑活动链条中的编辑辅体地位与作用，却仍然是没有改变的。编辑活动仍然而且也只能仍由编辑主体主导、主营、主运作，编辑辅体仍然处于编辑主体的辅助地位，整个编辑活动中所有的编辑五体的序列与分工全都没有改变，他们仍然各就其位、各司其职地无时不在共同进行着编辑活动、亦即人类文明创造与生产活动的发展运作，每日每时都在产出着大量的人类文明产品，不断地将人类文明推向更高、更强。这是我们应该看到且应予重视的现实。

第四节　现代编辑辅体的素质与知识层次

　　编辑辅体自其在当初编辑活动的源头时期，因给编辑主体帮忙而产生以来，随着编辑活动的发展，他们参与编辑活动的程度越来越深，再后来由他们创造的编辑活动知识与技术越来越多，层次越来越高，至现代早已发展成为一个具有高素质、高知识、高科学技术的编辑活动主要群体之一。

　　其实，在编辑历史上，编辑辅体的这种"三高"即高素质、高知识、高科技的状态早就形成了。试看——殷商时期发明并负责在龟甲兽骨上刻写文字、记录事物的编辑辅体们，他们在当时的世界上来看，算不算我们所说的"三高"群体呢？答案应当是肯定的。据研究，当时从占卜用龟的饲养、龟甲的整备，到甲骨文字的刻写，是一套系统的技术，是不容易掌握的。在周、秦、汉时期，那些创造了在青铜器上铸造文献、在石材上镌刻文献、在竹木简册上书写文献并制作书册的编辑辅体们，他们在当时的社会上是否应属于"三高"群体呢？答案应当是肯定的，因为这些工作都是具有技术规制的。自汉、晋、唐、宋、元、明以来先后发明了造纸术、雕版印刷术，活字印刷术、以及欧洲的机器印刷术，并将其推广应用的广大编辑辅体们，他们是否是人类历史上的"三高"群体呢？答案也是肯定的，这些已经是当时世界领先的高科学技术，是没有疑问的。那么，在现当代，那些将机器印刷术发展到了极致、尔后又创造发明并推广应用的诸如激光排版、电子排版、电脑排版、磁卡、光盘、芯片、电子纸、数字媒体、数字出版、网络出版传播等等，这样的从事现当代高科技编辑出版传播的编辑辅体们，他们是属于"三高"即高素质、高知识、高科技群体，这更早已是人所共知的客观事实了！

　　当代编辑辅体们，将人类编辑活动在科学技术层面上发展到了前所未有的高度，甚至涌现了为数众多的科学家，如被称为"当代毕昇"并获国家科技奖的中国科学院院士王选，还有美国的比尔·盖茨等。说实话，我们的研究进行到了这里，在将他们这些伟大人物再称之为"编辑辅体"，笔者都已经有些惭愧了！可是他们毕竟在人类发展的新时期承续着整部人类编辑活动史的代表性人物、代表性群体，代表着这一已拥有上万年活动历史的群体的辉煌与骄傲，我们至此已很难改变对他们的历史性称谓了！但这一称谓，却一如既往地丝毫改变不了他们早就已属于"三高"即高素质、高知识、高科技群体的历史事实。他们的辉煌，同时也是人类编辑活动的辉煌与骄傲，是人类文明创造活动的辉煌与骄傲。事实上，在现当代即便是在这一群体中居绝大多数的普通人，他们的知识结构、素质结构、学历结构和职称结构，整体来看也早已居于人类社会中的较高层次了。

同时，由以上所述所给予我们的另一个逆向思维结论就是：在当代，作为编辑辅体，必须具备较高的知识、素质和科学技术要素，只有具备这种"三高"要素的个体，才能够胜任当代的编辑辅体工作，才可能具备作为编辑辅体的资格；不然的话是无法从事这项工作的。当然，我们这里是就理论层次来说的，而在客观现实上，我们决不能去要求诸如一个搬运书籍的工人、一个书店里的售货员等也都必须具备这种"三高"的要求。对于编辑辅体中不同层次的岗位应当有不同的素质、技术要求，当然是不可以要求他们人人都必须成为"当代的毕昇"的。同时，这个问题也说明，即使当代编辑辅体发展到了如此空前的一种高度，但在这个群体内部作为对编辑活动起普通辅助作用的大量普通辅体还仍然是存在的。我们所说的"三高"，其实只是取样于其中具有高度先进性、代表性和特征性的一部分人而已。

我们同时也还看到了另一种趋势，即高端编辑辅体与编辑主体融合的现象。具有"三高"特征的编辑辅体，渐渐地自己担当起编辑主体的工作，如自己既刻版印书、卖书，同时也自己做编辑。如选题、审题、改稿、定稿，甚至干脆靠向编辑主体一边去，放弃编辑辅体的工作，将编辑辅体工作改由别人来做。于是这就形成了编辑辅体精英人才向编辑主体的高端转移现象，使剩下的编辑辅体整体仅保持在低档次、中档次、或中档次偏高的层阶状态。总之，世界上的事物是复杂的，不能那么简单地一概而论，编辑辅体及整个编辑活动也是如此。

总体来看，编辑主体总是需要有人帮忙的，无论将来怎么发展，编辑活动都不能也不会缺少编辑辅体，编辑辅体作为编辑活动的一个主要组成部分，作为编辑五体之一仍必将继续存在，仍必将继续存在于编辑活动之中，与编辑活动相终始，这种情况应当是不会改变的。而随着整个人类文明和主导、主控、主运作人类文明的编辑活动不断向更高层阶发展，作为在编辑活动中掌控着编辑科技的编辑辅体，其高端部分仍不断向"三高"化迈进的趋势也是不会改变的。

这里仍须随时提醒一下的是：像对待世界上其他事物一样，对待编辑五体的研究也不可过于钻牛角尖。譬如：在出版集团大楼里管理厕所的清洁工人，算不算是编辑辅体呢？因为那厕所是编辑们的"五谷轮回之所"啊！那清洁工人的工作难道不是在对编辑活动起辅助作用吗？我们说：对于类似的问题可以回答"是"，也可以回答"不是"，还可以选择不作回答。因为回答这样的问题就像回答为编辑供应其所种的粮食和蔬菜的农民是不是编辑辅体一样，是没有太大意义的。在这样的问题上，我们只应把精力集中在那些对编辑活动起直接作用的，最具代表性的编辑辅体身上，研究他们与编辑活动的关系与规律就足够了！

事实上，社会早就已经充分地重视编辑辅体的"三高"需求了。如大学里早就在进行编辑辅体专门人才的培养，早就已经办起了印刷专业，甚至早已办起了专门的印刷学院，而且有许多大多的相关专业都开有诸如"书刊营销"、"书刊贸易"之类的课程，实现了编辑辅体的专业化、专门化。

第五节 编辑辅体的责任、权利与义务

同编辑五体中的其他各体一样，作为编辑活动的主要参与者和构成部分之一，编辑辅体在编辑活动中同样拥有自己的责任、权利与义务。

与其他行业中责任者的责任、权利和义务不同，其他行业中责任者

（包括相关责任者）的责任、权利和义务，一般是由行业管理者分给的，或曰施加的；而编辑活动中个体的宏观责任、权利和义务，则是自然而然地、历史性地、自编辑活动产生就已经被自然赋予的。编辑活动各体（非行为主体的编辑客体除外）的这种"天赋"责任、权利和义务，从编辑活动产生至今无本质性改变，在可以预见的将来也不会改变。编辑辅体也同样如此。

在编辑活动中，编辑辅体分担以下的责任、权利和义务。

一、编辑辅体的责任

（一）对编辑主体编定的编辑客体，按照编辑主体的意图与要求，将其制作成为编辑产品。

编辑产品的形式，在编辑史上的各个阶段有着很大的不同。如在编辑产生的初始时期，就只不过仅是将那些符号抄录、汇集在一起而已；而在如古埃及的莎草文献、古巴比伦的泥板文献、古中国的甲骨文献和青铜文献时期，就分别有了莎草纸版形式的编辑产品、泥版形式的编辑产品、龟甲兽骨形式和青铜形式的编辑产品；同时或更早还有过兽皮、石板形式的编辑产品。再后来就相继产生了竹木简册、缣帛、絮麻织品、纸张制品等形式的编辑产品。而无论是哪种形式的编辑产品，编辑辅体都是它们的制作者和责任人，直至今天的电子、光盘、碟片、网页等也仍是如此，都是由编辑辅体们负责制作完成的。在人类上万年的编辑史上，编辑辅体们为此做出了巨大的贡献。

（二）不断探索、发展、掌握和运用编辑载体的新材料及其制备技术

一部编辑史，同时也包含着一部编辑载体材料的发展史。现在的自然科学学科中，有一门学科叫做"材料科学"，高校中有一个专业叫做"新材料研究"专业，人们一般将其理解为新型工业材料研究与制备的科学。而实际上，类似的材料科学在编辑学中也同样存在。编辑载体材料从古陶器、石板、兽皮、莎草、泥板、甲骨、青铜、竹木简册、缣

帛、丝麻织物一直到纸张、光盘、电子纸,正是一部人类对编辑载体材料不断研究、探索的发展史。这些新材料的发现及其制备技术,对于人类文明发展史的影响与贡献是巨大的,对于人类文明发展步幅与速度的改变是起了巨大作用的。单是中国的造纸术就已经被人类应用了两千年,两千年来几乎所有的人类文明成果都是由这种材料承载的。而发明和不断改进此项制备技术的,首先正是古中国的编辑辅体们,他们一直是此项技术发明权的拥有者、改进者、掌握者和责任人。

编辑载体材料技术今天仍在不断展。在短短的数十年间,我们就已经亲历和见证了它又从磁卡、录音带、录像带到光碟、U盘的走马灯式的发展。正是这样的快速发展,使编辑活动从内容到形式都发生了极大的变化,为编辑活动创造了前景无限的发展空间。这一门编辑载体材料科学及其发展史,应当给予很好的研究与归纳总结,应当给予其应有的学术地位,编列为一门相对独立的学科。同时,编辑辅体在此方面的贡献、责任和作用,也是绝对不可以轻视的。

(三)不断探索、发展、掌握和运用编辑产品复本制作技术

在编辑活动中,对于编辑主体所编定的编辑客体,不仅需要制作成为编辑产品,而且为了满足广大编辑用体的使用需求,还必须制作甚至是大量制作编辑产品的复本。只有这样,才能使编辑产品更广泛地传播,也才能够尽最大可能地实现其效益最大化。

尽可能多地制作编辑产品复本,扩大复本供应量,是编辑用体的使用需求,是编辑源体的传播愿望,是编辑主体的效益目标。但是,从历史事实来看,这项任务具体却一直是由编辑辅体来担当和完成的,编辑辅体一直是这项任务的责任者和完成者。

其实,由于编辑产品的特点是供同类用体共同使用的,也就是说,是为了大伙儿一起使用而不是仅为一个人使用的,所以从编辑活动一开始产生,就必然面临着编辑产品复本的制作问题,人们从那时就开始不断地探索编辑产品复本的制作技术。可是,对这种技术的探索进展极其缓慢,以至于在长达数千年的时间内,都一直只能使用手工抄录的原始技术。这种局面直到中国的隋朝末年,才因中国人发明了雕版印刷术而被打破,真正的、可以大量制作编辑产品复本以供更多人使用的技术至

此才得以产生。此后活字印刷、机器印刷、电子印刷等新技术相继被发明出来，人类文明终于和印刷术一起走向了高速创新、高速传播、高速发展的新时代。可是迄今都很少有人知道，开启这一新时代之门的，却正是编辑活动中那个小小的、并不起眼的、从未被人高度重视的、对编辑主体起辅助作用的编辑辅体。

印刷术的发明与应用，终于使编辑辅体从长时期的靠手工抄写制作编辑产品复本的繁重劳动中解脱出来，人类编辑史也终于从抄本时代转入了印本时代。但是无论是抄本时代也好，印本时代也罢，编辑辅体都一直是编辑产品复本制作的责任者和完成人，同时也是编辑产品复本制作技术的发明者、改进者、掌握者和应用者。不断地创新、改良和应用复本制作技术，自然也就成为了编辑辅体分内的责任。前面我们已经说过：中国的毕昇、德国的谷登堡、美国的比尔·盖茨、中国的王选等人，都是这个群体中的伟大代表人物，当然还要包括蔡伦和那些更多的不知其姓名的材料技术创造发明者。

（四）对编辑产品的推广、传播与交易

编辑活动产生与发展的基本原理，是基于编辑用体对编辑产品使用需求的拉动。编辑主体主导、主控、主营、主运作编辑活动的秘诀，所依据的正是编辑用体对编辑产品使用需求的动态。然而在编辑用体与编辑主体之间，却历来都一直存在着一个中间环节，那就是负责推广、传播与交易编辑产品的运作群体。这一群体担负着将制成后的编辑产品推介、传播给广大编辑用体的任务；担负着通过推介、传播和交易，将编辑产品兑现为社会效益和经济效益的任务。我们发现，在编辑史上，编辑主体一般都并不亲自去做上述事务，这类工作都是在他们的主导下由另外的运作群体去做。这一运作群体，是编辑产品的传播者，是产品市场的交易者，是编辑活动效益的实现者，他们所分工承担的这种责任，在整个编辑活动中是十分重要、不可或缺的，他们对编辑主体起着至为重要的辅助和补充作用。所以，我们将这一运作群体亦归类为编辑辅体，他们在编辑活动中分工承担着推广、传播、交易编辑产品的重要责任。

（五）对编辑活动效益的收获与实现

和其他任何人类社会生产活动一样，编辑生产活动也是必须讲求效益的，无效的活动是不会长期存在下去的。编辑源体创作作品，编辑主体编辑策划编辑客体和运作整个编辑活动，编辑辅体制作编辑产品，其最终目的也是要实现其应有的效益的。这种效益，被后人归纳为两种：一种叫做社会效益，一种叫做经济效益。这两种效益，都主要是通过编辑用体对编辑产品的使用来实现。编辑用体通过使用编辑产品，提高了自己的智慧、知识、素质与技能，使自己变成了更高层次的人，并因此而可以为社会（也为自己）做出更大的贡献，创造出更多、更大的社会价值与经济价值，这是编辑活动的社会效益与经济效益的一种体现。而对于编辑活动自身来说，更直观的则是对自身的具体效益，这种具体效益一是表现为良好的社会评价（反映），二是表现为经济收入即通过编辑产品的市场交易而赚取的利润。而这两种具体效益一般也都是通过一个群体的营销与运作才得以实现的，编辑主体、编辑源体自己一般是并不亲自去做这种事情的。分工承担这种责任的，事实上仍然是编辑辅体而不是别人。而要完成这样的任务也并非容易之事，必须有专门的知识、技能与技巧，在市场经济条件下尤其如此。所以时下又形成了诸如"市场营销学"、"媒体经济学"这样的专门性学问，便是为培养此类专门的编辑辅体服务的。

（六）对编辑产品的庋藏

至于编辑产品的庋藏，也是编辑活动中衍生出的一个分支，自从有了编辑产品以后便产生了对编辑产品的庋藏问题。早期的对于人们所共用的原始符号是如何庋藏的已不可考，现在可知的殷商人对于甲骨文献的庋藏，是通过对窖藏甲骨文献的考古发掘而略知一二的。从当初发现的殷墟安阳小屯南地甲骨窖藏的场景来看，殷人所窖藏的甲骨不仅是有序的，而且同时还窖藏了一个当时的管理员——相当于当今的图书馆馆员了，可见那时对这件事情的重视程度。

后来，至少是从西周时开始，人们越来越重视对编辑产品的庋藏。著名的老子李耳，便担任过西周王室的"守藏室之史"，有人说这就是当时的国家图书馆馆长。汉代的兰台、东观，便是由国家专门建立的藏书之策、校书之所。以后各朝代均因之并不断增益。除国家公藏外，私家藏书亦大为盛行，出现了许多私立图书馆，如天一阁等。至今日大大小小的图书馆、资料室遍布世界各地，并先后产生了专门研究编辑产品庋藏问题的目录学、文献学、图书馆学、情报学等等。这些其实都是为编辑活动服务的，是编辑活动这座超大山系的余脉和延伸，是编辑主体、编辑源体和编辑用体之间的桥梁和中介，是编辑产品的推广者与传播者，是编辑活动社会效益的实现者，是编辑辅体的一个重要的组成部分。而对编辑产品的庋藏，事实上也就成了编辑辅体诸多重要责任中的一项责任。

二、编辑辅体的权利

对于人类社会中的责任主体来说，一般都是在有责任的同时也就拥有相应的权利。编辑辅体，既然是在编辑活动中分工承担着诸多重要责任的责任主体之一，那么他们也就必然拥有着在编辑活动中所应该拥有的一些权利。这些权利从事实上看应该有很多，但主要的则不外乎有以下诸项：

（一）研究、探索、发现、创造、改进和掌握编辑产品制作技术的权利

这是编辑辅体在编辑活动中所拥有的天赋之权，是任何人都不能剥夺的神圣之权。在编辑史上，编辑辅体们运用这项权利，为编辑活动和整个人类文明做出了卓越的贡献。莎草之术、泥版之术、甲骨之术、简册之术、造纸之术、印刷之术、光电之术，甚至包括笔、墨、砚、刀、键盘、光标等书写输入之术，无不都是编辑辅体们所先后创造并拥有独立知识产权的伟大创造发明。可以肯定，今后还会有更多的发明被创造出来。编辑辅体们既拥有这样的创造发明之权，也拥有得天独厚的创造发明之便，更拥有收获这些创造发明之利，这些都是他人所无法取代的。

（二）运用种种有益的方式辅助编辑主体运营好编辑活动之权利

辅助编辑主体搞好编辑活动，这既是编辑辅体在编辑活动中的责任分工，是编辑辅体在编辑活动中的职业岗位，也是编辑辅体所拥有的不可剥夺的权利。所有的编辑辅体都可以运用自己的这种权利，充分施展和发挥自身的智慧和才能，创造性地运用各种有益的方式、方法和途径，辅助编辑主体搞好编辑活动。不管是从事编辑产品制作也好，还是从事编辑产品的推介、传播、交易与庋藏也罢，都有权利各司其事地做好自己的工作，搞好各种经营活动，推动编辑活动健康、有效地科学发展。

（三）各展所能、协同努力、尽量实现编辑活动效益最大化的权利

编辑活动其实是一种人类文明创造与普及应用的活动，是人类自身不断地自我提高、自我优化的进位式活动。这样的活动本身就是一种追求效益的活动，必须贯彻效益原则。尽管在该活动中编辑主体是这种效益的总策划者和主运作者，但编辑辅体却是辅助编辑主体具体兑现这种效益的运营者。编辑辅体有充分的权利进行种种有效的经营，尽可能地追求编辑活动效益、包括社会效益和经济效益的最大化，将编辑活动的效益发挥到极致，从而使其尽最大可能地对社会有益、对人类有益，同时也对自己有益。尤其要拒绝和尽力避免那些使编辑活动低效、减效、无效甚至负效的运营。

（四）在正当经营中收获自己应有利益的权利

人类是有生命的物体。任何有生命的物体要想生存，都必须要有可供其生存的物质基础和条件，这种物质基础和条件或称生活资料，都必须通过一定的手段和途径（如劳动、经营等）从自然界或人类社会中去获取。在日常生活中，人们往往又把有利于、有益于自己生存的物质条件及生活资料等视为"利益"。在人类社会中，包括一切社会成员在内，运用正当的方式，通过正当的途径获取供自己生存的物质条件、生活资料等利益，是其自身应有的权利。编辑辅体是运用自己的智力、体力、技术等条件，通过经营编辑产品和制作、经营与传播等艰辛劳动为编辑活动服务的，他们完全拥有在正当经营中获取自己应有利益的权利。他们有权依照有关法规向自己的服务对象收取劳动报酬，包括赚取合理的利润。如向编辑主体收取编辑产品制作费、传播经营费、产品销售利润

的提成等。他们依靠这些收入来维持自己生活与扩大再生产的能力。

三、编辑辅体的义务

与其他各种责任主体一样，编辑辅体在分工承担自己的责任、拥有自己的权利的同时，也还应当承担自己所应尽的义务。

（一）为编辑活动大局服务的义务

编辑活动，是所有编辑活动成员所共同依存的母体。在这个母体面前，所有的成员都必须具有清醒的大局意识，必须维护这个大局、顾全这个大局，为这个大局服务，这同样也是编辑辅体这个群体所应尽的义务。只有维护编辑活动这个母体的健康与完整，大家才能够在这个母体环境和条件下生存和发展。为了这种义务，有时候甚至为此而牺牲一些自身利益也是应该的。

（二）辅助编辑主体的义务

"辅助"这个词，词义的本身就包含着一种义务。被称之为"编辑辅体"，听起来好像有些委曲，但这是上万年的人类编辑活动史所已经形成的历史事实，是编辑活动内部自然分工各定其位的客观存在。相对于其他编辑各体来说，编辑主体在编辑活动中的主导、主营、主运作的地位也是一种不可动摇的既定事实，整个编辑活动有史以来都是由编辑主体主策划的，其他各体居于从属地位，编辑辅体亦自如此，这种自然定位是难以改变的。所以，领悟编辑主体的意图，秉承编辑主体的策划，遵从编辑主体的主导，辅助编辑主体做好诸如对编辑产品的制作、经营、传播等项工作，当然也包括对编辑主体提出各种有益的意见与建议，无疑都是编辑辅体在编辑活动中所应尽的天然义务。

（三）为编辑用体服务的义务

编辑用体既是整个编辑活动的一个重要组成部分，也是编辑工作服务的主要目标和对象。为编辑用体服务，是编辑主体、编辑源体所应尽的共同义务，当然也是编辑辅体所应尽的主要义务之一。

相对于编辑主体和编辑源体来说，由于工作环节不同，编辑辅体与编辑用体的联系会更直接，距离会更近些，这样起的作用、相互之间的了解、产生的影响因子、发挥的效应等也会更切实。如在市场调研、需求测估、产品营销、效益收支等方面，编辑辅体都处于一线地位，直接与编辑用体打交道，其形象的好坏、服务态度和服务质量的优劣等都会直接传播到编辑用体的主观世界中去，都会产生直观的显像，并进而影响到整个编辑活动，而这些往往又与从事这部分工作的编辑辅体的职业观念与服务意识如何有决定性的关系。因此，编辑辅体必须树立为编辑用体服务的义务性意识，树立用体至上的职业性观念，摆正自身在整个编辑活动大局中的位置，这样才能够真正地履行职责，做好工作，使自己的工作效益最优化、最大化。

第八章
编辑五体的运行机制与规律

第一节 编辑五体运行的顺态机制

在自然界与人类社会，大凡事物的运行，一般都具有自己的运行机制与规律。编辑活动是一种社会事物，它的运行实际上是由编辑五体运行所共同构成的。编辑五体具有自己的、不同于其他事物的独特运行机制。这种运行机制，使编辑五体亦即编辑活动保持了上万年的轧轧运转，推动着人类文明和人类社会不断地向前发展。

编辑五体的运行机制有顺态机制（或亦可称"基本机制"）、逆态机制和混态机制三种。在迄今为止的人类编辑活动史上，编辑五体的运行尚未超出这三种机制，都是在这三种机制的框架内运行的。而其对这三种机制的选择，则大都与当时社会历史背景有关。根据所处社会背景的不同，编辑活动有时选择编辑五体运行的顺态机制，有时选择编辑五体运行的逆态机制，有时则选择的是编辑五体运行的混合机制。

本节我们先来探讨编辑五体运行的顺态机制又称"基本"机制。我们所说的"顺态"机制，是指编辑源体→编辑客体→编辑主体→编辑辅体→编辑产品→编辑用体的运行机制。这种机制是从编辑活动产生时就开始形成的自然序列，在人类编辑活动史上的大部分历史时期内，编辑五体都是在这种机制中运行的，所以我们称其为"基本机制"。而由于这种机制还应有另一种序列、即编辑各体产生的社会性序列：编辑主体→编辑源体→编辑客体→编辑辅体→编辑产品→编辑用体。这种排序法是根据先产生了编辑主体然后才能产生编辑活动及编辑个体的原理排列的（这个道理我们在前面已论述过），应当说我们应该以这个社会性序列为准，因为在编辑主体产生之前是不可能有编辑活动及其他编辑个体的。

我们在前面讲过，在编辑五体中除编辑客体（亦称编辑产品，下同）之外的其余各体，全是以编辑客体为目标（或曰为介质、为桥梁）而相互发生关系的。那么这里我们还可以将这个体系机制予以进一步简化，简化成为以编辑主体、编辑源体和编辑辅体三体合一的"供方"（施方），与编辑用体自为一方的"需方"（受方），所共同构成的供需机制；而这个机制双方之间的那个介质和节点或称标的物，就是编辑客体亦称编辑产品。这个机制过去如此，现在如此，今后也将永远如此。但下面的研究却使我们看到了另外的方面。

沿着这个思路，我们又发现，编辑活动在其产生以来的前大段历史中，它的活动机制都是由"供"到"需"、由"施"到"受"的，也就是说对需方即编辑用体而言，我供方供什么你就用什么，我给你编什么你就读什么，我让懂得什么你就只能给我懂得什么，让你明白什么你就明白什么；不让你明白的，你就不要明白。从西方的宗教神学到中国的儒教人学。都是如此。

地球人类自从有了文化之后，就开始分化为两大群体——准确地说是一个小群体和一个大群体。小群体即掌握了文化的"智者"，大群体即不懂文化的"愚者"（群氓）。孔子讲的"唯上智与下愚不移"，指的就是两个群体的关系。而"智者"们也就自担大任地担当起了教化"愚者"、为"愚者"启蒙开智的责任。中国的《尚书·尧典》中记载，帝尧任命商族的祖先契担任负责教化民众的司徒一职："汝作司徒，敬敷五教，在宽。"即为一证。在这样的教化过程中，西方由原始宗教走向了后世宗教——神教；而中国却由原始宗教到商代的神教，又到商亡后天下人总结殷商过度迷信神教而导致灭亡的"殷鉴"即教训，遂即抛弃神教而行"人教"（圣贤之教），于是就有了应运而生的诸子百家，最后又统从于"不语怪力乱神"的圣人孔子。于是就有了在思想上教化统治中国 2000 多年的儒教即"人教"（儒教始终未获神化，因而为"人教"而绝非"神教"）。西方行神教，中国行人教，这就是古代东西方文化之最大的不同。以至于中国社会的发展，总要找到和确定一个主义、一种思想、一种理论来进行总的指引，这也是中国与世界上其他各国的最明显的不同，是由中国的悠久文明所自然形成的独特现象。

无论是神教也好，还是人教也罢，都是要向人民大众即"下愚"的"群氓"们进行教化的，而代行这种教化的却是编辑活动。那些"智者"亦即施方，往往正是编辑源体和编辑主体们，他们往往和社会的统治集团一起推行这种教化活动，用的总是居高临下的、主动的、甚至是强行"灌输"的方法。这种方法反映在编辑活动运行机制中，具体就形成了由编辑主体（施）向编辑用体（受）的灌输式的运行机制。当然，这种机制和当时的社会条件是相符的，有着它的合理性，也是与编辑产生时的自然顺态机制相符合的，所以它才能够大行其道地运行了数千年。当然，这里面还有别的自然而然的因素在内，这里就无需更多地探究了。

这里还有事物的另一个方面。人类社会早期曾长期处于少数人有文化而多数人无文化的状态。那么，使多少人掌握文化，为全社会启蒙开智，就一直是众多有识之士的强烈愿望。这种愿望反映在统治者那里，就形成一种官方需求，而作为广大缺乏文化的人民大众来说，他们想要学习和掌握文化的愿望当然也是强烈的，这就形成了一处民方的大众需求。这官民两方的需求加起来是极其庞大的，是一种社会进步的巨大拉动力。这种需求在我们看来，亦即我们从编辑活动的视域看来，其实就是编辑用体渴望使用编辑产品的需求。那么在此时，编辑主体、编辑源体（也可以包括编辑辅体）当然是属于已掌握了文化的那"少数人"之列，当然也就责无旁贷地主动担当起了教化民众，为民众启蒙开智的历史性大任。他们的这种担当，主要是能过编辑活动、运用自己的编辑产品来实现的。在当时那种广大编辑用体缺少文化、多为文盲、矇矇瞳瞳，无可选择的情况下，编辑活动就只好采用我"施"什么你就"受"什么的编辑五体顺态机制来运行了。在这种情况下，编辑活动采行顺态机制运行，是具有它的合理性的。历史地看，这种机制被采行，动作了数千年,为人类社会的进步做出了巨大的贡献,这是无可争议的历史事实。

编辑活动中编辑五体的这种顺态运行机制,与一定的人类社会形态的社会需求是相一致的,因而它在那种社会条件下的存在是合理的,也是产生了许多巨大成就、为人类文明和人类社会的发展做出了巨大贡献的。我们这里主要想予以强调的是,这种运行机制在当时,并不以赚钱盈利为主要目的,而大多是以种种社会责任为己任的。重教化而轻牟利,重"供"而轻"求",可以说是编辑五体顺态运行机制的最突出的特点。这种顺态机制,西方一直到16世纪的文艺复兴运行以及后来进入资本主义社会才结束;而中国却更是到20世纪80年代"文化大革命"结束、改革开放兴起、进入中国特色社会主义阶段才渐渐结束。虽然在中国的明代、近现代都曾短暂出现过较为不同的以编辑用体市场为考量的编辑出版活动,在中国的香港、澳门和台湾也都较之中国内地更早地采行资本主义制度下的编辑五体运行机制,但这些都不能取代中国主体社会编辑活动的主流,这是我们研究编辑史时所应当予以特别关注的。编辑活动的这种教化活动,总体来看是成功的,但有时却是失败的,这也是一种客观存在的历史事实。因此,对于编辑五体运行的这种顺态机制,我们既不能简单地去"褒",也不能简单地去"贬",只能说它是一种与人类的一定历程相适应的客观存在,是一个具有其历史合理性的历史过程。

第二节　编辑五体运行的逆态机制

本节所谓的编辑五体运行的"逆态机制",是与上一节所说的"顺态机制"相对而言的,即将顺态机制中编辑五体运行的顺序倒过来,由编辑主体→编辑源体→编辑客体→编辑辅体→编辑产品→编辑用体,逆向改为编辑用体→编辑产品→编辑辅体→编辑主体→编辑客体→编辑源体,亦即将供、需关系由原来的由供到需、以供方为重,改为由需到供、以需方为主，以需求决定供给，由供方市场改为需方市场。

千万别小看了这样一个运行机制的改变，因为它并非一个简单的改变编辑五体运行顺序的小问题，而是一个编辑活动由主观经济走向客观经济、由教化经济走向市场经济的重大变革问题，是人类文明由人为的主观意志主导形态向自然的客观规律主导形态的一种科学性转变。这种以需求决定供给的运行模式的采行，标志着编辑活动开始进入快速化、规模化、大众化、科学化、跃升化的发展时期。地球人类文明中首先跨入这一时期的，应是在西方欧洲的资本主义革命时期。

编辑活动在其产生后的大部分历史时期内，其实一直都还存在着另一种倾向，就是较多地处于以作者和编者自我为主的精神陶醉和孤芳自赏状态，处于自作聪明、自当大任、一厢情愿地向天下"群氓"施加影响、实施灌输、施行教化的"一边倒"状态，而真正使用编辑产品的广大编辑用体却一直处于被影响、被灌输、被教化甚至被愚弄的被动地位。编辑源体和编辑主体们总是想按照自己的主观意愿去改变世界，编辑活动总是过多地被赋予宗教化、政治化的内容，被当作为夺江山，保王冠服务的一种政治教化工具，被欲攫取各种政治利益的人或集团所利用。泛政治化，成了编辑活动史上经常出现的一种通病。这时候的编辑活动，往往是只讲政治效益而不计成本、不讲什么经济效益的。在编辑五体运行机制上，当然也就表现为主向传导的顺态机制了。

然而，人们不经常认识到的是，编辑活动还是一种生产活动，是一种文化生产活动。它和别的生产活动一样，有自己的生产者（业者），有自己的产品，有自己的产品使用者，有自己的产品交换即市场，也有自己的产值、利润亦即经济效益。人们真正认识到编辑活动的产业性意义并将其产业化，则是进入资本主义社会以后的事。只有到了那个时候，在普遍追逐利润的市场经济条件下，编辑活动才被真正地产业化、市场化了！

产业经济、市场经济，是一种以产业用体即顾客至上的生产经营活动。因为讲市场、讲效益、讲竞争、讲利润最大化，所以不得不去视顾客为"上帝"，不得不"为顾客服务，使顾客满意"，将顾客的满意度放在首位。在市场经济条件下，对于编辑生产活动来说，此时也不得不将这些市场经济信条作为自己的不二法门和不变规律。于是乎，读者至上也就是编辑用体至上、以读者为上帝也就是以编辑用体为上帝的观念产生和确立了；服务读者，让读者满意，将读者的满意度放在首位的理念，被贯穿于编辑生产活动的各个环节之中；作为供方的编辑主体、编辑源体和编辑辅体们，这时都不得不一心为作为需方的编辑用体考虑，以用体的需求为需求，以用体市场的导向作为决策和生产的首要依据。于是，编辑五体的运行机制被颠倒过来了，由原来的以供方为主导的"顺态机制"改为了以需方为主导的"逆态机制"。

以编辑用体为主导，依用体市场需求决定编辑生产活动的编辑五体逆态运行机制，是编辑活动适应一定社会形态对编辑生产经营活动要求的反映，是编辑活动适应外部环境进行自我调节与控制的措施与结果，也是编辑活动科学发展的结果。完全可以说，这种以用体至上、为用体服务的编辑活动，才真正体现了编辑活动的根本宗旨，符合"宜共用"的编辑学核心原理（参见拙著《编辑学基本原理》，东北师范大学出版社2003年12月版，第3章），适应"用体拉动律"这一编辑活动基本规律中的"用体拉动律"，是编辑活动发展史上的一次进步。

事实上，自从步入采行编辑五体逆态运行机制、确立"用体至上"经营理念的历史阶段之后，编辑活动取得了较以往任何时期都辉煌得多的又好又快的大发展；同时也等于说整个人类文明得到了又好又快的大发展。整个地球人类的科学、文化、知识、文明创造及其传播、应用普及程度，都呈现出前所未有的多姿多彩与辉煌灿烂，呈现出有史以来的最快速发展！

到了20世纪80年代以后，占地球人类近1/4的中国开始发生足以撼动世界的巨大变化。改革开放使这个古老的国家又开始变得年轻，充满了活力。编辑学研究也开始在这个国家兴盛起来，许多学者开始研究人类的编辑活动，产生了各种各样的理论和思考。进入21世纪以后，这种研究和思考变得更加深入，并尽快地将其中那些合理的理论和思考付诸实际行动。于是，编辑活动体制的转型开始了。自2009年起，首先在出版界推行的出版转制即出版体制改革更加快了步伐，至今已收到了明显的成效。这个改革在笔者看来，正是由编辑五体运行的"顺态机制"向"逆态机制"的转型与改革，正是由原来的编辑活动供方至上向当今的编辑活动需方至上的改革。这个改革是符合编辑学核心原理和编辑活动基本规律的，是科学的，是具有极其重大的现实意义和历史意义的。我们为编辑活动产生最早、编辑历史文化唯一没有中断、编辑成果积累最为丰富的古老中国——终于实现了这一编辑活动的重大历史性转折而高兴！可以肯定，实现了这一重大转折的中国，其编辑活动今后必将出现更加出人意料的辉煌发展！

第三节 编辑五体运行的混合机制

世界上的许多事物都不是绝对的，更不见得都一定是对立的。就编辑活动来看，无论是其编辑五体运行的顺态机制也好，还是逆态机制也罢，它们都是一定社会历史条件下的必然产物，它们的产生与存在当然无不都是具有合理性的。例如编辑主体与编辑源体在长时期内对编辑用体施行的"教化"与"灌输"，这在人类文化普遍落后的蒙昧（非考古学上的）时代无疑是十分必要的，所起的作用大多是积极的；但该时期亦同时存在的种种利用编辑活动来愚弄和蛊惑人民大众的卑劣行为，就是应该予以否定的了！西周统治者在制礼仪的同时也给人民定等级；孔孟在提倡民本主义思想时却又宣称"唯上智与下愚不移"；资本主义上升时期的思想解放运动是大力提倡"以人为本"的，但却又同时大肆侵害、杀戮、掠夺和剥夺他国与本国人民，甚至进行如贩卖黑奴那样的极其恶劣的行径；美国是倡导民主的，但却经常用所谓的民主愚弄本国与世界人民，到处发动战争。那12艘航空母舰和成千上万颗核弹，难道不是用以毁灭人类世界的绝杀利器吗？林彪"四人帮"在举着小红书，高喊"为人民服务"的背后，他们到底是在为谁服务呢？

我们发现，在人类编辑活动史上，就编辑五体的运行机制而言，也不是完全绝对的非此即彼的，而往往都是此中有彼、彼中有此的。例如，就编辑的产生来说，那个最初在自己所制的陶器上刻画上一个符号的人，他是符号的创造者，是作者，也就是说他应该算是编辑源体了吧（姑且以他的那个符号后来进入了编辑程序而论）！再也就是说，按照源体、主体、客体、辅体、产品、用体排下来，那么他是最先产生的了吧？可是，不对！他当时刻划下这个符号的时候，他是出于给自己的陶器做记号标识的需要，是出于自己使用这个符号的需要，他自己是第一个使用这个符号（即产品）的人，他自己又成了自己产品的编辑用体；换句话说，正是由于他自己的使用需求的拉动，才促使他创造了这个符号的，是先有用体的需求意愿，然后才有源体（作者）的创作行为和作品，后来才有编辑活动的。那这又怎么讲呢？即使就编辑主体的产生来看，却也可以说是先有大家共同使用的需求，尔后才有人站出来做编辑工作的。这算不算需求拉动即用体拉动呢？这又到底应是"顺态机制"呢，还是应算作"逆态机制"呢？

中国人有句话叫做"钻牛角尖"，人们常把类似是"先有鸡后有蛋"还是"先有蛋后有鸡"的问题视为"钻牛角尖"，现在我们就已经钻到这样一个"先有鸡还是先有蛋"的牛角尖里来了！怎么办呢？很好办，鸡与蛋的事我们暂时不去管它，就编辑活动来说，这就叫"此中有彼，彼中有此"，很多时候是混合的、相对的，而不是绝对的。在拙著《中国古代编辑史论稿》中，我是将编辑的产生界定在那第一个人站出来做了编辑工作之后，编辑与编辑活动包括编辑五体才算产生了；而将那个人之前的事情我们称之为"前编辑"时期的"前编辑"活动，亦即为编辑的产生作酝酿准备的活动，还不能算作编辑活动。因为连编辑都还没产生呢，之前的事怎能叫做编辑活动呢！也就是说，顾名思义，蛋是从属于鸡的，在没有鸡的时候，即使是有了蛋也不能叫做"鸡蛋"的。因为连鸡都没有呢，此时又何来"鸡蛋"之谓呢？必须是先有鸡而才有"鸡蛋"的。我们现在都知道鸟是由恐龙变来的，鸟的前身是恐龙，但恐龙蛋就是恐龙蛋而决不能说它是鸟蛋，只有在恐龙变鸟之后其蛋亦才变为鸟蛋的。这是生物进化史上的问题。"鸡蛋"之事当然亦与此理同。

我们想要说明的就是，在以采行编辑五体顺态运行机制为主的历史时期内，也有一些编辑活动是属于逆态机制的。而即使在步入了逆态机制运行以后的历史阶段，也免不了仍会有采行顺态机制的情况出现。我们姑且将这种现象称作"混合机制"。如汉代刘向父子的编辑活动,说是受皇帝之命而起始的顺态机制也可,说是因大堆的收集上来的错乱书籍无法供用体使用也行,更何况皇帝本身也是要读书的,也是用体,他的这个命令也是出自用体需求。再如宋代的全国四大刻书中心的编辑出版活动、明代冯梦龙等人的"书坊"式的编辑出版活动等,就已都有一些市场经济的成分在里面。而即使在完全市场经济的资本主义社会,他们也仍然担负有教化民众、传播科学文化知识的社会责任,仍然会有奉命而为的编辑活动的,也有很多编辑产品是出于各种广告、宣扬、影响社会民众的政治、军事、宗教或其他目的的,对人民强行教化灌输,蛊惑愚弄人民、操纵舆论以图私利的事情也屡见不鲜,并不一定全都纯粹是为了赚钱盈利的,有时甚至即使亏本也要进行的。这些都是我们所说的"混合机制"的表现。

但是,我们看事情还要看主流,要看一个时期、一个社会它采行的宏观主体机制是什么,而不能都到微观上的"牛角尖"里去看。要根据主体、主流作出判断性的结论。这就是我们的依据和方法。我们据此所得出的关于编辑五体运行机制的结论是正确的而决不会是含混不清的。这样的判断与结论,将有助于我们正确地去认识和推行编辑活动,在我们国家目前需要大兴文化产业的时候就更是如此。无论如何,也无论在什么社会历史阶段,编辑活动对人民大众的教化功能都是会永远存在的,编辑活动中的主体意志与用体需求这一对基本矛盾的消长也是会永远地存在的。所以,编辑五体运行的混合机制,应当是最具生命力的。

第四节 编辑五体运行的规律

编辑五体的运行规律,其实也就是整个编辑活动运行的规律。规律又分为:规律、主要规律、基本规律三类,我们这里主要应当探讨的当然是编辑五体运行的主要规律和基本规律。

其实,关于本节的命题,我已经在拙著《编辑学基本原理》(长春,东北师范大学出版社2003年12月第1版）中探讨过并推导出了结论，认为编辑活动有四大主要规律：一、编辑源体推进律；二、编辑用体拉动律；三、编辑主体创新律；四、编辑客体变革律。有一条唯一的基本规律，那就是将上述四大主要规律总装而成的"推拉创变律"。由于在那时的研究过程中对编辑辅体还没有充分的认识，所以在那本书中对编辑辅体着墨很少，只是在最后的"余论"中做了一点补论。但尽管如此，现在看来那本书中对编辑学基本规律、即"推拉创变律"的论定还是正确的、成功的，至今我仍找不到比这个好的定论。因为编辑辅体的工作性质是对编辑主体起辅助作用的，他们二者在主要的目标指向上是一致的、合一的，所以论述了编辑主体也就在核心方面包括了编辑辅体，那个"主体创新律"中其实也就包含了编辑辅体的，所以还是没有留下遗憾的。

由于这四大主要规律即"源体推进律、用体拉动律、主体创新律、客体变革律"，以及由此总装而成的基本规律"推拉创变律"，在笔者的《编辑学基本原理》一书中已论述得较为详尽，至今笔者的思维水平仍然未能突破那个前沿，因而并无新的修改或补充，所以这里就不予重述了。

这里需要作一些说明的是，笔者的那本小书出版后得到了学界不少朋友们的鼓励与赞扬，也获得了不少荣誉和奖励，同行专家的书评也发表了好几篇，听说不少高校都在用作本科生和研究生专业教材；但是说实话当时我的心里却是并不踏实的。因为谁都知道要想研究编辑学理论，就必须熟悉编辑活动实践，有较为丰富的编辑实践经验；我虽然已先研究了中外编辑史，也当了近30年的一线编辑，而且大多数时间还都是做主编，自己又是早期的编辑学研究生班毕业，可是毕竟我一直做的都是学术期刊编辑，其他类型的编辑没干过，尤其是属最大版块的出版社编辑我一天也没有当过，那么这样我概括出来的编辑学理论会符合整个的编辑活动实践吗？对理论成果的最关键的检验就是它的"可验证性"，即将其拿到编辑活动实践中去检验。那么我的那理论能否经得住检验呢？尤其是出版社那块儿，会不会闹出什么笑话和洋相呢？直到后来有一天看到了一位先生的较为尖锐的批评、或者干脆说是否定意见，我这颗悬着的心才算终于放了下来！

写这篇文章是我的一个老熟人，是一篇关于编辑学基本规律研究情况的综述，发表在湖北省的《出版科学》杂志上。文中收集了一些学者关于编辑学基本规律的理论观点，同时也收集了学界对这些观点的一些评价。在所收录的关于我的观点即"推拉创变律"之后，又附了一位学者的评价，评价的大意是：那个"推拉创变律"是没有什么意义的，因为现在的出版界都正是在这样做的。我看到这里后高兴得不得了！因为几乎所有的学者都知道，科学的理论并不是从天上掉下来的，也不是谁可以异想天开地凭空想出来的，而正是从人类丰富的实践中总结出来的。他的这番否定，恰恰从反面证明了我的那个理论是符合实际的，因而恰恰是正确的。这位先生我和他不熟识，据说是长期在一家省级出版社工作，具有丰富的出版实践经验，他的话也恰恰弥补了我缺少出版社编辑工作经验的最大缺憾，使我从此可以放下心来！

还需要说明的是，那个"推拉创变律"的表述，总有拼装组合之嫌，可是我想破了脑袋也始终想不出更好的法子或更符合实际的基本规律来，编辑活动实在是涉及的面太宽、太复杂了！绝非那么容易就可以轻而易举地总结归纳出一个绝妙的基本规律来的，何况我们这里研究的是包括了整个人类编辑活动的广义编辑学！既然搞不出更好的来，就只好一仍其旧了。请有兴趣的读者找来拙著《编辑学基本原理》一阅便知。

第五节　编辑五体的和谐统一

编辑活动中编辑五体的运行机制，是一个各就其位、各司其职、各安其业、共行其事的和谐统一的运行机制。这个运行机制的自我调适能力极强，无论在什么样的情况下，它都能够自行找到自我生存和自我发展的前进路径，都能够始终和谐统一永不停歇地自我运行。它的这种和谐统一的运行机制是自然生成的。即便如上面所述的、在不同情况下所分别采行的三种运行机制，也都是编辑五体根据社会实际情况自我调适的结果。

那么，编辑五体之间会否产生矛盾呢？会的，有时还是很激烈的。但各种矛盾最终又总是可以消弭的，是可以化解于无形的。原因是什么呢？个中奥秘就在于人类文明的创造是全人类所共同追求的，人类文明的成果是全人类都乐于接受和享用的。

商周交替之时两国（两个实力集团）是不共戴天、你死我活、血洗火炼的敌国，但殷内史向挚载其图法奔周，却受到周的热烈欢迎。向挚为何独"载"其殷商的"图法"即图书文献资料等编辑成果，来作为自己投奔西周的见面礼呢？原因当然就在于这些编辑产品是西周也一样最喜欢的。汉秦易代时刘邦抄近道率先攻下秦都咸阳，萧何迅即命令一支小股部队专门赶紧将秦朝的法律文书、规章制度等图书资料收集和保护起来，以备得天下后人之所用。过去只知古人亡其国而不绝其祀，而不知古人在亡人之国时不亡其书，总是特别注意将其书籍等收集、保护和继承下来。当然，亡于战火者，那则为无可奈何之事了。这些史例有许多，使我们见识到人类在互为寇仇时血雨腥风，而在共为编辑五体时却又往往是那么的和谐一致，有着那么多的卓然共识。

秦始皇的焚书坑儒，历代统治者的大兴文字狱，虽然可视为编辑五体内部的矛盾激化之证例，但却是社会、阶级矛盾于编辑活动层面之反映，是对立的编辑用体之间对编辑产品的使用需求不同之矛盾。然而从其结果来看，虽然他们都在当时逞了一时之能、图了一时之快、解了一瞬之恨，但却无一例外地全都遭到了后人的痛骂与痛恨，落下了千古臭名。而且令人十分奇怪的是，后世的无论是属于何种阶级、何种集团的几乎所有的人，在提起上述事件时都是切齿痛恨的，我们认为这种现象又一次反映了人类在共为编辑五体时的高度和谐统一。也就是说，谁创造和保护文明，谁就会得到拥护和赞扬；谁破坏和毁灭文明，谁就会被钉在历史的耻辱柱上。这是人类发展史上的铁律与定评。

编辑五体中的任何一体，在整体运行机制中运行时都是不可以为所欲为的，都是互为制约的，各体都会自觉地根据这些制约来调适自己的行为。这种制约的秘诀其实只有两个字"可行"。无论谁，要做什么，都必然会看其是否可行，必然会看其是否行得通。可行则行，不可行则止，便是各体行为的自行遵守之规则。因为若不可行仍强行之，在编辑五体的运行机制中是行不下去的、行不通的。如一定要一意孤行，则势必狠狠碰壁，直至自取灭亡。因为实际上是没有谁想要去碰壁、灭亡的，所以就只好作自我调适。大家都这样做，于是就形成了这么一个机制。

那么，那些由譬如国家、政权、强力集团强加给编辑活动的、非编辑活动所愿的东西又当怎么看呢？客观上应当这么看：国家、政权也好，强力集团也罢，他们其实也都是编辑用体，有时还会是编辑源体甚至编辑主体，也是编辑五体之一。他们的行为，实际上表达了他们作为编辑五体中的一体对于编辑活动的意志和举措，其实仍属于编辑五体内部的、根据某种缘由的自我调适之行为，是编辑活动的一部分而已，并无可大惊小怪。对于这样的编辑用体，编辑活动也一样必须要适应他们的需求，必须要依照"用体拉动律"来行事，不能违背这一客观规律。规律是客观存在的、不能人为创造的。事物的发展必须要按照它的固有规律走下去。编辑活动的基本规律是只能适应而不可以违背的。编辑五体之间的和谐统一，也正是在这种各自依照客观规律行事的前提下实现的。

既然说编辑五体的和谐统一的运行机制是天生的，是自我调适的，那么是否就意味着各体均可以无所作为、听任天命、没有什么可以主动发挥的空间了呢？并非如此。编辑五体的和谐统一机制，又是在各体共同努力奋进的条件下实现的。各体都必须尽可能地去主动认知和科学运用编辑活动的客观规律，尽力履行好自己在编辑活动中的职责，充分发挥各自的主观能动性，不遗余力地投入工作，积极主动地推动编辑活动向前发展，并在前进和发展中不停地创造，不断地创新，这样的编辑活动才是健康的，这样的编辑五体运行机制才是健全的。

那么，由谁来总管这个庞大的、整体的编辑活动呢？由谁来指挥这个互不统辖的编辑五体呢？没人能管、没人能指挥！如此说了也还不是白说吗？不，你放心，有总管也有指挥，人类文明创造发展、与应用的总体市场及其运行机制与规律，就是那位隐在幕后的编辑活动的总指挥，就是他那只高举指挥棒的、看不见的手，在引导和指挥着编辑五体与编辑活动前进。人类编辑活动史一直都是这样地走过来的，今后还会这样地走下去！

后　　记

　　从 2007 年年头开始，这本书又先后写了 3 年，现在终于写完了。在写完该书的时候，笔者的视力已经大为下降，可能以后不能再写书了！现在有句话叫做"文化垃圾"，我从 1980 年大学未毕业时就开始做编辑工作，至今已做了 30 年的编辑，同时研究编辑学，最后又在大学领办编辑学专业，为编辑活动培养接班人，虽然一直在努力，无奈却水平有限，可能炮制的"文化垃圾"已经太多了，罪过！罪过！好在"垃圾"也是可以变"废"为"宝"，能够回收利用的。

　　中国的编辑学研究，是中国编辑学学者们的未了之愿和未竟之业，一定还要继续进行下去。什么是科学？科学就是探索真理。编辑学也是科学，编辑学研究也是在探索真理。既然我们已经撞开并迈进了这扇大门，那我们就应当坚决地继续走进去，跨过一、二、三进院落，一直走到登堂、入室，入正室、入侧室、入陋室、入雅室、入地下室、入楼阁室，直到找完真理为止。

　　我很崇尚达尔文的那句话："科学就是整理事实，以便从中得出普遍的规律和结论。"我的研究正是这样做的，但愿它们能算得上是科学的。有人说，科学研究即使不能够解决问题，就算能够提出问题也好。这个"编辑五体研究"，就算是提出了一些问题吧，但愿它不会完全是无用的。

在本书的写作过程中，曾多次得到中国编辑学界泰斗邵益文先生、阙道隆先生等的热情鼓励与支持；著名编辑学学者林王山编审、周国清教授、钱荣贵博士等也都给予了有力的帮助。在本项目的研究过程中，曾先后获得漳州师范学院科研处、福建省哲学社会科学规划办公室为本课题设立了科研立项；我的学生们在本书尚未写成之时就已认真地听取了本门课程的讲授；班长逢媛媛同学帮助校对了书稿，在此一并深致感谢！

令人十分痛惜的是：在此书尚在规划、写作过程中之时，我的良师、曾对我寄予厚望的宋原放先生、戴文葆先生、阙道隆先生等就已经走了，他们已经看不到我写的书了！但我相信，他们的在天之灵，是仍然一如既往地支持编辑学的！

好消息！春天来了，我院中的英雄花又要开了！那花，火红火红的……

于漳州未了居